MINERVA
人文・社会科学叢書
202

学歴主義と労働社会
――高度成長と自営業の衰退がもたらしたもの――

野村 正實 著

ミネルヴァ書房

学歴主義と労働社会

——高度成長と自営業の衰退がもたらしたもの——

目　　次

序　章　本書の課題と主張　1
　1　「労働問題研究」における学校理解　1
　2　「学校から職業へ」の研究　3
　3　学歴主義研究，学歴社会論　4
　　（1）　「学歴主義」「学歴社会」という言葉の登場　4
　　（2）　「学歴主義」「学歴社会」の概念　7
　　（3）　学歴主義の歴史研究　10
　4　本書の主張　12
　　（1）　第1章　学歴社会成立にかんする通念　12
　　（2）　第2章　学歴社会は「昭和初期」に成立したのか　13
　　（3）　第3章　学歴主義の局地的成立（男性）と特定的成立（女性）　13
　　（4）　第4章　文官高等試験と女性　14
　　（5）　第5章　自営業の衰退がもたらしたもの　15
　　（6）　第6章　資格制度と学歴主義　17
　5　「学歴主義」「学歴社会」の定義　19

第1章　学歴社会成立にかんする通念　23
　1　中村正直訳『西国立志編』　23
　　（1）　販売部数は100万部以上？　23
　　（2）　『西国立志編』＝「立身出世の焚きつけ読本」？　25
　　（3）　『西国立志編』＝「立身出世の焚きつけ読本」説の確立　27
　2　福沢諭吉『学問のすゝめ』の主張　29
　3　近世社会と明治社会　30
　　（1）　静態的な近世，流動的な明治社会？　30
　　（2）　なぜ誤った歴史像が広く流布したのか　32
　4　学歴主義の異常な高まり？　35
　5　立身出世論と学歴主義論との融合　35
　　（1）　別々だった立身出世論と学歴主義論　35
　　（2）　立身出世論と学歴主義論との不幸な融合　38

| 6 | 小　　括 | 40 |

補論 1　「労働市場」という用語 … 43

- 1　「労働市場」という用語の歴史 … 43
- 2　「労働」という言葉 … 47

第 2 章　学歴社会は「昭和初期」に成立したのか … 51
—— 天野郁夫編『学歴主義の社会史』への初期高専生としての批判

- 1　天野郁夫編『学歴主義の社会史』への関心 … 51
- 2　天野編［1991］の内容 … 53
  - （1）　天野編［1991］の主題　53
  - （2）　天野編［1991］の主張　54
- 3　丹波篠山と遠州横須賀の類似点 … 59
- 4　私の中学生時代 … 60
  - （1）　自画像　60
  - （2）　世間の評判　62
- 5　進学先の決定 … 67
  - （1）　遠州横須賀の学校事情　67
  - （2）　遠州横須賀における学歴社会の未成立　69
  - （3）　郡部における進学高校の意義　72
  - （4）　関係者全員を幸せにした私の沼津高専合格　74
- 6　沼津高専での学生生活と中退 … 76
- 7　高専中退後 … 81
- 8　郡部における学歴社会の成立と未成立 … 82
  - （1）　郡部における旧制中学校の存在　83
  - （2）　士族と名望家層の有無　86
- 9　学校の類型 … 88
  - （1）　「地位形成」的学校と「地位表示」的学校　88
  - （2）　「手に職」学校の存在　90

（3）「手に職」学校の凋落　92
　（4）　凋落の経済的・企業的背景　95
10　初期高専生の意義……………………………………97
　（1）　高専設立の経緯　97
　（2）　理想的な学校に見えた高専　98
　（3）　初期高専生と学歴主義　101
　（4）　団塊世代としての初期高専生　103
11　初期高専生と通俗道徳…………………………………106
12　小　　括……………………………………………………108

第3章　学歴主義の局地的成立（男性）と特定的成立（女性）…111
1　男女別の学歴主義……………………………………………111
2　「文官試験試補及見習規則」とその背景……………………112
　（1）　官吏任用基準の不在　112
　（2）「文官試験試補及見習規則」の内容　113
　（3）「帝国大学」卒業生の無試験任用　115
3　「文官任用令」…………………………………………………117
　（1）「文官試験試補及見習規則」の破綻　117
　（2）「文官任用令」の内容　118
4　「文官試験試補及見習規則」と「文官任用令」の意義……119
　（1）　天野郁夫による「文官試験試補及見習規則」の意義づけ　119
　（2）　天野説の問題点　121
5　民間大会社における学歴と身分………………………………125
6　女性官吏……………………………………………………………129
　（1）　女　官　130
　（2）　高等官試験と女性　135
　（3）　女性判任官　135
　（4）　教官職における女性判任官　140
　（5）　奏任官としての女性教官　143

（6）　日本最初の女子留学生　146
　7　男性学歴主義の局地的成立………………………………………149
　8　女性学歴主義の特定的成立………………………………………155

補論2　近代初期の学校制度………………………………………157
　1　男女別学の原則……………………………………………………157
　2　男子の学校…………………………………………………………158
　　（1）　小学校・師範学校・中学校　158
　　（2）　大学と「専門学校」　161
　　（3）　「各種学校」　164
　3　女子の学校制度……………………………………………………164
　　（1）　小学校　164
　　（2）　「高等女学校」　166
　　（3）　女子師範学校　169
　　（4）　「専門学校」　171
　　（5）　「各種学校」　175

補論3　逓信省の「雇」………………………………………………177
　1　『逓信省年報』における呼称……………………………………177
　2　推測できるいくつかのこと………………………………………179

第4章　文官高等試験と女性………………………………………183
　1　秦[1983]の主張の論拠…………………………………………184
　2　試験規則の変遷……………………………………………………185
　3　中学校と高等女学校………………………………………………188
　4　「専門学校入学者検定」（専検）………………………………190
　　（1）　専検の無試験検定　191
　　（2）　専検の試験検定　193
　　（3）　高資の導入　196

5　文官高等試験予備試験の受験資格——1905年改正と1909年改正の意味 …… 196
　6　戦前の法律における性差別 …………………………………………………… 199
　7　1918年「高等試験令」 ………………………………………………………… 200
　　（1）　予備試験免除の特権と女性　200
　　（2）　高等試験司法科と女性　202
　　（3）　高等試験行政科と女性　205
　8　女性の高等官への任用を否定する論理 ……………………………………… 206
　9　小　　括 ……………………………………………………………………… 208

第5章　自営業の衰退がもたらしたもの……………………………………… 211

　1　自営業への注目 ……………………………………………………………… 211
　2　都市雑業層論 ………………………………………………………………… 214
　　（1）　大河内一男の出稼型論　215
　　（2）　出稼型論が広まった理由　218
　　（3）　出稼型論の問題点　219
　　（4）　並木正吉による出稼型論批判　220
　　（5）　「出稼女工」についての補足　222
　3　隅谷三喜男による「都市雑業層」概念の提起 ……………………………… 223
　4　二重構造論 …………………………………………………………………… 227
　　（1）　「二重構造」という用語の創始者　227
　　（2）　二つの「二重構造」論　228
　5　自営業の理解 ………………………………………………………………… 232
　　（1）　マルクス主義の旧中間層論　232
　　（2）　中小企業研究における「零細企業」　234
　　（3）　自営業の生存原理　236
　6　二重構造と経済発展 ………………………………………………………… 239
　　（1）　ルッツの二重構造論　239
　　（2）　日本の歴史的位置　242
　　（3）　日本資本主義にとって自営業衰退の意味するもの　243

7 自営業の衰退と学歴主義…………………………………………… 246

補論4　菅山真次『「就社」社会の誕生』の検討 ……………………… 249
 1 菅山［2011］の内容 ………………………………………………… 249
 2 全体にかかわるコメント…………………………………………… 250
  （1） 男性のみの世界　250
  （2） 間断のない移動　251
 3 第4章における菅山の主張 ………………………………………… 252
  （1） 「技能工，生産工程作業者」を3職種群に分ける基準　254
  （2） 職種別労働市場の実証　260
  （3） 氏原年功制論と菅山説　263
  （4） 第4章へのコメントのまとめ　266
 4 おわりに……………………………………………………………… 267

第6章　資格制度と学歴主義………………………………………… 269
 1 近代ドイツ＝「資格社会」論……………………………………… 269
  （1） 望田幸男の近代ドイツ＝「資格社会」論　269
  （2） 望田幸男の日本にかんする指摘　271
 2 日本における職業資格……………………………………………… 272
  （1） 職業資格の分類　272
  （2） 国家資格の歴史的展開　274
 3 下方に展開しなかった日本の資格………………………………… 278
  （1） 資格は下方に展開しなかった　278
  （2） 下方に展開しなかった理由　279
 4 技能検定＝技能士…………………………………………………… 280
  （1） 技能検定の概要　280
  （2） 技能検定＝技能士制度の創設経緯　282
  （3） 技能検定と学校との関係　283
  （4） 技能検定制度の基本的性格　289

（5）　学歴と技能職　291
　（6）　技能検定制度と待遇　293
　（7）　職能資格制度と技能士資格　294
 5　「資格社会」論からみる日本……………………………………296
　（1）　入社時における学歴と学校歴　296
　（2）　非学歴主義の世界とその縮小　298

引用文献　301
あとがき　311
人名索引　315
事項索引　318

序　章
本書の課題と主張

1　「労働問題研究」における学校理解

　本書の課題は，学歴主義と労働社会との関係を検討することである。
　近代社会は，その初発において，整備された学校制度を有していなかった。ヨーロッパにおいては法学，神学，医学の専門家を供給する大学と，大学とはまったくリンクしていない民衆学校が併存していた。日本においては，武士の藩校，私塾，寺子屋（手習所）が並立していた。しかし近代化の進展とともに，初等教育，中等教育，高等教育という教育段階のそれぞれにおいて学校が整備され，初等教育から中等教育，中等教育から高等教育への接続もスムーズになされるようになる。また，初等教育が法的に義務教育となり，時間の経過とともに，学齢期の子供のほぼすべてが義務教育の学校に通うようになる。
　近代における学校制度の整備によって，学校教育は労働社会の前提条件となる。労働研究のひとつの重要なテーマは，学校と労働社会との関係にある。ところが戦後日本の「労働問題研究」は，この重要なテーマをほぼ一貫してないがしろにしてきた。そのことは，労働問題文献研究会 [1971]『文献研究／日本の労働問題　増補版』の目次を見れば，明瞭である。目次は，「Ⅰ　方法的回顧」「Ⅱ　労働市場」「Ⅲ　賃金・労働時間」「Ⅳ　生活問題」「Ⅴ　労働組合と労使関係」「Ⅵ　補論」「Ⅶ　結びにかえて」となっている。このうち「Ⅵ　補論」は「外国研究」と「古典解題」である。学校制度がテーマとなりそうなのは「Ⅱ　労働市場」である。しかし，「Ⅱ　労働市場」の小項目として論じられているの

は，「1　農民層分解と労働市場」「2　資本蓄積と労働市場」「3　臨時工・社外工労働市場」「4　中小企業労働問題」「5　婦人労働問題」であり，学校制度と労働市場との関連はどこにも論じられていない。

　戦後日本の「労働問題研究」が学校について調査したのは，大河内一男／氏原正治郎編 [1955]『労働市場の研究――中学校卒業生の就職問題』が唯一であるといってよい。この調査は，就職する神奈川県の中学校卒業生を対象として「中学校卒業生と日本の産業の現在及び将来が，いかにかかわり合うか」（大河内／氏原編 [1955] 序文1）を明らかにすることを課題としていた。その後，この調査の主要部分と，その後におこなわれたフォローアップ調査の結果がまとめられて，氏原正治郎／高梨昌 [1971a]『日本労働市場分析』（上）として刊行された。

　この調査の研究史上における意義について，フォローアップ調査に参加した中西洋は，「労働市場それ自体がプロパーのテーマとして取り上げられたということは，空前にして絶後，この調査に始まって，この調査に終った（中略）そういう奇妙な位置におかれている」（東京大学社会科学研究所 [1991] 133）と発言している。学校卒業生調査が継続しておこなわれなかった理由は，中西によれば，それ以後の労働調査では技術革新がテーマとなり，労働市場という概念が技術革新の下位概念におとしめられたからである（東京大学社会科学研究所 [1991] 136）。

　労働問題研究が技術革新にシフトしたことが理由の一つであったことは間違いないが，学校卒業生調査が継続しなかった理由として，労働問題研究が卒業生の進路決定に果たす学校の機能を理解していなかったことも指摘されるべきであろう。大河内／氏原編 [1955] は，「進路決定に及ぼす第一次的要因」として「保護者の職業」を，「進路決定に及ぼす第二次的要因」として「労働需要の地域的構造」を指摘した（大河内／氏原編 [1955] 209，211）。大河内／氏原編 [1955] は，学校がおこなう進路指導の役割や，学校成績が生徒本人の進路決定に及ぼす影響については，何も触れていない。

　労働問題研究は学校を研究対象とすることができなかった。学校と労働社会

との関連は，主として教育社会学によっておこなわれることになった。

2 「学校から職業へ」の研究

　教育社会学において学校と労働社会とのリンケージをテーマとする研究は，大別して二つある。一つは「学校から職業へ」という学校から労働社会への移行をテーマとするものである。もう一つは，学歴主義研究・学歴社会論である。
　「学校から職業へ」という研究テーマが広く社会科学の分野で知られるようになったのは，苅谷剛彦［1991］『学校・職業・選抜の社会学——高卒就職の日本的メカニズム』が刊行されてからである。苅谷は，生徒を労働社会に送り出す学校と，労働社会に出ていく生徒の双方を対象として，「高卒就職の日本的メカニズム」を明らかにした。学校と会社の間には「実績関係」を維持するという共通の利害がある。だれがどの会社に就職するかは学校にゆだねられている。学校は学業成績の良い生徒を良い会社に斡旋するという形で，学業成績と職業機会とを明確に連結している。生徒を選抜するという権限を学校が握ることによって，教師は権威を補強する。そして権威が強化された教師は，就職を志望する生徒に対し社会化をおこなう。これが苅谷が見いだした「高卒就職の日本的メカニズム」である。
　苅谷の研究は，バブルの崩壊直後に公刊された。バブル崩壊後の厳しい就職状況を前にして，実績関係維持や学校にゆだねられた選抜機能が変わるかもしれないと思われた。さらにフリーターなどの急増もあり，「学校から職業へ」という研究テーマにかかわる調査がさかんにおこなわれるようになった。矢島正見・耳塚寛明編［2001］『変わる若者と職業世界』，竹内常一／高生研編［2002］『揺らぐ〈学校から仕事へ〉——労働市場の変容と10代』，寺田盛紀編［2004］『キャリア形成・就職メカニズムの国際比較——日独米中の学校から職業への移行過程』，本田由紀［2005］『若者と仕事——「学校経由の就職」を超えて』，筒井美紀［2006］『高卒就職を切り拓く——高卒労働市場の変貌と高校進路指導・就職斡旋における構造と認識の不一致』，原清治［2009］『若年就労

問題と学力の比較教育社会学』，山内乾史／原清治編［2010］『学歴と就労の比較教育社会学』，苅谷剛彦／本田由紀編［2010］『大卒就職の社会学――データからみる変化』などである。ほかにもこのテーマにかんして文献は数多くある。

　さらに，就職の日本的メカニズムがどのように制度化されてきたのかにかんする歴史研究もおこなわれるようになった。苅谷剛彦／菅山真次／石田浩編［2000］『学校・職安と労働市場――戦後新規学卒市場の制度化過程』と菅山真次［2011］『「就社」社会の誕生――ホワイトカラーからブルーカラーへ』である。

　「学校から職業へ」をテーマにした調査研究は，個別の論点については疑問点もあるが（本書補論4において，菅山［2011］の主張を具体的に検討している），「学校から職業へ」をテーマにした研究が，学校と労働社会との関係について重要な知見を付け加えたことはたしかである。

　しかしながら，「学校から職業へ」をテーマにした研究は，学校をおえて就職をするという一時点に限定されたミクロの研究である。学校と労働社会とのマクロ的な関係は，ミクロ的な研究を積み重ねていっても，見えてくるわけではない。本書の関心は学校と労働社会とのマクロ的な関係にあり，「学校から職業へ」をテーマにした研究は本書の主たる検討対象とはならない。学校と労働社会とのマクロ的な関係を論じているのは，学歴主義研究，学歴社会論である。

3　学歴主義研究，学歴社会論

（1）「学歴主義」「学歴社会」という言葉の登場

　論文や本にかんする検索エンジンで「学歴社会」（「高学歴社会」を含む）をタイトルやサブタイトルに含むものを検索すると，次のような結果になる（2014年6月6日アクセス）。

　論　文：CiNii 論文検索　1960年代　0件，70年代　45件

ざっさくプラス　　1960年代　　1件，70年代　　37件
　単行本：NDL-OPAC　　　1960年代　　1件，70年代　　13件

　論文のヒット件数には，たとえば「学歴社会」というタイトルやサブタイトルをもった本の書評も含まれている。また，検索エンジンがカバーしている雑誌の範囲も明確ではないので，正確さについては問題がある。しかし，1960年代と70年代の違いを見るうえでは，問題はないであろう。1960年代には，「学歴社会」をテーマとする論文はほぼゼロであった。学歴社会論は，1970年代にはじまった。
　「学歴社会」という言葉とは異なる様相を示しているのは「学歴主義」という言葉である。「学歴主義」をタイトルやサブタイトルに含む論文や本を検索すると，次のようになる。

　論　文：CiNii 論文検索　　1960年代　　5件，70年代　　8件
　　　　　ざっさくプラス　　1960年代　　5件，70年代　　5件
　単行本：NDL-OPAC　　　1960年代　　1件，70年代　　1件

　さらに，朝日新聞縮刷版検索エンジンである聞蔵Ⅱビジュアル・フォーライブラリーで「学歴社会」と「学歴主義」を検索すると，次の結果となる。

　「学歴社会」　　1960年代　　0件，70年代　　39件
　「学歴主義」　　1960年代　　1件，70年代　　6件

　以上の検索結果から，次のことがわかる。
　第一に，研究者の世界では，1960年代に「学歴主義」という言葉は使われていたが，「学歴社会」という言葉はほとんど使われていなかった。
　第二に，研究者の世界において，学歴社会という言葉は，ひとたび使われるようになると急速に普及し，学歴主義という言葉よりも広く使われるように

なった。

　第三に，朝日新聞が日本の代表的マスコミとして日本の社会意識を強く反映しているとすると，日本社会が学歴主義・学歴社会に強い関心をいだくようになったのは，1970年代である。

　学歴主義は，学歴の高さが社会的地位を決めるべきであるという考え方，イデオロギーである。あるいは社会的地位を学歴の高さによって決める制度である。たとえば，大会社が，学歴別に昇進スピードを管理し，高学歴者に高い職位を与えるならば，その大会社において学歴主義が成立しているといえる。

　それにたいして日本が学歴社会であるという場合の学歴社会は，学歴主義が日本社会の支配的なイデオロギーあるいは制度・慣行となっていることを意味している。

　言葉の内容からして，学歴主義という言葉が先行し，学歴社会がそのあとに登場することになる。ここで注目しておいてよいことは，CiNii 論文検索において，1950年代に学歴主義をタイトルやサブタイトルとした論文がないということである。1960年代に学歴主義をタイトルやサブタイトルにした論文が登場したものの，70年代には学歴社会論に移行した。朝日新聞の聞蔵Ⅱビジュアル・フォーライブラリーにおいても，1950年代には学歴主義という言葉は検索ヒットしない。60年代にも学歴主義という言葉は新聞にほとんど登場しない。そして70年代になると，学歴社会という言葉が新聞に頻発するようになった。

　「学歴主義」という言葉は，はじめから否定的な意味合いを含んでいた。学会誌に「学歴主義」という言葉が登場した時，次のようであった。「現在，とくに産業界を中心に能力主義・実力主義の確立が要請されているが，その実現は容易ではなく，いろんな障害によって阻まれている。能力主義を阻む要因は種々考えられるが，我々がここでとくに関心を向けるのは，学歴主義の制度ないしは慣行である」(原田／友田 [1965] 99)。

　マスコミにおいても，「「学歴主義」から「実力主義」への転換は強く推進すべきだと考える」(「社説　試験地獄と学歴主義」『朝日新聞』1964年3月16日朝刊)，というように，「学歴主義」は，「実力主義」という望ましい原理を妨害してい

る原理・慣習という意味を持っていた。

　1983年に日本教育社会学会の機関誌『教育社会学研究』38集は「学歴の社会学」というテーマで特集を組んだ。特集に寄稿した潮木守一は，論文の冒頭で次のように記した。「あらためてわが学会員の手になる「学歴」「学歴社会」といった領域での著書，論文に目を通してみた。まず驚かされたことは，日頃わが学会で指導的な役割を演じている人々，ほとんどすべてが，何らかの形で，このテーマに関連する著書，論文を発表しているという事実である。実によく皆書いたものだと，あらためて敬服せざるを得ない」（潮木［1983］5）。

　潮木は，教育社会学研究者がこれほどまでに学歴論，学歴社会論にコミットしてきた要因を挙げている。内的要因は，教育機会の階層差，階層移動における教育の機能というテーマが，教育社会学にとって古典的テーマだったことである。それに加えて，教育経済学と SSM（社会階層と社会移動）調査が分析方法とデータを拡大し，学歴社会論に刺激を与えた。外的要因は，マスコミである。マスコミは，「教育社会学の諸々の研究成果のなかから，学歴問題のみを突出して数多く活字にするという偏った構造を作り出」（潮木［1983］7）した。

　潮木が「実によく皆書いたものだ」と感嘆した1983年以後も，学歴主義論，学歴社会論の量産は続き，今日にいたっている。

（2）「学歴主義」「学歴社会」の概念
　学歴社会論にかんするおびただしい数の著書や論文が刊行されていることの必然的な結果として，「学歴主義」「学歴社会」の定義も多様になっている。さまざまな定義を整理し，異同を検討するだけで優に一本の論文を書くことができるであろう。しかしその作業が生産的であるとは思われない。ここでは，日本教育社会学会編［1986］『新教育社会学辞典』における「学歴主義」の定義を検討する。

　執筆者が辞典の項目を執筆するとき，もちろん執筆者個人の主張を記す。しかし同時に，辞典という性格上，執筆者は学界における通説的な見解を盛り込むのが普通である。つまり，辞典の項目には多かれ少なかれ通説的な見解が含

まれている。そう考えてよいとすれば,『新教育社会学辞典』における「学歴主義」の定義も通説的な見解を反映しているといえる。

　ちなみに,日本教育社会学会は,これまでに2回,教育社会学辞典を編集した。第一回が日本教育社会学会編 [1967]『教育社会学辞典』である。この1967年の辞典には,学歴にかんする項目は,「学歴」と「学歴構成」という2項目しかない。学歴社会,学歴主義という項目はない。事項索引を見ても,「学歴」「学歴構成」「学歴の効用」「学歴偏重」があるのみである。これは,「学歴社会」,「学歴主義」という言葉が1960年代に登場したばかりで,ただちには教育社会学会の認知を受けなかったことを物語っている。

　1986年の『新教育社会学辞典』における「学歴主義」の項目（橋爪貞雄執筆）は,次のようである。ただし,「学歴主義」の項目をそのまま引用すると長すぎるので,以下の引用は,原文を大幅にカットしている。

　　学歴主義（英）credentialism, degreeocracy　　学歴主義はいくつもの層ないし局面にわけて考察する必要がある。
　　〔クレデンシャリズム〕主として雇用時において候補者の学歴（学校歴,成績歴）を重視する慣行。学歴主義の中心をなす層に位置づけられる。
　　〔職業への影響〕この中心層の次に職業生活における学歴の影響の層がある。①配置,給与,昇進等において,学歴を制度上の一つの要因とする人事管理の仕方は,能力本位のそれと対比される。
　　②職業生活への別の影響は,ある種の職業に就くにはある種の学歴（タテ,ヨコの）がほとんど不可欠となる場合である。医師には医学部・医大の学歴（及び国家試験）が不可欠に連結しているし,公的な試験,検定,認定で職業資格が与えられる場合でも,学歴は直接間接の重要な条件となっている。
　　〔学歴と社会的威信〕広く社会経済的生活において,学歴はその保持者に社会的な威信を付与する。その最たるものは,学歴が職業的地位（職業威信によるもの）を規制し,職業が所得を規制するという一連の関連である。
　　〔学校教育への影響〕学校教育への学歴主義のインパクトは,これらの状

況から発生するが，他方，学校での学歴主義がこれらの状況を助長促進している面も見逃せない。インパクトの最大のものは受験本位の教育体制である。「教育ママ」，登校拒否，非行，暴力などの社会病理的現象は，その原因は単純ではないが，学歴獲得への狂奔と体制化された受験本位の教育と無関係ではありえない。

　以上の学歴主義の概念においてもっとも注目すべきは「学歴主義の中心をなす層」が「主として雇用時において候補者の学歴（学校歴，成績歴）を重視する慣行」とされている点である。このことは，俗によく言われる「いい学校を出ていないと，いい会社に入ることができない」という考えに照応している。学歴主義は，雇用の場で成立する。逆に言えば，雇用以外の場では学歴主義は成立しないか，あるいは「広く社会経済的生活において，学歴はその保持者に社会的な威信を付与する」といういわば弱い学歴主義が成立するにすぎない。学歴社会を，学歴主義が広く社会の規範・慣行となっている社会，と定義するならば，学歴社会は，雇用社会を前提としている。

　日本は19世紀後半に工業化を開始した。日本は後発資本主義国として長い間，大きな自営業の世界と，小さな雇用の世界を特徴としていた。国勢調査がはじめておこなわれた1920年からほぼ10年ごとに自営業と雇用者の割合を示したのが図序-1である。1920年には自営業が約7割，雇用者が約3割であった。雇用の世界は小さな割合を占めるにすぎなかった。労働力調査によれば，雇用者が50％を超えたのは1959年である。しかしその事実をもって，1959年から日本社会は雇用の世界になったということはできない。

　第一に，雇用の世界が過半数になったといっても，その雇用の世界は，限りなく自営業に近い人たちを多く含んでいた。自営業に雇用される人たち，たとえば理髪店の見習いは，統計上は雇用者に分類されるが，その大多数は一定の見習い期間を過ぎると独立開業し，自営業となる。こうした人たちは，雇用者ではあっても，自営業の世界の人たちといわなければならない。

　第二に，学歴社会論が学歴主義の成立している企業として論じているのは大

図序-1　自営業と雇用者の割合

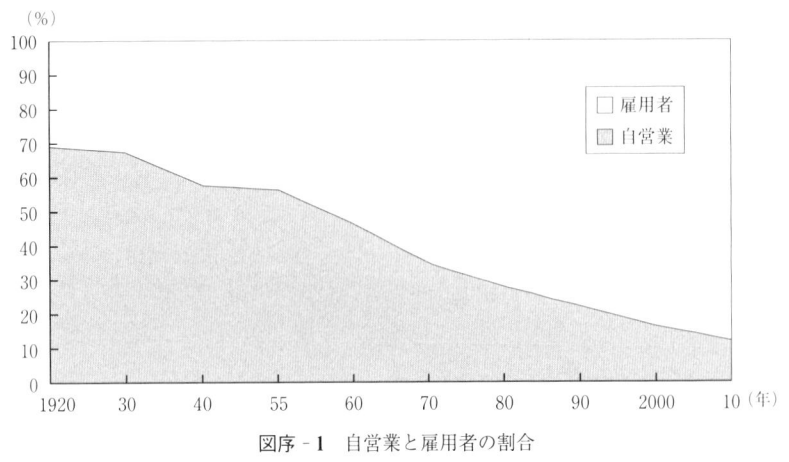

注：自営業＝自営業主＋家族従業者。
出典：1920年，1930年，1940年は石崎［1957］から，1953年以降は労働力調査から作成。

会社であり，範囲を広げたとしても中企業の上層である。そうした会社に雇用されている雇用者は，雇用者全体の3分の1程度であるといわれてきた。

したがって，雇用の世界，とりわけ大企業や中企業上層が発達し，学歴主義論・学歴社会論が広く社会的関心を集めるための前提条件がつくりだされたのは，高度成長を経過した後であった。このことが，1970年代に「学歴主義」「学歴社会」という言葉が急速に普及した経済的背景である。

(3) 学歴主義の歴史研究

学歴社会が成立するためには，就業構造において，存立条件が原理的に異なる雇用社会と自営業社会の併存が終わり，雇用社会がドミナントとなる経済構造が成立しなければならない。それは1970年代に実現した。

しかし教育社会学における学歴主義研究は，もっとずっと早い時期に学歴社会が成立したと主張している。

もっとも極端なものは，明治時代の始まりとともに，学歴社会への道が拓かれた，という主張である。明治のはじめに福沢諭吉『学問のすゝめ』とサミュエル・スマイルズ原著，中村正直訳の『西国立志編』が刊行された。この2冊

序　章　本書の課題と主張

の本はそれぞれ100万部を超える大ベストセラーとなり，日本全国の若者（男子）を立身出世競争に駆り立てた。学校制度の整備とともに，立身出世競争は，帝国大学を頂点とする学歴競争となった，というのである。

　学歴主義の実証的研究は，さすがに明治のはじめから学歴社会が出現したというような極端な主張をすることはない。丹波篠山を対象とした実証研究（天野編［1991］）によれば，まずはじめに士族が，次いで商家が，そして最後に農民が学歴の取得に向かった。その結果，「昭和初期」に「学歴主義の制度化」が終わった。「学歴主義の制度化」が終わったということは，学歴社会が成立したということである。

　この研究は，丹波篠山のような「旧国鉄福知山線からはずれ，産業化の大波からとり残されてきた小さな城下町」（天野編［1991］11）でも「昭和初期」に「学歴主義の制度化」が終わったのであるから，日本社会全体についても「昭和初期」に「学歴主義の制度化」が終わったといってよい，という主張でもある。

　明治初年の立身出世欲望の解放が学歴主義に直結したという主張はもちろん，丹波篠山を研究対象とした実証研究においても，社会階層の違いは学歴意識について大きな違いをもたらすことはなく，容易に学歴志向になっていく，ととらえられている。つまり社会階層の違いは，たしかに学歴の価値を重視する価値観の違いをもたらすが，時間の経過とともに，学歴の価値を重視していなかった社会階層も，すみやかに学歴の価値を認識するようになり，学歴競争に巻き込まれていく，と考えられている。社会階層による意識の違いよりも，社会階層の違いにもかかわらず同一の方向を目指すという社会の同質性が前提とされている。同質性の故に，学歴主義はすみやかに社会に浸透し，日本社会は学歴社会となる。

　しかし，社会階層の違いにもかかわらず社会全体を同質的なものとみなす考えには，強い疑問が残る。日本社会が学歴社会となったのは1960年代であり，明治維新からほぼ100年たっていた。明治の初めから急速に学歴社会となったわけではないし，「昭和初期」に学歴社会への移行を完了したわけでもなかっ

た。

　明治維新から100年の間に，産業構造と就業構造は大きく変化した。しかもその変化は，時間の経過とともにしだいに変化したというのではなく，ある時期に急速に変化した。その時期とは，高度成長期，とりわけ1960年代である。高度成長期に，それまで日本の就業人口の過半数を占めていた自営業（自営業者＋家族従業者）が，だれもが想像しなかった速度で減少していった。高度成長が始まる1955年に，自営業は就業人口の56.5％を占めていた。15年後の1970年に，自営業は35.0％にまで減少し，それ以後も減少のテンポは変わらなかった。

　自営業の急速な衰退の後に，学歴社会が到来した。学歴主義，学歴社会の研究にとって，この事実こそが重視されなければならない。

4　本書の主張

本書の主張をごく手短にまとめると，次のようになる。

（1）第1章　学歴社会成立にかんする通念

　立身出世論と学歴主義の成立を結びつける議論がある。それによれば，明治の初めに刊行された福沢諭吉『学問のすゝめ』とサミュエル・スマイルズ原著，中村正直訳の『西国立志編』が大ベストセラーとなり，日本全国の若者（男子）を立身出世競争に駆り立てた。学校制度の整備とともに，立身出世競争は，高等教育，とりわけ高等学校から帝国大学をめざす学歴競争となり，学歴社会を成立させた。

　このような議論は，福沢諭吉『学問のすゝめ』とスマイルズ原著，中村正直訳『西国立志編』の理解として誤っている。さらに，このような議論は，学歴主義の成立と結びつけるために，それ以前に存在した立身出世論を換骨奪胎した。学歴主義の成立と立身出世論を接合させたことは，学歴主義研究にとっても，立身出世論にとっても不幸であった。

（2） 第2章　学歴社会は「昭和初期」に成立したのか

　天野郁夫編［1991］『学歴主義の社会史』は，丹波篠山を対象として，社会階層ごとの学歴への異なる態度を視野に入れながら，学歴主義の制度化を分析した本格的な実証研究である。天野たちは，「昭和初期」に，すべての社会階層が学歴主義を受け入れ，学歴社会が成立したと結論づけた。

　しかし，天野編［1991］を子細に検討すれば，丹波篠山において「昭和初期」という早い時期に学歴主義が制度化が終わったのは，丹波篠山の特殊な教育状況の故であることがわかる。丹波篠山の特殊性とは，郡部の小さな町としては例外的に，高等教育機関に接続している男子の中等教育機関が存在したことである。

　日本全体を見れば，学歴社会の成立は，「昭和初期」ではなく，1960年代であった。丹波篠山の特殊な条件を無視して，丹波篠山の事例を一般化してはならない。

　学歴社会が1960年代前半にはまだ確立していなかったことを示していたのは，初期高専生の存在である。1962年から新しい学校制度として工業高等専門学校（高専）が設立された。設立されたばかりの高専に入学した初期高専生は，中学校における試験成績からすれば，進学高校から有名大学に進むことのできる学力を持っていた。しかし彼らは大学に進学する意思を持たず，高専に入学した。学歴社会が確立する前であったために，高専はこうした学生を引きつけることができた。しかし，高専が高い学力の中学生を引きつけることができた時期は，ごく短期間であった。1960年代後半からは，中学時代にしかるべき試験成績をとった生徒のほぼすべてが，大学を目ざすようになった。急速に学歴社会が確立したのである。

（3） 第3章　学歴主義の局地的成立（男性）と特定的成立（女性）

　高い学歴が高い社会的威信のある職業に結びつくという意味での学歴主義は，男性と女性とでは大きく異なった形で実現した。

　男性の場合，1887（明治20）年の「文官試験試補及見習規則」およびそれを

手直しした1893（明治26）年の「文官任用令」によって端緒的に学歴主義が成立した。「帝国大学」の法科大学と文科大学の卒業生に高等文官への無試験任用の特権をあたえた「文官試験試補及見習規則」は，高等官というその当時において最高の職業と，「帝国大学」という最高の学歴を結びつけた。

とはいえ，任用される高等官の数も，「帝国大学」の学生数もきわめて少数であった。高い学歴と高い威信の職業とがもっと広い社会的文脈の中で成立するためには，高等教育機関が拡充し，大会社の社員数も増大し，そのうえで両者が就職市場において有機的に結びつく必要があった。それが実現したのは，第一次大戦期であった。

しかしそれでもなお，官立高校という最高の学歴を求めて受験競争に参加した者は，同世代の中のごく一部であった。しかも，受験競争に参加した者は地域的にも階層的にも偏在していた。日本社会全体から見れば，学歴主義は1920年代においてもなお，局地的に成立していたにすぎない。

男性の学歴主義とは対照的に，女性の学歴主義は，官吏制度とはほとんど関係なく，大会社とはまったく関係がなかった。高等教育を受けて就職した女性は特定の専門職（主として教員）として就職した。女性の学歴主義は，1920年代に特定的に成立した。

（4） 第4章　文官高等試験と女性

男性の学歴主義が端緒的に成立したのは，官吏制度と学歴との結びつきによってであった。女性の場合，男性のような形では官吏制度と学歴とが結びつかなかった。そもそも，女性には高等官になるための高等試験受験資格がなかった。

女性の高等試験受験資格は1909年「文官試験規則」の改正によって認められた，という見解が現在まで流布している。しかしそれは誤っている。女性が高等試験を受験できる可能性が生まれたのは，1918年「高等試験令」第八条によってである。そして1930年，同志社大学法学部を卒業した田辺繁子が受験を申請し受理されたことによって，女性の高等試験受験が現実のものとなった。

しかし戦前における女性の高等試験受験資格は，形式的なものにすぎなかった。大日本帝国は女性を高等官として任用するつもりがなかったからである。
　戦後，1947年の国家公務員法によって，戦前の官吏制度から国家公務員へと移行した。第1回の国家公務員採用試験は1949年1月におこなわれた。国家公務員の幹部候補たる上級職の試験に，もちろん女性は受験資格を有することになっていた。しかし，すでに1930年に女性の高等試験の受験資格は認められていた。重要なのは，女性が実際に上級職として採用されることであった。女性が上級職として最初に採用されたのは，1950年である。したがって，女性が，合格すれば採用される可能性もあるという本当の意味で上級国家公務員試験の受験資格を得たのは，労働省が女性を採用した1950年である。しかし労働省は婦人少年局という女性のためのポストを持っていたため例外的に女性を上級職として採用したとも考えられる。女性が本当の意味での受験資格を得たのは，厚生省が女性をはじめて採用した1958年というべきかもしれない。

（5）　第5章　自営業の衰退がもたらしたもの

　日本の就業構造を長期的観点から見れば，自営業（自営業主＋家族従業者）の決定的重要性は明白である。戦前の日本においては，自営業は就業者の7割近くを占めていた。すなわち1920年に69.3％，1930年に67.6％，軍需産業業化が本格化していた1940年においてもなお58.0％を占めていた（石崎［1957］）。
　国際比較のため OECD（経済協力開発機構）の統計を用いると，就業者に占める自営業の割合は，高度成長がはじまった1955年の日本が56.5％，同じ年のアメリカは18.0％，1957年の西ドイツは24.3％であった。日本における自営業の比率は就業者の過半を占め，アメリカや西ドイツと比較して顕著に高かった。
　しかし戦後日本経済は，高度成長，安定成長，バブル景気，失われた20年と推移し，自営業も一直線に衰退していった。OECD 統計によれば，2010年現在，就業者に占める自営業の割合は，ドイツ11.6％，アメリカ7.0％にたいして日本は12.3％と，ほぼ同じ数値となった。日本はいわば普通の先進国になった。

自営業の世界は，その内部において収入，学歴，政治的志向，文化的志向においてさまざまな差異を含みつつも，会社という組織に雇用されている雇用者の世界とは明確に異なっている。自営業は，生産手段，資格，技能，ノウハウあるいは体力をもとに，自分の仕事を自分で決めており，組織に従属あるいは所属している雇用者とは異なっている。自営業が衰退したことは，日本社会にとって政治的，経済的，社会的に大きな意義を有したはずである。しかしその点についての研究はほとんどないに等しい。

　企業は利潤を目的とする組織体である。それにたいして，自営業は利潤を目的としていない。自営業の目的は，家族の生活を成り立たせることである。したがって自営業は，利潤部分がなくても再生産可能である。生活水準の低下を覚悟すれば，収入の減少にかなりの期間まで耐えることができる。さらに，自営業は家族の再生産を目的としているので，たとえば親が自営業で収入が少なく，自営業からの収入だけでは生活に困難をかかえていても，息子が会社に勤め，その月収の一部を親の生活費にまわすなどして，家族の再生産を可能にする。家族メンバーの多就業による家族の再生産である。自営業は独自の生存能力を有している。また，いわば底辺的な自営業だけでなく，高度な法律知識や技術などにもとづく専門職自営業もある。自営業は，資本主義的な競争によって完全に消滅することはない。資本主義社会において自営業が存続しつづけるということは，資本主義社会の内部において，利潤を目的とする企業と，個人生活の存続を目的とする自営業とが併存することを意味している。

　すなわち資本主義社会は，一方における大企業と，他方における自営業という二極の原理を内包している。そしていわゆる中小企業は，この二極の原理のはざまにあって，企業規模が小さければ小さいほど自営業の原理に近づき，企業規模が大きければ大きいほど大企業の原理に近づく。たとえば従業員規模が5人から10人程度の企業は，限りなく自営業の原理に近づくであろう。そして，自営業の原理にもとづいて企業を運営できるほど小さくもなく，かといって，大企業のような経営秩序にのっとって企業運営できるほど大きくもない中間的な企業は，経営者の個性によって，じつにさまざまな企業経営をおこなうであ

ろう。中小企業研究において，中小企業は実にさまざまであり，中小企業研究の目的は中小企業を定義づけることである，といわれるのは，中小企業が原理的に二極のはざまにあって，独自の原理を有しないからである。

資本主義社会において大企業の原理と自営業の原理が二極をなす，といっても，資本主義の展開にともない，自営業の割合は減少してくる。自営業の衰退は，学歴主義を強め，学歴社会の成立に寄与した。

自営業の衰退は通俗道徳の衰弱をもたらした。通俗道徳の衰弱は，学歴主義に対抗する倫理観が衰弱することを意味した。それは当然，学歴主義を強化した。また，自営業の衰退は，雇用の世界が拡大することを意味する。日本の大会社は学歴別・性別に仕切られた日本的雇用慣行を実践している。自営業の衰退は，大会社の雇用慣行の基礎にある学歴主義的価値観を社会のドミナントな価値観とする。

（6）　第6章　資格制度と学歴主義

望田幸男は，近代ドイツを対象として，「資格社会」論を提唱している。すなわち，前近代社会は身分制という血統原理を社会編成の原理としていた。近代社会は「資格社会」を原理とする。ドイツは，「〈職業資格〉＝〈教育資格プラス公的職業資格試験〉という方程式のネットワークによって覆われた，きわめて厳格な資格社会」（望田［2003］3）である。

望田の問題提起によれば，ドイツが資格社会となったのは，ドイツでは職業資格が下方に向かっても展開し，女性を中心にした福祉職やこれといった知的素養を必要としなかった宿屋・飲食業なども含めて，職業資格制度の中に位置づけられるようになり，社会の頂点から底辺にいたるまで資格社会の論理が貫徹するようになったからである。

望田の議論を日本に適用するならば，日本においては資格は下方に展開しなかったことによって，資格社会とはならなかった。

まずなによりも，戦前においては，職業の国家資格の種類が少数であった。戦後，資格の数は急増した。しかし，省庁の権益拡大・縄張り争いの結果とし

て資格が創設されてきた。さらに，資格の種類は急増したといっても，資格がさまざまな分野をまんべんなくカバーしているとはいえない。事務・販売・サービス分野で資格が整備されていない。

　日本において資格社会が下方展開しなかったもっとも基本的な理由は，同職組合ツンフト（ギルド）のあり方に求められる。近世日本では一人前の職人になるためには徒弟修行をへる必要があった。いつ徒弟修行を終えるのか，どのような技能レベルが終了のメルクマールとなるのかは，徒弟を採用した親方次第であった。一人前の職人と呼ばれる人たちにおいて，社会的に合意された技能水準は存在しなかった。

　日本の労働省はかつて，工業労働を対象に，ドイツのような資格を日本において作ろうとした。技能検定＝技能士である。労働省は，ドイツを範とする技能検定制度によって，「労働者の地位の向上」を図ろうとした。日本の技能検定制度は，受検者の数も多く，その限りでは社会的認知を得ている。しかし，「労働者の地位の向上」や技能士の社内処遇の向上という労働省が意図した目的を達成することはできなかった。

　技能検定制度は学校教育とはリンクしないで，それぞれの職種の経験年数を検定基準としていた。日本では，「技術」と「技能」とが画然と区別されている。技術とは学校で教えられる体系的知識であり，技能は長い経験によって見ようみまねではじめておぼえることのできる「カン」や「コツ」のようなものとされてきた。技術と技能はそれぞれ別の階層によって担われると考えられてきた。技能検定制度は，日本におけるこのような技術と技能との区分を克服することができなかった。

　まぎらわしいことに，日本の大会社においては，職能資格制度あるいはたんに資格制度と呼ばれる人事管理制度が存在している。これは，部長・課長・係長・一般社員という職制とは別に，個々人の能力や仕事内容，勤続年数などを評価して従業員を格付けするものである。技能検定＝技能士資格は，職能資格制度の中で評価の一要素となり，また，一要素にしかならなかった。技能士資格は，職能資格制度にいわば吸収されてしまった。

5 「学歴主義」「学歴社会」の定義

　学歴主義と学歴社会について，とりわけ教育社会学の分野で，さまざまな定義が与えられている。それらの中で，私は，天野郁夫による定義がもっとも行き届いていると考えている。それは次の3点からなる（天野編 [1991] 20-21）。

　① 「学歴」は，本来教育（学問，学業）に関する履歴，あるいは学校に関する履歴を意味する言葉にすぎない。それが教育社会学的に重要な概念になるのは，学問や学校についての履歴が，ひとつの社会的な「資格」として，それをもつ人々に，さまざまな「特権」を約束するからである。われわれがここで問題にするのも，特定の学校で，特定の学問・学業を学んだことの証明としての学歴と同時に，さまざまな特権と結びついた，資格としての学歴である。

　② 「学歴主義」とは，人々が社会システムや社会組織のもとで，ある地位を獲得し，あるいは与えられる際に，上記の意味での学歴を，資格要件として重視する，あるいはすべきだとするイデオロギーをさしている。このイデオロギーは，社会の特定の制度や組織のなかにあらわれ，正当化され，やがて社会全体に広がっていく。

　③ 「学歴主義の制度化」とは，こうしたイデオロギーとしての学歴主義が，人々のあいだに浸透し，受容され，規範的な行動様式として一般化していく過程をさしている。その学歴主義の制度化が，わが国の社会で進行しはじめるのは，明治中期以後のことであり，「学歴社会」とよばれる現代社会は，制度化が，ほぼ極点に達した社会とみることができる。

　天野による学歴主義と学歴社会の定義は行き届いていると書いたが，一つだけ注意しておきたいことがある。それは，学歴主義が制度化されて，最終的に学歴社会になるためには，学力のある生徒・学生が，高い学歴によって高い社

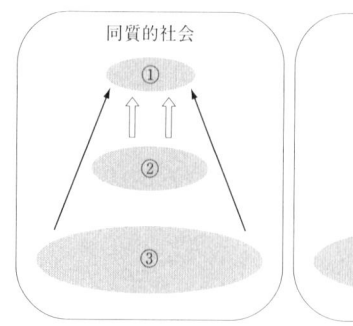

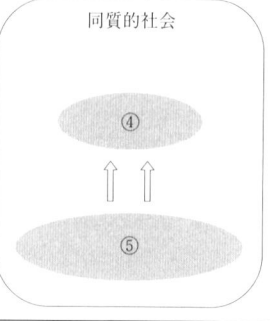

① 上層中層士族が学歴主義世界の住人となる。
② 都市と地方の名望家が学歴主義世界に参入を志す。
③ 大多数の国民は学歴主義世界を仰ぎ見るが、手が届かない。
④ 名望家と新中産階級が学歴主義世界の住人となる。
⑤ 大多数の国民が学歴主義世界への参入を志す。
⑥ ほぼすべての国民が学歴社会の住人となる。

図序 - 2　学歴社会研究における進化論

会的地位を獲得するという価値観を内面化する必要があるということである。

　教育社会学における学歴主義・学歴社会研究は，学歴主義が成立すれば，条件（学力や経済力）を備えた学生は例外なく学歴主義的競争に参加すると暗黙のうちに想定してきた。十分な学力があるにもかかわらず経済的に上級学校に進学できない若者は，学歴主義へのルサンチマンをいだく，と考えられてきた。こうした想定は，本書第2章においてくわしくのべるように，誤っている。学歴主義が成立していても，高い学力を持った生徒が皆，高い学歴を目指すわけではない。すなわち，学歴主義の成立と，学歴主義的価値観の内面化とは，同時に起きるわけではない。社会階層によって，主としてどのような価値観が内面化するのか，異なっている。これまでの学歴主義研究は，学歴主義的価値観は強力であり，時間の経過とともに，あらゆる社会階層におのずから浸透していく，と考えてきた。それを図式化すると図序 - 2のごとくである。

　しかし，そうした想定は，社会階層によって異なるエートス，倫理観を軽視している。学歴主義的価値観がもっとも浸透しにくいのは，通俗道徳を実践する自営業の世界である。日本における学歴社会は，自営業に学歴主義的価値観

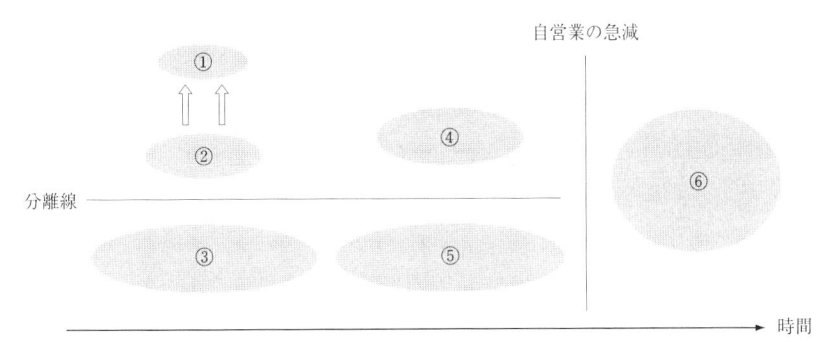

```
                    自営業の急減
         ①          
         ⇧ ⇧        
         ②           ④                    ⑥
分離線 ───────────────────────────────
              ③          ⑤
                                              ─────→ 時間
```

① 上層中層士族が学歴主義世界の住人となる。
② 都市と地方の名望家が学歴主義世界に参入を志す。
③ 大多数の国民は学歴主義世界とは無縁。
④ 名望家と新中産階級が学歴主義世界の住人となる。
⑤ 大多数の国民は学歴主義世界とは無縁。
⑥ ほぼすべての国民が学歴社会の住人となる。

図序-3　学歴社会と非学歴社会

が浸透した結果として成立したのではなく，自営業が衰退し，雇用の世界が拡大した結果として成立した。そのことを図示すると図序-3となる。

　なお，学歴という言葉は，初等教育，中等教育，高等教育という教育段階の違いをあらわす場合と，たとえば同じく高等教育ではあってもどの学校を出たのかという学校歴を指す場合とがある。本書において学歴という言葉は，主として教育段階の違いを意味する。学校歴が問題となる場合は，学校歴と明記する。

　また，本書においては，男性・女性という言葉と，男子・女子という言葉が混在している。引用文献が男子・女子と記している場合にはもちろん男子・女子と記さなければならない。また，「男子」と記す必要がある場合は，それに対応して「女子」と記すべきだからである。

第1章
学歴社会成立にかんする通念

　2013年12月8日『日本経済新聞』朝刊に,「熱風の日本史(15)　哀しき立身出世主義（明治）」と題された記事が掲載された。この記事は，立身出世と学歴主義にかんする通念をよく示している。そこで，この記事をもとに，立身出世と学歴主義にかんする通念を検討しよう。第1章において「日経記事」として引用するのは，この記事を指している。

　1871（明治4）年，サミュエル・スマイルズ原著・敬宇中村正直翻訳の『西国立志編』が刊行された。この書物は大ベストセラーとなり，立身出世欲をかきたてた。明治維新とともに近世の身分制は廃止された。四民平等となった日本社会は，職業的移動・空間的移動の自由と解き放たれた立身出世の願望とによって，一挙に流動化した。1886（明治19）年の小学校令，中学校令，師範学校令，帝国大学令によって初等教育から高等教育までの学校制度が整備されるにともなって，立身出世は学歴を媒介とする学歴主義となった。これ以後，高い学歴＝高い社会的地位を求めて受験競争が激化し，勝者とともに多くの敗者を生み出し，今日にいたっている。

　日経記事を要約すると，このようになる。こうした通念については，いくつもの疑点がある。

1　中村正直訳『西国立志編』

（1）　販売部数は100万部以上？

　日経記事はまず「「天は自ら助くる者を助く」この有名な言葉で始まる『西

国立志編』が刊行されたのは1871（明治4）年。その後，版を重ね，異本も含めると100万部以上売れた」，という文章ではじまる。

「異本も含めると100万部以上売れた」ということは，その当時，人口は現在の4分の1程度であったと推定されているので，現在に換算すれば，400万部以上売れたことになる。超ベストセラーである。しかし「異本も含めると100万部以上売れた」という主張に実証的根拠はあるのだろうか。

『西国立志編』がベストセラーとなったことは間違いない。しかし「異本も含めると100万部以上売れた」という確証はない。中村正直の伝記として定評のある石井研堂［1907］『自助的人物典型中村正直伝』（66頁）は，中村正直が訳した三書――『西国立志編』『自由之理』『西洋品行論』――は「都(すべ)て数十万冊を発行せり」と記している。この書き方は，きわめてあいまいである。「数十万冊」とは，少なく解釈すれば20万冊くらいであり，多く解釈すれば60万冊くらいであろう。とても正確な数字とは言えない。しかも，石井は「数十万冊」説の典拠をあげていない。

100万部以上売れたという数字の出所は，1938年冨山房版『西国立志編』の解説の中で，柳田泉が，「「立志編」の初刊も木版半紙本13編であつたが，それでさへ数十万冊を発行したらうといふから，その後の活版や異版を加へると恐らく百万を突破してゐるであらうと思はれる」（スマイルス原著［1938］15-16）と推測したことにある（三川［2009］69）。

柳田のこの文章には大きな問題がある。なによりもまず，柳田は出典を明記していない。「数十万冊を発行」と記しているのであるから，おそらく出典は石井研堂［1907］である。しかし石井［1907］は，「初刊」の「木版半紙本13編」が「数十万冊を発行」されたとは書いていない。すでに引用したように石井［1907］は，中村正直が訳した三書が「都て数十万冊を発行せり」と記しているだけである。柳田は，何を根拠に「初刊」の「木版半紙本13編」が「数十万冊を発行」された，と書いたのであろうか。

「初刊」の「木版半紙本13編」が「数十万冊を発行」された，という文章に文献的な根拠はない。ところが柳田はさらに，「その後の活版や異版を加へる

と恐らく百万を突破してゐるであらう」と推測している。柳田の推測に文献的根拠はなにもないにもかかわらず，その後，100万部という数字が一人歩きするようになった。石井研堂の「数十万冊」説そのものがあいまいであり不確実である。それをもとにさらに憶測を加えた柳田の100万部説は，もっと疑わしい。

（2）『西国立志編』＝「立身出世の焚きつけ読本」？

日経記事は，スマイルズは『西国立志編』において，「立身出世のための徳目として努力・勤勉・倹約・忍耐などを挙げた」，と指摘している。日経記事はさらに，『西国立志編』は「立身出世の焚きつけ読本」であった，と記している。本当にスマイルズは，立身出世のために努力・勤勉・倹約・忍耐などの徳目をあげたのであろうか。

たしかにスマイルズは努力・勤勉・倹約・忍耐などの徳目を強調した。それは『西国立志編』を一読すれば明白である。しかしスマイルズは「立身出世のため」にそれらの徳目を強調したのではない。スマイルズは『西国立志編』の刊行目的を次のように記している。

「なかんずく最要の教えに曰く，「人たるものは，その品行を高尚にすべし。しからざれば才能あるといえども，観るに足らず，世間の利運を得るとも貴ぶに足ることなし」。われこれらの教えを，世の少年に暁さんと志し，この書を作れり」（スマイルズ [1991] 50）。

念のために，この箇所の原文を引用しておく。

"above all, he must seek elevation of character, without which capacity is worthless and worldly success is naught." (Smiles [1871] vii)

つまりスマイルズは，品格 (elevation of character) こそが大切で，それを欠落させた世俗的成功 (worldly success) は無価値 (naught) である，と説いている。またスマイルズは，「人あるいは功なくして敗るるものあり。しかれども，善事を企てて成らざる者は，善人たることを失わず。ゆえに敗るるといえども貴ぶべし」（スマイルズ [1991] 49）とも記している。スマイルズは，立身出世

のためにではなく，努力・勤勉・倹約・忍耐などの徳目それ自体が大切であることを教えさとすために，"Self-help"を書いたのである。中村正直はその主張に共鳴して『西国立志編』として翻訳刊行した。『西国立志編』は修養の書物であり，「立身出世の焚きつけ読本」ではない。

中村正直の伝記によれば，中村正直はスマイルズの原著を手に入れて「喜ぶこと限りなく，東航中（イギリスから帰国する途上であった——野村）は寸刻も手より釈てず，愛読数過，其の半を暗唱するに至」（石井［1907］62）った。中村正直は心から共鳴したのである。中村正直は儒者であった。しかも，「恐らく儒者として殆ど完成に近き逸品」（吉野［1934b］115）であった。「儒者として殆ど完成に近き逸品」は，スマイルズの原著を修養の書物と理解し，夢中になった。吉野作造（［1934a］246）が『西国立志編』の意義について，「福沢（諭吉——野村）が明治の青年に智の世界を見せたと云ひ得るなら，敬宇は正に徳の世界を見せた」と評したのは，まったく適切であった。儒者の「徳の世界」が立身出世であるはずがない。

日経記事は，『西国立志編』がベストセラーとなった理由をもっぱら読者の情熱に求めている。しかし『西国立志編』がベストセラーとなった理由として，発売当初，天皇皇后という国家の最高権威が『西国立志編』にお墨付きを与えた事実も重視されなければならない。すなわち，天皇への進講に『西国立志編』が選ばれていた。また，皇后は東京女学校に行啓し，優等生に『西国立志編』を下賜した。こうしたお墨付きのもとに，『西国立志編』は小学校の修身教科書として使用された（三川［2009］73-76）。

『西国立志編』の売れ行きにとって教科書として売れた割合がどの程度かはわからない。重要なことは，『西国立志編』がいわば下から需要されていただけでなく，国家にとっても普及させる価値ある書物であった，という点である。そして国家が『西国立志編』をどのように評価していたのかは，皇后が東京女学校の優等生に『西国立志編』を下賜したことによく示されている。

官立の東京女学校は，1872（明治5）年2月に「女学校」という名前で開校し，同年10月に竹橋の近くに移転し，東京女学校と改名した。場所の名前から，

一般には竹橋女学校として知られていた。学校制度が整備される前なので，竹橋女学校が初等教育学校なのか中等教育学校なのか，あいまいであった。しかし教師として日本人女性とアメリカ人女性を配置し，女子教育としてはかなり高度な教育内容であった。竹橋女学校は，西南戦争による国家財政の疲弊が原因で，1877（明治10）年に廃校となった。わずか5年間の存在であった（お茶の水女子大学百年史刊行委員会［1984］717-719）。

竹橋女学校に生徒として在学した鳩山春子（衆議院議長鳩山和夫の妻，首相鳩山一郎の母，共立女子職業学校第六代校長）は，自伝において，竹橋女学校について次のように記している。

「当時の元老議官とか，その他高位高官又は紳商などの令嬢等が多いものですからいかにも悠暢(ゆうちょう)に出来ています。それで月謝も高ければ，生徒の取扱いも良いという風です。服装は一般に華美で，何処までも姫様(ひいさま)的に出来上って居るという有様でした」（鳩山［1981］358）。

『西国立志編』＝「立身出世の焚きつけ読本」説によれば，皇后が「姫様」たちに『西国立志編』を下賜して，「姫様」たちに立身出世を焚きつけた，という解釈になるのであろうか。

たしかに，『西国立志編』を立身出世を唱道する本だと誤って理解した者はいた。そのことは，これまでの立身出世論が指摘したとおりである。しかし修養の書物と正しく理解した者のほうがはるかに多かったであろう。

（3）『西国立志編』＝「立身出世の焚きつけ読本」説の確立

『西国立志編』＝「立身出世の焚きつけ読本」説は，いつごろ確立したのであろうか。この点について門脇厚司の文章が示唆を与えている。

門脇は，1969年に日本教育社会学会の学会誌『教育社会学研究』に「日本的「立身・出世」の意味変遷——近代日本の精神形成研究・覚書」と題する立身出世論を寄稿し，『西国立志編』は立身出世をあおる本ではない，と主張した。

「この本（『西国立志編』——野村）は往々立身出世を説いた本の元祖とみられているが，その内容はむしろ「個の自立」にこそ強点をおいたものであった。

原題の Self Help はそのことを端的に表わしているが，志を立てるとは「自ラ助クルノ精神」でことに臨むことを意味していた。その意味で，この本は，「決して単なる出世主義のすすめではなく，言うなれば，熱烈なる民主主義擁護の書」であるとされるのも故なしとしない。そのとき『立志』は，まぎれもなく「身を立てる（立身）」ことだったのであり，「自分にて自分の身を支配し他に依りすがる心なき」「自から物事の理非を弁別して処置を誤ることなき」という意味での福沢の「独立自営」に通ずるものであり，その徹底さにおいてそれを上回るものであった。（中略）それ故にこそ民権運動の担い手達ともかかわりあえた」（門脇 [1969] 99-100）。

　門脇の以上の文章から，次の点がわかる。すなわち，1969年の時点で，『西国立志編』は立身出世を説いた本であるという言説が存在していた。事実たとえば，高橋昌郎（[1966] 81）などは，「一般的には立身出世主義を刺激する役割を果たした」と記している。しかし，門脇の「往々立身出世を説いた本の元祖とみられている」という文章は，まだそうした理解が通念として確立していないことを物語っている。また，『西国立志編』は立身出世をあおる本ではないと主張する門脇の論文が通説批判という形をとることなく学会誌に掲載されたという事実そのものが，教育社会学界において，『西国立志編』＝「立身出世の焚きつけ読本」説が通念とはなっていなかったことを示している。

　門脇はさらに，先の文章に続けて，次のように指摘した。

「以後（明治──野村）20年までは，これ以外の所謂「出世本」の刊行は少い。私が入手しえたのはわずかに二種，一つは辻忠良兵衛『立身虎之巻・全四冊』（明治8年刊）であり，一つは干河岸貫一『日本立志編・全六冊』（明治12年刊）である。前者は江戸時代の立身訓そのものであり，後者は『西国立志編』の日本化版であるがともに『西国立志編』に異を唱えることを目的とするものではなかった」（門脇 [1969] 100）。

　門脇のこの指摘は，『西国立志編』や『学問のすゝめ』によって日本社会全体が立身出世欲望にとらえられたとする通念を間接的に否定している。

　ところが，1969年に『西国立志編』＝「立身出世の焚きつけ読本」説を否定

した門脇が，9年後の1978年になると，次のように書くようになる。

「明治の開化は，人々の立身出世に対する欲求を一気に噴出させた。四民平等が宣告され，版籍奉還，廃藩置県，地所永代売買の禁令解除などによって，人々の居住の自由や職業選択の自由が保障される。また，下級武士が一躍政府の高官となり，無一文から身を起こし一大資産をなしたという伝聞が，実名を伴って巷に流れていく。こうしたとき，スマイルズの『自助論』が『西国立志編』として刊行され（明治3年11月），福沢諭吉の『学問のすゝめ』が世に送られる（明治5年2月）。(中略) この二書が刊行され，人々の圧倒的な共感と支持をうけた明治の前半期は，まさしく立身出世の倫理が賞揚され，そうした倫理の実践が結果として地位の上昇をもたらしえた時期であった」(門脇 [1978] 25-26)。

門脇は，『西国立志編』は立身出世を説いた本ではない，という正しい理解を捨て，『西国立志編』＝「立身出世の焚きつけ読本」説に移行した。門脇の1969年と1978年の文章から判断して，『西国立志編』＝「立身出世の焚きつけ読本」説が確立したのは1970年代であると考えてよいであろう。

2 福沢諭吉『学問のすゝめ』の主張

ついでに福沢諭吉の『学問のすゝめ』に一言しておこう。日経記事は『学問のすゝめ』については言及していない。しかし『西国立志編』を取り上げる立身出世論のほとんどは，『西国立志編』とならんで，『学問のすゝめ』が立身出世を焚きつけた書物だとしているからである。

『学問のすゝめ』には，たしかに学問によって出世できることを主張しているかのような文章もあった。

「人は生まれながらにして貴賤・貧富の別なし。ただ学問を勤めて物事をよく知る者は，貴人となり富人となり，無学なる者は貧人となり下人となるなり」(福沢 [2006] 18-19)。

この文章だけを取り上げれば，『学問のすゝめ』はたしかに学問による立身

出世をあおっているように見える。しかし『学問のすゝめ』における福沢の真意は，個々人が独立をすることによって国家もまた独立するという点にあった。そして個人の独立にとって学問がその基礎となる，と主張していた。福沢は，学問=「実学」の大切さを次のように説いた。

　「これらの学問をするに，いづれも西洋の翻訳書を取り調べ，大抵のことは日本の仮名にて用を便じ，あるいは年少にして文才ある者へは横文字をも読ませ，一科一学も実事を押へ，その事に就きその物に従ひ，近く物事の道理を求めて，今日の用を達すべきなり。右は人間普通の実学にて，人たる者は貴賤上下の区別なく，みなことごとくたしなむべき心得なれば，この心得ありて後に，士農工商おのおのその分を尽くし，銘々の家業を営み，身も独立し，家も独立し，天下国家も独立すべきなり」(福沢 [2006] 20)。

　福沢は生前に全集を出した時，有名な「福沢全集緒言」を書き，自身の著作について解説した。『学問のすゝめ』について福沢は，『学問のすゝめ』において展開した赤穂義士論といわゆる楠正成権助(こんすけ)論が世間を騒がせ，命まで危うくなった顛末について，くわしく書いている。しかし，『学問のすゝめ』が立身出世の本として受容された，などとは一言も書いていない。

　福沢諭吉研究者の富田正文([1941] 46)は『学問のすゝめ』の主張を，「先生の意は，一に封建卑屈の因襲を一掃して，国民に自主独立の気力を振ひ起こしめ，新しき文明の学問を導入して国民の知徳を増進し，真に国民意識に目覚めたる独立の士人を養成し，挙国一致して外国交際の難局に当たらんとした」と要約した。正当である。『学問のすゝめ』も立身出世読本ではない。

3　近世社会と明治社会

（1）　静態的な近世，流動的な明治社会？

　明治維新とともに立身出世願望が一挙に高まったのは，近世身分制が廃止されて四民平等となり，「職業の選択，移住の自由が認められ，堰を切ったように社会の流動性が高まった」からである。日経記事はそう主張する。

しかし，明治維新によって「堰を切ったように社会の流動性が高まった」というイメージは，実証研究によって支持されていない。このイメージは，一方において，近世は身分制のために職業選択・移動の自由がない静態的な社会と想定している。他方において，明治維新以後は職業的流動性と地域的移動が一挙に上昇した，という考えにもとづいている。

　速水融［1988］『江戸の農民生活史』は，江戸時代後半の美濃西条村を対象とした実証研究で，農村住民の職業的・空間的移動の実態を明らかにした。それによれば，男子は50％，女子は62％が生涯に一度はこの村を出て，男子は主として都市に，女子は都市と農村にほぼ同じ割合で奉公に出かけている。そのかなりの部分は出身農村に戻って来なかった。速水の先駆的研究の後，歴史人口学は，職業選択・空間的移動のない静態的な江戸時代という近世像を実証的にくつがえしてきた。

　さらに近世研究は，百姓から奉公人へといういわば横への職業移動だけでなく，武士になりたいという士分化願望を基礎として，武士以外の者が抜擢・買禄・献金などによって武士に身上がりすることがさかんであったと指摘している（深谷［2006］）。それだけでなく，近世史研究者による身分的周縁論は，近世身分社会とはどのような原理で成り立っているのかという根本的な問いを投げかけている。身分が固定され職業選択・空間的移動のない静態的な社会という近世像は，実証的に否定されている。

　静態的な近世像が実証的に支持されないように，高い流動性の社会という明治時代像も実証的に支持されない。

　江戸時代に徳川政権とそれぞれの藩の行政を担っていたのはもちろん武士であった。明治維新以後，行政は官吏によって担われていた。官尊民卑の風潮の中で，官吏こそが職業的な出世を意味した。その官吏における士族の占有率（官吏全体に占める士族の割合）と輩出率（士族のうち官吏になった割合）を見たのが表1-1である。たしかに士族の占有率は次第に低下した。とはいえ，1899（明治32）年でも約6割を占めていた。さらに注目すべきは輩出率で，士族はむしろ平民との差を拡大していった。「明治維新によって実際に生じたのは，社

表1-1 中央官員（判任官・準判任官以上）族籍別構成（明治7～32年）

年	官員厚生（人）									占有率（%）		(人口1万人あたりの)輩出率	
	勅任・準勅任		奏任・準奏任		判任・準判任		合計						
	士族	平民	士族	平民	士族	平民	士族	平民	全体（華族をふくむ）	士族	平民	士族	平民
明治 7(1872)	66	2	2,415	156	9,596	2,029	12,077	2,187	14,315	81.4	15.3	64.1	0.7
13(1880)	96	4	3,004	313	14,527	4,495	17,627	4,812	22,556	78.1	21.3	95.8	1.4
15(1882)	127	2	3,688	563	18,216	7,520	22,031	8,085	30,385	72.5	26.6	114.0	2.3
18(1885)	144	6	4,493	854	18,321	6,052	22,958	6,912	30,108	76.3	23.0	118.4	1.9
21(1888)	131	14	5,864	1,533	16,344	9,151	22,339	10,692	33,275	67.1	32.1	113.0	2.8
24(1891)	134	27	6,104	1,936	14,623	6,461	20,861	8,424	29,397	71.0	28.7	103.8	2.2
27(1894)	146	26	6,130	2,484	17,420	9,023	23,696	11,533	35,322	67.1	32.7	116.2	2.9
28(1895)	115	33	6,511	3,154	18,760	10,361	25,386	13,540	39,073	65.0	34.7	123.8	3.4
30(1897)	177	52	7,050	3,778	21,479	13,828	28,706	17,658	46,522	61.7	38.0	137.4	4.3
31(1898)	227	69	7,318	4,238	21,171	14,750	28,716	19,057	47,932	59.9	39.8	136.4	4.6
32(1899)	235	73	7,852	4,787	23,187	17,745	31,274	22,605	54,060	57.9	41.8	—	—

注：明治32年は『日本帝国統計年鑑』に族籍別人口が記載されておらず、輩出率の算出ができなかった。
資料：修史局編集『明治史要附表』1876年。『日本帝国統計年鑑』各年版より算出、作成。
出典：園田／濱名／廣田［1995］84。

会構造のランダムな再編成ではなく、むしろそれは家産と学校を媒介とした、身分の階級への横滑り」（園田／濱名／廣田［1995］333）であった。

（2） なぜ誤った歴史像が広く流布したのか

職業的移動・空間的移動のない静態的な近世社会、職業的移動・空間的移動が一挙に高まった明治社会、という誤った認識は、なぜ広く流布するようになったのであろうか。

中村牧子［1999］は、移動の事実を見る見方が変わったからである、と指摘している。すなわち、近世においては、農村に生まれた人が都市に流出し、都市で生涯を送ったとしても、農村出身の者が都市に仮に滞在していると見なされ、農村から都市への移住、あるいは農家の息子から商家の奉公人への移動とは見なされなかった。ところが明治になって身分制がなくなると、これまで都市に仮に滞在していただけと見なされてきた人が、農村から都市へ移動した人として、あるいは農家の息子から商家の奉公人へ移動した人として認識される

ようになった。それとともに，あたかも職業的流動性・空間的移動が急増したかのようなイメージが形成されるようになった，というのである。

中村のこの主張は説得的である。ただ，若干の補足が必要であろう。移動の見え方について，いちじるしく閉鎖的で特権的な社会階層が存在し，その存在がその他の非特権的な社会階層によって強く意識される時，非特権的な社会階層の間において流動性が存在しても，その流動性が意識されることなく，社会全体が固定されていると理解される。

福沢諭吉は豊前中津藩10万石の下士の家に生まれた。中津藩においては上士は閉鎖的な階層であり，下士が上士に上昇することはほとんどなかった。両者のあいだには生活水準，教育さらには言葉づかいについても大きな格差があった。福沢諭吉は，自伝において，下士という身分に不平を抱いたまま亡くなった父を回顧して，「門閥制度は親の敵(かたき)で御座る」（福沢 [1978] 14）という有名な言葉を口にした。自伝における福沢の回顧によれば，中津藩には武士身分の中に流動性がまったくなかった。福沢は次のように語っている。

「中津は封建制度でチャント物を箱の中に詰めたように秩序が立っていて，何百年経っても一寸とも動かぬという有様，家老の家に生まれた者は家老になり，足軽の家に生まれた者は足軽になり，先祖代々，家老は家老，足軽は足軽，その間に挟まっている者も同様，何年経っても一寸とも変化というものがない」（福沢 [1978] 13）。

『福翁自伝』は1897（明治30）年に福沢が速記記者に口述筆記させた原稿を元にしている。その時点で福沢は，以上に引用したように，中津藩における武士の中における身分は完全に固定していた，と語った。しかし，中津藩の実情は，福沢が自伝で語ったこととは相違している。

福沢は，1877（明治10）年，すなわち身分制が廃止されてまだそれほど日がたっていない時に「旧藩情」を執筆し，中津藩における身分制の実態をくわしく書きとめた。そこではたしかに上士と下士の厳しい身分的固定化を指摘している。

「下等士族は何等の功績あるも何等の才力を抱くも，決して上等の席に昇進

するを許さず。稀に祐筆（下士の身分——野村）などより立身して小姓組（上士の身分——野村）に入たる例もなきに非ざれども，治世二百五十年の間，三，五名に過ぎず。故に下等士族は，その下等中の黜陟（功績に応じて官位を上げたり下げたりすること——野村）に心を関して昇進を求れども，上等に入るの念は，もとよりこれを断絶して，その趣は走獣あえて飛鳥の便利を企望せざる者のごとし」（福沢［1985］107-108）。

しかし福沢は，この文章のすぐ後で，下士のあいだでは身分が固定していなかった，と明記している。

「下等の中小姓と足軽との間にも甚しき区別あれども，足軽が小役人に立身してまた中小姓と為なるは甚だ易し。しかのみならず百姓が中間と為なり，中間が小頭となり，小頭の子が小役人と為れば，すなわち下等士族中に恥ずかしからぬ地位を占むべし」（福沢［1985］108）。

「旧藩情」によれば，たしかに『福翁自伝』で語ったように「先祖代々，家老は家老」であった。しかし「先祖代々……足軽は足軽」というものではなかった。足軽が小役人さらには中小姓になることはきわめて容易であった。それだけでなく，百姓が「下等士族中に恥ずかしからぬ地位を占」めることもできた。これは，『福翁自伝』における「先祖代々，家老は家老，足軽は足軽，その間に挟まっている者も同様，何年経っても一寸とも変化というものがない」という20年後の記憶とは大きく相違している。

「旧藩情」は明治維新から間もない時期に書かれており，中津藩の実情を正確に記述していると判断される。福沢は，閉鎖的で特権的な上等武士が存在したため，非特権的な下等武士の中で，さらには百姓と下等武士のあいだで流動性のあったことを時間の経過とともに忘れ去ってしまったのであろう。そして，上士と下士が身分的に断絶していたことのみが思い出され，武士身分全体がこまかな身分ごとに固定されていた，と思い込んだのであろう。福沢諭吉でさえこうした認識であったとすれば，他は推して知るべしであろう。

4 学歴主義の異常な高まり？

　明治のはじめから,「日本人の立身出世・成功への熱情は異常な高まりを見せていく」。しかし「憲法制定など国家秩序が整備される明治20年代になると,立身出世もシステム化されたコースに乗らなければ難しくなる。学歴主義の登場である。(中略)立身出世の目標は学歴となる。」日経記事はこのように記している。立身出世願望が学歴主義に接続した,というのである。明治のはじめから「日本人の立身出世・成功への熱情は異常な高まりを見せ」たというのであるから,学歴主義もその成立当初から「異常な高まり」を見せていたと主張しているのであろう。

　しかし日経記事は同時に,「明治期,旧制高校の卒業者数は同年代の尋常小学校卒業者の１％に満たなかった（この割合は昭和期までほぼ変わらず)。立身出世への入り口である高等学校は庶民にとっては無縁の存在だった」とも記している。

　「立身出世への入り口である高等学校は庶民にとっては無縁の存在だった」にもかかわらず,「庶民」は「立身出世・成功への熱情」を持ちえたというのであろうか。「無縁」であったのであれば,「庶民」は「立身出世・成功」とは別の世界に生きていたと理解するのが自然であろう。

5 立身出世論と学歴主義論との融合

（１） 別々だった立身出世論と学歴主義論

　通念は,『西国立志編』によって焚きつけられた立身出世願望は,学校制度の整備とともに,学歴主義となっていく,と説いている。こうした通念が確立している現在では,立身出世を論じることは学歴主義について論じることである,と考えられている。また,学歴主義の歴史は明治はじめの立身出世願望に発している,と思われている。立身出世論と学歴主義論はいわば融合している。

しかし，立身出世論と学歴主義論が融合するようになったのは，1980年ころである。それ以前は，立身出世論は立身出世論，学歴主義論は学歴主義論として，それぞれ別個のものであり，立身出世論は学歴取得による出世に触れなかったし，学歴主義論は立身出世願望から出発していなかった。

川島武宜の論文「立身出世」（川島 [1956]）は，「立身出世の特質について本格的な分析を加えた最初の論文」（門脇 [1977] 64）とされている。川島論文の主たる主張は，日本社会に特有な立身出世の形態を指摘することにあった。すなわち，日本社会は個人を単位としているのではなく，人間と人間との「人的なつながり」を単位として構成されている。したがって日本社会では，立身出世は，人的なつながりによって規定される。立身出世は，人的なつながり（親分・子分）を背景に，外の世界と戦ったり，あるいは，人的なつながりの内部で，うまく泳いで高い地位に上昇することである。立身出世の鍵は，有利な「人的なつながり」への加入・維持にある。人的なつながりを支える基本法則は義理と人情である。義理と人情をもとに，いい親分を持ち，いい親分に可愛がられ，いい子分を持ち，いい子分に忠実に仕えられることが出世の要である。そのためには，第一に，人情的な雰囲気，家族主義的な雰囲気を作り出すこと，第二に，身分階層秩序を重んじること，第三に，いわゆるこまめに顔を出すこと，顔を見せることが大切である。川島論文の主たる主張は，このようなものである。

川島論文には，学歴が立身出世の基本である，というような主張は登場しない。学校の役割としては，小学校，実業学校，専門学校，大学がそれぞれ日本社会の身分階層的構成に応じてそれにふさわしいパーソナリティ（たとえば小学校は二等兵を，大学は士官を）を養成した，と指摘するにとどまっている。

川島論文は，日本社会に特有な立身出世の形態や心情を分析している。要するに，立身出世論は一種の日本人論であった。川島論文の後に発表され，立身出世論においてかならずといっていいほど引用される作田啓一 [1960]，神島二郎 [1961]，門脇厚司 [1969]，見田宗介 [1971] も，川島論文と同じく，日本社会に特有な立身出世の形態や心情を分析し，日本人論を展開している。立身

出世論は学歴主義論と接合していなかった。

　他方，学歴主義の歴史研究も，立身出世論とは無縁であった。学歴主義の歴史研究として先駆的な深谷昌志 [1969]『学歴主義の系譜』は，『西国立志編』と『学問のすゝめ』について何も触れていないし，立身出世願望があったとも書いていない。深谷は，まず江戸時代末期の教育事情を分析し，続けて，明治になって教育制度と教育内容がどのように変わり，どういう社会層から学生が供給されたのかを述べる。そして日清戦争前後に，より上の学校の卒業生が優遇されるという「段階的学歴主義」が定着した，と結論している。

　つまり1980年代になるまで，立身出世論と学歴主義論とはそれぞれ別のテーマであった。立身出世論と学歴主義論は1980年代になるまで，接合していなかった。

　しかし立身出世論と学歴主義論は，結びつきやすいものでもあった。職業的威信の差が厳として存在し，高い威信の職業につくためには，ほとんどの場合，高い学歴が要求されている。この事実が存在するかぎり，立身出世論は，組織や共同体内部における立身出世だけでなく，高い学歴による立身出世を論じなければならなくなるであろう。他方，学歴主義論にとって立身出世論は便利なものである。なぜ生徒や若者が激しい競争にもかかわらず高い学歴を目ざすのか，立身出世論はいとも容易に説明するように見えるからである。立身出世論は学歴主義論に，学歴主義論は立身出世論にいずれ接近するであろう。

　事実，1980年代になると，立身出世論と学歴主義研究は結びつくようになった。帝国大学の創設にはじまる教育改革や文官試験試補及見習規則の制定に触れながら，立身出世論者が，「立身出世は，学歴身分というパスポートを獲得し，「コネの圏をつたわって」（内田義彦）身分階層的な地位を登攀することとなった」（竹内 [1981] 52-53）というような文章を書きはじめるようになった。

　その後，いくつかの論文や本において，立身出世願望が学歴主義につながっていったとする文章があらわれたが，全面的に展開したものではなかった。1997年になって竹内洋 [1997]『立身出世主義——近代日本のロマンと欲望』が公刊され，ここに立身出世論と学歴主義研究が完全に融合した。それは同時

に，立身出世と学歴主義にかんする通念の確立でもあった。じつをいえば，日経記事はこの本の要約であった。

(2)　立身出世論と学歴主義論との不幸な融合

　立身出世論と学歴主義論が融合したことによって，立身出世論と学歴主義研究がそれぞれ変質した。

　かつての立身出世論は，学歴を問わず，それぞれ自分が所属する組織や共同体の中で立身出世を望むことの意味，心情，出世の仕方を理解しようとするものであった。それはいわゆる日本人論であった。しかし学歴主義論と接合した立身出世論は，もっぱら学生，しかも男子学生の立身出世願望を，学校との関連でのみ取り上げるようになった。

　このことは，竹内洋の軌跡に典型的に表れている。竹内は立身出世論の研究者として出発した。竹内 [1978]『日本人の出世観』は，高い学歴を求める若者に焦点をあてたのではない。川島武宜以来の立身出世論の延長で，日本人論を展開しようとした。竹内（[1978] 7-8）はいう，「平均的な日本人の社会意識を考慮して書かれる週刊誌の暴露記事は，しばしば〈出世主義〉を主要な解釈用具にする。（中略）このようなことこそ現代を含めての日本社会の基層文化に〈出世主義〉が存在するという意味なのである。したがって，日本人の出世観の仕組を探ることは，現代に生きる私たちを含めて日本人の基層としての精神構造の重要な覗き穴のひとつであることは間違いない」。

　しかし立身出世論と学歴主義論が接合した後，竹内はもっぱら若者の立身出世願望を論じるようになった。それは，竹内洋 [1991]『立志・苦学・出世──受験生の社会史』を見れば，一目瞭然である。内容を解説するまでもなく，そのタイトルがすべてを物語っている。立身出世論は受験生と学生の話になり，日本人論ではなくなった。

　他方，立身出世論と接合した学歴主義研究も，トーンを変えるにいたった。学歴主義研究は，1970年代半ばから80年代にかけてさかんになってきた。その歴史研究を主導したのは天野郁夫であった。天野は，当初，『西国立志編』な

どに言及することなく，次のような的確な認識を示していた。

「わが国の近代学校制度が期待され，また実際に果たしたのは，伝統セクターから近代セクターへ，社会の下層から上層へという社会的な移動のチャンネルとしての機能であった。このことは産業化の初期段階において，人口の大多数を占めた農民，それに富農・富商や手工業者を主体とする中産階級のように，世襲的な職業をもち，（他職業への移動を含めて）職業のための学校教育を必要としない人々にとって，近代学校制度が，大きな魅力をもちえなかったことを意味している。つまりこれら「平民」層の場合，この新しく開かれた移動のチャンネルを利用しようという動機づけはきわめて弱かった。新しい制度を積極的に利用したのは，すでにみたように伝統的な支配階級としての地位と生活基盤を失い，身分集団としての解体を強いられた士族層である」（天野 [1982] 155-156)。

このように正確な認識を持っていた天野も，立身出世論と接合するや，通念そのもののような文章を書くことになる。

「近代化の開始された頃，日本の若者たちの上昇移動へのアスピレーションが，いかに高かったかは，たとえばサミュエル・スマイルズの『西国立志編』(1871年，訳刊）が，またそのアスピレーションがなによりも教育に向けられたことは，たとえば福沢諭吉の『学問ノスヽメ』(1872年）が，それぞれ19世紀の最後の四半紀の超ベストセラーとなったことからも，うかがわれる。そして近代的な学校教育制度は，まさにそうした若者や子供たちの上昇移動への願望を満たしてくれるものであった」（天野 [1996] 49)。

学歴主義論と融合する以前の立身出世論は一種の日本人論であると私は記したが，それは不正確な表現であった。というのは，以前の立身出世論は，それが男性のみを対象としているということを明記しないまま，実際には男性のみを対象として論じていたからである。日本人の半分を占める女性についてはまったく何も語らなかった。女性は立身出世願望と無縁であったのであろうか。限られた数とはいえ，医師，薬剤師，あるいは教師という専門職で働いた女性たちがいた。立身出世論は彼女たちをどのように位置づけるのであろうか。あ

るいは，立身出世論は，繊維産業で働く女性労働者をどのように分析するのであろうか。さらには，専業主婦となった女性たちは，夫や息子の立身出世願望をそのまま自分の考えとしていたのであろうか。

また，1970年代になると，民衆思想として安丸良夫の通俗道徳論が注目されるようになった。立身出世願望と通俗道徳はどのように関係しているのであろうか。両者は位相が異なるというのであれば，それぞれどのような位相にあるのであろうか。

立身出世論は，こうしたことを論じる方向で展開していくべきであった。しかし，立身出世論は現実には学歴主義論と融合し，男子学生のアスピレーションという狭い世界に流れ込むことになった。

他方，学歴主義論は立身出世論と融合することによって，近代学校制度の確立とともに学歴主義はただちに社会全体をおおったかのように描くことになった。これは事実認識として誤っており，近代学校制度の役割を一面化するものであった。

立身出世論と学歴主義論との接合・融合は，立身出世論にとっても，学歴主義論にとっても，大きな不幸であった。

6 小　括

学歴主義にかんする通念によれば，学歴主義は次のような形で確立した。

1871年，中村正直翻訳の『西国立志編』が刊行された。立身出世欲をかきたてるこの書物は100万部以上売れる大ベストセラーとなった。明治維新とともに近世の身分制は廃止され，職業的移動・空間的移動が自由となった。この自由と立身出世願望とによって，明治社会は一挙に流動化した。1886年の一連の法律によって初等教育から高等教育までの学校制度が整備されると，立身出世は学歴を媒介とする学歴主義となった。これ以後，高い学歴＝高い社会的地位を求めて受験競争が激化し，勝者とともに多くの敗者を生み出し，今日にいたっている。

第1章　学歴社会成立にかんする通念

このような通念は，重要な点において誤っている。

① 『西国立志編』が100万部以上売れたという説には実証的根拠がない。

② 『西国立志編』は，「立身出世の焚きつけ読本」ではなく，自己修養の書物である。『西国立志編』＝「立身出世の焚きつけ読本」説は1970年代に確立した。

③ 江戸時代が終わり明治になるとともに，立身出世願望が一挙に噴出したという主張は，静態的な近世，流動的な明治社会という理解のうえに成り立っている。しかし静態的な近世，流動的な明治社会という理解は誤っており，近世においても職業的移動・空間的移動は存在していた。また，明治になって一挙に流動化したわけでもなかった。

④ もともとは立身出世論と学歴主義論は別個のものであった。1980年代に立身出世論と学歴主義論が接合し，さらに融合した。そのことによって立身出世論は男子学生の受験ストーリーになってしまった。立身出世論と学歴主義論の接合・融合は，立身出世論にとっても，学歴主義論にとっても不幸な結果をもたらした。

補論 1
「労働市場」という用語

1　「労働市場」という用語の歴史

　「労働市場」という用語は，戦前から使われていた。もっとも早い例の一つと思われる横山源之助 [1899]『日本之下層社会』は，次のような文脈で「労働市場」という用語を使っている。

　「今より十年前は神田三河町，新銀町等到る処軒を列べて「安泊」の行燈掲げられ，木賃宿を見受けたりしが，時の内務大臣品川弥二郎氏は特に或る場処を限りて木賃宿免許地と定め，市中に見えたる幾多の木賃宿を駆りて，之に宿泊せる百数千の力役者と共に，其の労働市場たる神田日本橋を遠く隔てたる市の場末に放逐せり」（横山 [1899] 47-48）。

　ここでの「労働市場」は特定の場所，具体的には「神田日本橋」を指している。「労働市場」は，「労働者の集まる場所」または「手配師が労働者に仕事を斡旋する場所」という意味であろう。なお横山が「ろうどうしじょう」と発音していたのか，それとも「ろうどういちば」と呼んでいたのか，ルビが振られていないので，不明である。

　日本における「労働市場」という言葉は，「労働者の集まる場所」または「手配師が労働者に仕事を斡旋する場所」を意味するものとして出発した。そして，職業紹介所が整備されるにしたがって，職業紹介所が「労働市場」と呼ばれるようになった。たとえば，農商務省商工局 [1919]『内外職業紹介業ニ関スル調査』は，次のように記している。

「労働市場ノ確立ハ失業問題ヲ緩和スル第一歩ナリト云フヘシ。然カラハ労働市場ノ組織トハ如何ナルモノナルカ。労働市場ノ組織トハ労力ノ需要供給ヲ投合スル中心、即チ之カ事務所若クハ紹介所ヲ設置シ、雇傭者ノ労働者ヲ欲スルトキ又ハ労働者ノ職ヲ求メント欲スルモノアルトキハ各此所ニ来リ相互ノ欲求ヲ充タサシムルコト是ナリ」（農商務省商工局 [1919] 11）。

アジア太平洋戦争が終わるまで，「労働市場」が以上のような意味で用いられていたことは，武居郷一 [1939]『労働用語辞典』が「労働市場」という項目において，「労働市場とは求人者と求職者とを結合せしむる場所及び機関，或は其の用を弁ずる所の組織の総称をいふ，例へば慣習的に労働者の集合する場所，或は職業紹介所等の如きそれである」と定義していることからも確認できる。

戦前において「労働市場」という用語は，使われる場合には「労働者の集合する場所」あるいは職業紹介所という意味で使われたが，使われる頻度は非常に少なかった。

1945年8月の敗戦とともに，社会科学の研究の自由がもたらされた。それによってもっとも活発化した研究分野の一つが「労働問題研究」であった。実態調査を数多く組織し「労働問題研究」を牽引した氏原正治郎は，「労働市場」という用語を，「いちば」という場所の意味においてではなく，「しじょう」という社会科学の概念として確立しようと努力した。その氏原が1967年に，次のような文章を発表している。

「『講座労働経済』の第一巻として，「日本の労働市場」をおくことにきまった。こうした企画がいままでにもなかったわけではないが，私はあまり乗り気になれなかった。第一の理由は，最近でこそ「労働市場」という用語が，かなりポピュラーになったが，数年前までは専門研究者の中のごく一部の間で使われているだけであって，労働問題の学界においてさえも，したがって，一般の言論界においてはなおさらに，市民権を得ているとはいえなかったことである。第二の理由は，専門研究者の間でさえも，「労働市場」という用語について統一的な理解があるとは思われなかったことである」（氏原 [1967] 1）。

補論1 「労働市場」という用語

氏原は,「専門研究者の間でさえも,「労働市場」という用語について統一的な理解があるとは思われなかった」と判断した根拠として,次のような研究史を指摘した(氏原 [1967] 1-3)。

昭和20年代には,農業部門を中心とする前近代的部門と,鉱工業部門を中心とする近代的部門の間の労働力移動や,農民層,都市中間層の分解を労働力問題に関心を集中させて論じることが労働市場論と呼ばれた。いわゆる「出稼型論」「半農半工型論」がその代表である。

昭和30年代に入ると,流行語となった「企業内組合」「終身雇用」「年功賃金」というような特殊な慣行が成立した根拠と,その結果を説明することが労働市場論と呼ばれた。昭和30年代の後半になると,経済の高度成長を背景として,労働力の流動化が望ましいという「労働力流動化政策」が掲げられるようになった。それとともに,労働移動と賃金をめぐる諸問題が労働市場論の課題だとされた。

氏原は,以上のように指摘した上で,労働市場論として取り上げるべき課題を指摘した。しかし,その点に立ち入る必要はない。氏原労働市場論を検討することがここでの課題ではないからである。ここでは,氏原の証言から次の点を確認しておけばよい。①1960年代に入るまで,「労働市場」という用語はごく一部の専門研究者によって使われていたにすぎなかった。②その専門研究者のあいだでも用語について統一的な理解が成立していなかった。③統一的な理解が成立しないまま,「労働市場」という用語がポピュラーになった。

今日,「労働市場」という用語は,マスコミにおいても研究論文においても,頻繁に使われている。その用語が意味しているものは,労働移動,労働力の需要と供給,雇用と失業,就職問題,正規雇用と非正規雇用の格差,いわゆる二重構造などである。さらに規制緩和論との関係では,雇用保障を弱める政策が「労働市場の流動化政策」と呼ばれ,雇用保障の強弱を論じることが労働市場論の一課題だとされている。「労働市場」という用語に統一的な理解がない,という氏原の指摘は,今日でも有効である。研究者のあいだで,「労働市場」という用語の内容を定義しようという動きはまったくない。したがって,見通

しうる将来において,「労働市場」という用語について統一的な理解が生まれる可能性は,限りなくゼロに近い。

　本書において私は,「労働市場」という用語をできるだけ使わないようにしている。引用文との関連やその他の理由で「労働市場」という言葉を用いる場合,私は,この言葉が一般に通用しているのと同じ意味で,すなわち,きわめてあいまいな意味内容で使うことにする。

　私が「労働市場」という用語の使用をできるだけ避けたいと思っているのは,以上のような理由からだけではない。

　「労働市場」という用語は,さまざまな意味において使用されているにしても,「市場」という言葉を含んでいる以上,取引がおこなわれる場である。「労働市場」で取引されるとされているものが「労働」なのか「労働力」なのかは,理論的立場によって異なるが,いずれにせよ,雇主と被用者が形式的には対等の立場で自由な意思にもとづいて取引をおこなう,とされている。取引は労働契約の締結という形をとる。ここで難問が生じる。労働契約は,形式的には雇主と被用者との対等の契約でありながら,契約後に,雇主は労働過程における指揮命令権を有するようになり,被用者には服従義務が生じる。形式的に平等な両者の契約が,なぜ命令・服従関係に結果するのであろうか。

　この問題をイギリスの雇用関係法を素材として分析した森建資 [1988] は,労働契約から命令・服従関係が生じるのではない,と結論づけた。契約締結に先立って契約関係当事者の権利と義務の根幹の部分が決められている。それは,夫と妻,地主と借地人というような対になった身分を構成している。契約当事者は,契約を通じてこのような身分関係に入るのである。労働契約については,契約当事者が契約を締結する以前に,命令・服従関係である master-servant 関係が存在し,契約当事者は契約を締結することによって master-servant 関係に入る。かくして労働契約は支配・服従関係に結果する。

　森の主張は説得的である。いわゆる「労働市場」とは,支配・服従関係という身分的な関係に入る契約が結ばれる場のことである。こうした場が,商品の売買がなされる商品市場や,証券の売買がなされる証券市場などと異なること

は明白である。支配・服従関係という身分的な関係に入る契約が結ばれることを「市場」と呼ぶことに私は強い疑問をいだいている。これが，「労働市場」という用語の使用をできるだけ避けたいと思っている第二の理由である。

2　「労働」という言葉

　ここでついでに，「労働」という言葉について触れておきたい。
　まず，「労働」という「漢字」について少し説明しておこう。今日では，「ろうどう」は「労働」と表記される。しかし19世紀後半には「労動」と表記されることもあった。「働」という字は，日本で作られた国字である。小学館『日本国語大辞典第二版』の「はたらく［働］」の項によれば，「はたらく」という言葉は「からだを動かす」が本来の意味で，そこから「努力して事をする」という意味が派生した。中世になると，この意味を表すために「人」と「動」とを合わせて「働」という国字ができた。同じく『日本国語大辞典第二版』の「ろうどう［労働・労動］」の項によれば，『養生訓』(1713年)に「身体は日々少づつ労働すべし。久しく安坐すべからず」と，「からだを動かす」という意味で「労働」という言葉が使われていた。明治維新後，「ろうどう」は「労動」あるいは「労働」と書かれた。
　1945年の敗戦まで，「労働」という日本語は，通常，今日よりも狭い意味で用いられていた。すなわち，「労働」＝「肉体労働」と理解されていた。いわゆる「精神労働」は「労働」に含まれていなかった。
　たしかに戦前にも，今日と同じように，「肉体労働」と「精神労働」の両方を含めて「労働」と呼ぶこともあった。
　「労働トハ何ソ吾人職業ニ就キ身体ノ一部或ハ全部ヲ一定ノ規律ノ内ニ使用スルノ謂ニシテ彼ノ裁縫師ノ眼ト手トヲ使用スル学者政治家ノ思考力ヲ使用スル農夫ノ手足ヲ使用スル等是ナリ今労働ヲ大別シテ筋力ヲ労働スルモノト精神ヲ労働スルモノトス」(福地［1888］163)。
　しかしこのような「労働」の語義は，理論を論じた書物や論文——その大半

は外国文献からの借り物であった——で用いられたにすぎない。社会的に通用する言葉としては,「労動」＝「肉体労働」であった。そのことは,通俗的な辞書を見れば一目瞭然である。

明治期における「ろうどう」の語義を知るうえで格好の辞典がある。惣郷／飛田編［1986］『明治のことば辞典』である。この辞典の編者は,江戸末期から大正時代にわたって,国語辞典・対訳辞典・術語辞典・庶民向けの小型字引など,360余種を集め,明治時代に新しく誕生した語や,明治時代になって意味の変化した語などを中心に,それぞれの見出し語の語義や用法を辞書の刊行年順に配列している。

「労動」という言葉の辞書へのもっとも早い登場は,1876（明治9）年の『漢語字林大成』で,その意味は「ホネヲリウゴク」であった。次いで1877年の『小学課程書字引』が「ホネヲリシゴト」と説いた。そして明治の最後の辞書として1912年の『大辞典』が「労動」を「労役シテハタラクコト」と解説した。その間の全部で12冊の辞書はいずれも「ホネヲオル」「力を以て働くこと」など,肉体労働を意味する内容であった。

国字である「働」をもちいた「労働」という言葉の辞書へのもっとも早い登場は,1874（明治7）年の『広益熟字典』で,その意味は「ホネヲリツトメル」であった。明治期最後の「労働」の語義の解説は,1911年の『辞林』における「ほねをりはたらくこと。体力を使用してはたらくこと」であった。その間の全部で23冊の辞書,1冊を除いて,はいずれも「ほねをり」「力役すること」などと説いていた。唯一の例外は,1908年の『法律経済熟語辞典』における解説で,「経済的貨物の生産に用ひらるる心力及体力の秩序的活動の総称なり」というものであった。

ここから,次のようにいえる。「労動」と「労働」はおなじ語義で,「肉体労働」を意味していた。そして第一次大戦以後は,「労動」という表記はほとんど使われなくなり,もっぱら「労働」と表記されるようになった。労働運動関係者が一貫して「労働」と記したことが影響したのかもしれない。

1945年の敗戦まで,「労働」という言葉を含む単語は,「肉体労働」に関係す

るものであった。「労働者」はブルーカラーを意味していた。事務職員や技術者は「労働者」ではなく，「職員」「社員」「準社員」等々と呼ばれていた。「労働条件」はブルーカラーの働く条件であった。事務職員や技術者の働く条件は「待遇」と呼ばれていた。「労働時間」はブルーカラーの働く時間であった。事務職員や技術者の働く時間は，「執務時間」と呼ばれていた。

　先に私は，戦前において「労働市場」という用語は「労働者の集合する場所」あるいは職業紹介所という意味で使われた，と指摘した。この指摘にもう一つ付け加えることがある。戦前においては「労働」＝「肉体労働」なので，「労働市場」は肉体労働者の集まる場所，あるいは肉体労働者の職業紹介所のことであった。

第2章
学歴社会は「昭和初期」に成立したのか
—— 天野郁夫編『学歴主義の社会史』への初期高専生としての批判 ——

1 天野郁夫編『学歴主義の社会史』への関心

　天野郁夫編『学歴主義の社会史——丹波篠山にみる近代教育と生活世界』（有信堂，1991年，本章では以下，天野編［1991］と表記）は，実証的な研究で，学歴社会の成立にかんして重要な論点を提出している。しかし，これまでその論点がきちんと検討されてこなかった。

　CiNiiで検索すると，天野編［1991］への書評は『社会学評論』43巻3号，『教育社会学研究』51集，広島大学『大学論集』第22号に出ている。読むと，いずれの書評もおざなりである。「日本近代化を問う新しい視界」というキャッチコピーにもかかわらず，教育社会学の人たちは天野編［1991］に取りたてて新味がないと判断したのであろう。そのことは，逆にいえば，天野編［1991］の主張は，教育社会学の分野ではすでに当然と受け取られていたことを意味している。つまり天野編［1991］は，教育社会学における通説を記していた。

　私にとって，天野編［1991］はきわめて興味深いものであった。天野編［1991］の中心的な事実発見は，丹波篠山という小さな町において，「昭和初期」に学歴社会が成立した，という点にある。著者たちは，その事実発見を，教育社会学における通念に沿って，遅ればせながら，丹波篠山のような田舎町においても学歴主義が押し寄せた，と解釈した。学歴主義は，「昭和初期」という遅れた時期ではあったが，ひなびた田舎町をも飲み込んだ，という理解で

ある。天野編 [1991] を読んで私は，著者たちとはまったく異なる考えをいだいた。丹波篠山という郡部の田舎町において「昭和初期」に学歴社会が成立したことを当然視するのではなく，なぜ丹波篠山において「昭和初期」という早い時期に学歴社会が成立したのかを問うことこそが，学歴主義研究にとって重要なのではないか。それが私の読後感であった。

　私がそのように考えたのは，私の個人的体験からである。天野編 [1991] は聴き取り調査を積極的に活用している。学歴主義意識を解明するために，聴き取り調査は有益である。そうであるならば，私の個人的体験もまた，なにがしかの価値を持っているということになるであろう。もちろん，個人的体験を一般化するための実証的作業は必要である。

　私の個人的体験がもとになっているので，本章で私が語るのは，男性と学歴との関係に限定される。女性と学歴との関係は，男性の場合と大きく異なる。女性と学歴との関係という重要なテーマについては，別の機会にゆだねざるをえない。

　なお，私は論文においては西暦の使用を原則としているが，天野編 [1991] が年号で記しているため，天野編 [1991] に直接関連する部分では年号を用いる。

　私は静岡県の郡部の小さな町で生まれ育った。私が生まれた時点では静岡県小笠郡（おがさぐん）横須賀町（よこすかちょう）という名称の町であり，「昭和の大合併」の1956年に大淵村（おおぶちむら）と合併して大須賀町（おおすかちょう）となり，「平成の大合併」の2005年に掛川市に吸収され，現在は掛川市横須賀地区と呼ばれている。私は，「私が生まれ育った場所は掛川市です」と自己紹介する気はまったくない。掛川市に吸収されたからといって，都市機能などなにもない横須賀地区を「市」と呼ぶのは，誤解を与えるだけである。

　私の子供時代，横須賀という名称の市町村は3つあった。一番有名なのは神奈川県横須賀市で，次いで愛知県横須賀町（1969年に合併で東海市となった）であった。それらと区別する意味で，かつての横須賀町・大須賀町を遠州横須賀と呼ぶことにする。

遠州横須賀は江戸時代の城下町でありながら，鉄道（東海道線）の発達から取り残され，町の公式町史みずからが「昔から陸の孤島とも呼ばれていた」（大須賀町誌編纂委員会［1980］134）と記すような町であった。江戸時代には小さな城下町であり，近代に入ってからは産業化から取り残された点で，遠州横須賀は丹波篠山と似ていた。しかし，私の個人的体験から断言できることは，遠州横須賀では1960年代前半においても，学歴社会は成立していなかった。ともに産業化の遅れた郡部の城下町であるにもかかわらず，なぜ丹波篠山では「昭和初期」という早い時期に学歴社会が成立し，遠州横須賀では1960年代前半になっても学歴社会が成立していなかったのか。このことを問うのが本章の課題である。まずはじめに，天野編［1991］の内容を要約しておこう。

2　天野編［1991］の内容

（1）　天野編［1991］の主題

　天野編［1991］の「序章」において，編者の天野が4つの主題を指摘している。

　第一に，兵庫県の篠山町は，旧国鉄福知山線からはずれ，産業化の大波からとり残されてきた小さな城下町である。この町には旧藩以来の伝統をひく県立高等学校がある。その高等学校の前身は，旧藩主の努力によって設立された私立の各種学校であり，しかもそこでの教育の力点は伝統的な，漢学主体の人間形成教育におかれていた。「伝統的文化モデル」の人間形成教育を理念にかかげて出発した，「地方」の一私学が，学歴主義の制度化の波に抵抗しながら，結局はのみこまれていく過程を明らかにすることで，日本的学歴社会の形成史のかくれた部分に光をあてることができる。

　第二に，女性にとっての学歴の問題である。女性にとって教育をうけること，学歴を獲得することの意味を，直接問いかけた研究は皆無にひとしい。それは，学歴研究の関心が，もっぱら地位の達成過程にむけられてきたことの，当然の帰結である。丹波篠山に，町立の高等女学校が設立されたのは，明治44年であ

る。ごく平凡な高等女学校である。その平々凡々たる女学校の，普通の女学生たちの学校生活の中から，近代日本の女性と学歴を見すえる。

　第三に，地域住民の日常的な生活世界における学歴主義イデオロギーの浸透過程を，旧士族，商人，農民という三つの社会集団の別に検討する。三つの社会集団の持つ下位文化のちがいと，学歴にたいする意識やその獲得にかかわる行動との関係を，時間をさかのぼって明らかにする。

　第四の研究主題は，第二次大戦後におこなわれた一連の教育改革，とくに中等教育改革が，学歴主義の制度化に果たした役割におかれている。それが学歴主義の制度化を，いわば「完成」させ，日本の学歴社会を「成熟化」させる役割を果たしたのではないか，というのが，問題関心である。戦後改革は，学歴主義の制度化の完成にむけて，いわば「地ならし」の役割を果たした，と考えられるからである。

（2）　天野編［1991］の主張

　天野編［1991］の主張を要約するならば，次のようになる。ただし，はじめに断ったように，女性と学歴の関係については本章では取り扱わない。男性の世界に限定している。なお，天野編［1991］の主張を要約するこの節においては，カッコ内の数字は，天野編［1991］のページを指示している。

　天野編［1991］の分析対象は丹波篠山である。丹波篠山は，「旧国鉄福知山線からはずれ，産業化の大波からとり残されてきた小さな城下町」(11)である。丹波篠山は1748年から 6 代にわたって青山家 6 万石（東京の青山通りにその名をとどめている）によって治められ，明治維新を迎えた。

　維新後の明治 6（1873）年に家督を相続した青山忠誠は，明治13（1880）年に陸軍士官学校を卒業し，数少ない華族出身の将校になった。彼は旧藩子弟の教育・育英にも熱意を示し，「尽忠報国」を目的に明治 9（1876）年，丹波篠山に「中年学舎」を設立した。この学校は明治11年，多紀郡立の中学校となって青山家の手を離れてのち，明治16（1883）年末に火災にあい，廃校となった。しかし，郡内には学校の再興を望む声が強く，有志の寄附金を基本金に，青山

家からの経費補助をうけて，明治18年（1885年），鳳鳴義塾（ほうめいぎじゅく）が創設された。青山忠誠を塾主とする私立学校であり，中学校の教則に準拠していたが，制度のうえでは各種学校であった。鳳鳴義塾の設立を構想したとき，青山忠誠は「尽忠報国」を信条に，「国家有用の人物を養成」する学校を，具体的には「軍人を養成するの学則を立てる」学校を考えた。塾主の「勤倹尚武」の理念をうけて，漢学者の市瀬禎太郎が校風をつくりあげた。

明治20年代初に同校に学んだ卒業生の一人によれば，「教科目は，勿論当時の中学校同様のものに準拠して定められたのであらうが，修身は大学，論語，小学，中庸等の講義で，漢学塾そのままと云ふて可なりであった。徳育の中核は，尊王愛国の精神，国家主義，国民主義の高潮であって，自然欧化思想も強くはあったが，世界の進運に後れてはならぬと云ふ向上心は，勿論強烈で，塾主忠誠公の国家的人材養成と云ふ，義塾設立の活きた精神を以て，端的に塾生の心情を鼓舞し感激せしめて，所謂国家有用の材とならなければならないとの進取的精神が涵養せられたのである。此の徳育方針は，市瀬禎太郎先生によって，遺憾なく強調徹底せられた」(38)。

鳳鳴義塾は，軍学校入学者のために準備教育をおこなうことを主要目的としていた。教育内容は儒教的な徳育教育主義であった。主として漢文を教え，英語や数学などの教員は欠員が多かった。

鳳鳴義塾は徳育教育を重視し，独自の学校行事をおこなった。

① 錬磨会。錬磨会は，学校の秩序維持を目的とした生徒の自治組織として，市瀬の発案で明治20（1887）年に設立された。当初は卒業生を中心に若干の上級生が加わる学外組織であったが，しだいに上級生が中心になり，教員も臨席する学内組織になった。論語を輪読し，時事問題の研究をおこないながら，自己研鑽による人間形成をはかるというのが主たる活動目的であったが，錬磨会がその目的にそって円滑に機能していたのは，最初の10年ほどであった。明治30（1897）年前後からは，上級生が鉄拳制裁を用いて下級生を服従させる，不良のレッテルをはられた学生を退学させる，さらには，教師の素行調査をおこない，塾風にあわない教師を排斥する等々の事件を引き起こすようになった。

②　幣取り（へいとり）。幣取りは真夜中に神社・寺・山中・墓地などに置いた幣を取りに行く学校行事である。明治16（1883）年，市瀬の発案で，胆力養成を目的にはじめられた。やがて，幣取りは，本来の目的であった自発的な胆力養成とはほど遠い暴力的な行事となっていった。それは，錬磨会の変質とほとんど時を同じくして起こった。

　③　武装旅行。武装旅行は，他の中学校でいう修学旅行にあたる行事である。しかし，鳳鳴義塾は行事と演習を兼ねた旅行として武装旅行と呼んだ。明治28（1895）年からは，1～2週間にわたる旅行となり，在学者全員の，軍隊式階級制度による班編成のもとに，教員も同行して，自炊しながら一日8～9里（32～36キロメートル）の行軍をした。困難や欠乏に耐える精神力，体力を養うことが目的とされた。他の学校行事がしだいに形骸化し，批判の対象となる中で，校是の勤倹尚武を体現するものとして，これだけは，高い評価を与えられていた。

　しかし，独自の校風を持つ漢学塾としての鳳鳴義塾は，存続が困難になっていった。明治19（1886）年の中学令，さらに明治32（1899）年の中学令をはじめとして，正系の中学校の整備が進展しつつあった。正系の中学校は，その卒業資格が上級の学校を受験する資格となった。各種学校であった私立鳳鳴義塾は，正規の中学校の資格を持てなかった。学校の独自性を維持するために各種学校として存続するのか，それとも教育内容を普通の中学校のように変え，正規の中学校の資格を取得するのか，決断を迫られたとき，鳳鳴義塾には，正規の中学校の資格を取得する以外の道はなかった。ただし，独自の校風を維持するために，財政的な無理を承知で私立中学校となった。

　しかし，私立中学校としての存続は，慢性的な財政難のために困難となっていった。元藩主青山家は，生活を切り詰めて鳳鳴義塾を支援したが，学校経営には多額の費用がかかり，ついに支えきれなくなった。大正9（1920）年における県立への移管は，青山家の学校経営への影響力が喪失することを意味した。県立鳳鳴中学校は，県の管理監督下で普通の地方中学校となった。

　「学歴主義の制度化」とは，「学歴重視のイデオロギーが，学校や企業などの

第2章　学歴社会は「昭和初期」に成立したのか

組織体や人々の日常的な生活世界に浸透し，人々の意識や行動を規定し支配していくプロセス」(12) を意味している。私立鳳鳴義塾（明治18〜31年）→私立尋常中学鳳鳴義塾（明治32年〜大正8年）→兵庫県立鳳鳴中学校（大正9年〜昭和23年）というこの学校の歴史は，「「伝統的文化モデル」の人間形成教育を理念にかかげて出発した，「地方」一私学が，その学歴主義の制度化の波に抵抗しながら，結局はのみこまれていく過程」(12) であった。

「学歴主義の制度化」は，さまざまな社会層に学歴の重要性を意識させるプロセスでもあった。丹波篠山においても，士族，商人，農民に学歴意識が浸透していった。

「旧士族は，明治維新による変革以前に，俸禄をはむ武士として，いわば俸給生活者としての経験をもち，また藩校での教育を生活の切り離しがたい一部としてきた社会集団である。維新後，彼らが近代学校教育制度の最初の，積極的な利用者となり，近代組織で働く俸給生活者へと「転生」をとげたのは，ごく自然な選択であったといってよいだろう。彼らは抵抗なく新しい組織と学歴の世界に入り，また学歴取得と組織の中の職員層へと，次の世代を動機づけていった」(212)。

「義務教育のあと，さらに上級学校に進学し，より高い学歴を取得することの重要性は，家業を継承する商家や農家の長男の場合にも，しだいに認識されるようになっていく。農業や商業を，より発展的に営むためにという「手段性」の意識もあったかもしれない。しかしそれ以上に，中・高等教育の機会が拡大し，社会・経済的に地域の上層ないし中の上層とみなされる人たちのあいだに，中・高等教育機関への進学者がふえはじめると，中・高等教育をうけていることが，しだいに地域社会のなかでの人々の地位の表象として，重要性をもちはじめる。昭和初期はそうしたかたちで，学歴主義が，商家や農家のような，近代組織の外で生活する人々の生活世界にも急速に浸透しはじめた時期とみることができる」(213)。

天野編 [1991] の以上のような指摘を素直に理解するならば，丹波篠山では，「昭和初期」に学歴主義の制度化が完成した，ということになる。事実，士族

よりも学歴主義の自覚において遅れた商人家族と農民家族について，それぞれ，次のように指摘されている。

「商家と学校とのかかわりは，大まかに三つの段階を経て今日にいたっているように思われる。すなわち，「跡取りである長男は学校へ行かなかった時代」→「跡取りである長男も学校へ行くようになった時代」→「みなが学校をめざし，だれかが跡を継ぐようになった時代」。時代的には，ほぼ明治・大正・昭和に対応している」(186)。

「大正末〜昭和初期生まれの世代の回想には，それまでとはちがった二つの傾向がみられる。ひとつは長男も中等教育に行くようになるということ，もうひとつは下層農家でも学歴が，自分たちの人生上の選択肢として，あるいは自分たちの生活にかかわりあうものとして，問題になりはじめたということである。そしてそれは「給料取り」の生活が，地域のなかに具体的な姿をとって広がってきたことと無縁ではない」(199)。

しかし，「昭和初期」に学歴主義の制度化が「下層農家」にまで浸透したとすれば，戦後の教育改革とその後の高校進学率・大学の進学率の急増をどう理解したらよいのだろうか。編者の天野は次のように記している。

「敗戦後，占領下にすすめられた一連の社会・経済的な改革，とりわけ農地改革が，これまで産業化の波からとり残されてきた篠山のような変化に乏しい半農村地域についても，社会構造をゆさぶり，一挙に流動化させる役割を果たしたことはいうまでもないだろう。中等教育改革は，教育機会を拡大することにより，そうした流動化の方向をいっそう加速化させるものであった。学制改革により，戦時期に設立された農学校，それに青年学校をふくめて，篠山の諸中等教育機関は，否応なく「新制高等学校」へと統合・再編されていく。それは学歴主義的な秩序の再編と同時に，学歴主義の制度化のいっそうの進展を結果したのではないか」(15)。

3　丹波篠山と遠州横須賀の類似点

　私は，遠州横須賀で生まれ育ち，中学卒業と同時に遠州横須賀を離れた。私の中学時代は，1960年4月から1963年3月までである。遠州横須賀は，いくつかの重要な点で，丹波篠山の歴史と似ていた。にもかかわらず，「昭和初期」に下層農民にまで学歴意識が浸透した丹波篠山とは異なって，遠州横須賀では，私の中学生時代，すなわち1960年代前半においても，学歴意識は浸透していなかった。

　現在の遠州横須賀は，『歩く旅シリーズ東海・北陸小さな町小さな旅』（山と渓谷社，2003年，36頁）によって，次のように紹介されている。

　「横須賀は，高い山がなく海が近いせいか，それとも温暖な気候のためなのか，町の雰囲気がどこか温かく，のんびりとしている。町並みは，城下町らしい町割の中に，格子造りの家や家紋入りの瓦をのせた古い商家や民家がところどころに見られるものの，往時の面影は薄れつつある。しかしこの町には，江戸末期から続く醤油屋や，幕末期，藩の策（内職奨励）により盛んに行われたという凧作りを，今なお続けている提灯屋などがあり，城下町ならではの伝統の味や職人気質が息づいている。中央に三熊野（みくまの）神社のある狭い通りが城下町横須賀のメイン通りで，主にこの通りに職人の仕事場や伝統の味を守る店がある」。

　遠州横須賀の雰囲気は，「往時の面影」が強く残っていた私の子供時代とくらべれば，たしかに多少は変わったが，多少という程度であり，基本的には変化がないような町である。ちなみに，引用文で言及されている提灯屋は柳瀬提灯店といい，先代から店を引き継いだ当主柳瀬重三郎は，私の同級生で，小学校中学校を通じて私の遊び友達であった。

　丹波篠山と遠州横須賀の類似点は，丹波篠山も遠州横須賀も規模の小さな城下町で，産業化の波に取り残された郡部の田舎町であるという点である。丹波篠山は6万石，遠州横須賀は3万5千石だったので，丹波篠山の方が大きかっ

たとはいえ，遠州横須賀とくらべて質的に断絶するほどの違いではない。「平成の大合併」によって町の範囲が大きく変化してしまったので，それ以前の人口を知るために1980年の国勢調査をみると，丹波篠山22,663人，遠州横須賀11,314人で，かつての藩の規模に対応しているかのようである。

　丹波篠山も遠州横須賀も，産業化の波に取り残された小さな城下町なので，主力産業は農業と旧城下町の商業である。歴史的・経済的に類似した城下町であるので，丹波篠山に「昭和初期」に学歴社会が成立したのであれば，遠州横須賀にも「昭和初期」に学歴社会が成立してもいいはずである。

4　私の中学生時代

（1）　自画像

　私の中学生時代は1960年4月から1963年3月までであった。中学生になると，自意識が発達する。当時，私は，同年代の生徒で（といっても，遠州横須賀という狭い範囲しか念頭になかった。田舎の子が想定できる生活空間は，町に限定されていた）注目を浴びたり称賛されたりするのは，容姿端麗，スポーツ万能，明朗快活のすべて，あるいはそのどれかひとつを持ち合わせた者である，と信じていた。芸術・芸能系の能力がここに含まれていないのは，私の周辺にそうした才能を示す同級生が皆無だったからである。この3条件について，私は不幸にして，そのいずれとも縁がなかった。

　容姿端麗，スポーツ万能，明朗快活とはほど遠い私に，さらに追い打ちをかけるような悪い材料があった。

　一つは制服であった。もちろん学生服である。私が中学に進学する少し前に，テトロンという繊維が開発された。その当時は，テトロンの名前の由来を知らなかったが，帝人と東レが開発したポリエステルで，帝人と東レの名前を織り込みながら，しかもナイロンをもじってのネーミングであった。このテトロンの生地を使った学生服が登場した。テトロンの学生服と，それまでの木綿の学生服との違いは，おしゃれとは無関係の田舎の子供にも，一目でわかった。テ

トロンの学生服は，シワがなくて光沢があった。何人かの同級生，しかも親しい同級生が，テトロンの新品の学生服を着ていた。それを目にして，私ははじめてテトロンという繊維の名前を知った。私はといえば，兄の着古した木綿の学生服で，肘にはつぎあてがあった。いかに服装に無頓着な私でも，テトロンの学生服と並ぶと，なんとなくみじめな気分になった。もちろん遠州横須賀は全体として貧しい町だったので，私と同じような学生服を着ている同級生は多かった。その事実はしかし，現にテトロンの学生服を着ている同級生がいる以上，私にとってなんの慰めにもならなかった。よれよれの木綿の学生服は，私が貧しい家庭の子供であることを端的に表明していた。授業で，江戸時代には身分によって服の生地が決められていたことを知って，深く納得した。

もう一つの悪材料は，横須賀小学校6年生の時の行動にあった。私は6年4組であった。このクラスの男子は24人，女子は29人であった。問題は，男子児童が集団で担任の女性教師と対立したことにあった。対立は小学校卒業まで続き，町の教育関係者のあいだで大問題となっていた。年配の女性教師は，「私が可愛いのは女子だけで，男子なんかいらない」と公言し，教室の前半分に女子を集め，後半分の男子にたいして，「勝手に何でもやってればいい」といっていた。そこで男子は授業中ずっと遊んでいた。遊びで騒がしくなると女性教師は，「あなたたちは，出て行きなさい」と叫んだ。すると男子は，これ幸いとばかり教室を抜け出し，集団で野に山に遊びに行った。これを卒業まで続けていた。6年4組の男子は，6年生の授業を受けていなかった。

私が中学生になるとき，母から，次のように申し渡された。町の親たちは6年4組の男子を嫌っている。親の中には中学校に，ウチの子を6年4組の男子と一緒のクラスにするな，と申し込んだ者もいる。しかし中学校は，6年4組の男子をひとまとめにしておくこともできず，強硬な親たちをなんとか説得した。6年4組の男子の中でも，お前は騒動の中心人物の一人と見なされているので，世の親たちはとくにお前を嫌っている。そのことを肝に銘じておけ，というのであった。

私は納得できなかった。紛争の責任は女性教師にあり，男子児童が非難され

る理由はないと思っていた。さらに，私が騒動の中心人物の一人であるという評価も間違っていると思った。私の考えでは，中心人物などいなかった。ただ，そう言われて，小学校で私が教わったことのある教師たちが入れ代わり立ち代わり私を説得に来たのは，中心人物の一人と目されていたからであるのか，と悟った。6年4組の男子児童は悪くない，と確信していたものの，世の親たちが私を厳しい目で見ていることは理解した。

さえない個性，みすぼらしい身なり，おまけに問題行動で悪評の生徒，これが中学生になった私の自画像であった。中学生ともなれば異性のことも意識しはじめるが，中学3年間を通じて，私に積極的に話しかけるような女子生徒は一人としていなかった。田舎町なので，男子生徒と女子生徒が公然と交際する雰囲気はなかった。それでも，少しは声をかけてくれてもいいのではないか，と思っていた。しかし，これだけ取り柄がないのであるから，声がかからないのも当然である，と私なりに納得していた。

（2） 世間の評判

そんな私にとって，私の描く自画像がかならずしも正しくはないのではないか，と思えるようなことがいくつかあった。その一つは，私が同級生の家に遊びに行ったとき，彼の母親から，「野村君，ウチの子と遊んでやってね」といわれたことである。はじめてこの言葉を聞いたときには，世の親たちに嫌われているはずの私に，なぜこんなことを言うのだろう，とじつに不思議に思った。しかし他の同級生の親からも似たようなことを言われ，私は，世の親たちに嫌われてはいないのではないか，と思いはじめたものの，なぜ私への評価が変わったのか，理解できなかった。

また，私が同級生と一緒に悪いことをした場合，教師は，同級生を強く叱責しながら，私を叱ることはなかった。中学生時代を通じて，私は教師から叱責された記憶がない。私は決して模範的な生徒ではなかった。私は，教師のいうことを何でも聞く素直な生徒ではなかった。同級生と一緒に悪ふざけもおこなった。それなのに，教師は私を叱責しなかった。そのため，同級生から面と

むかって，「正實は先公のミコだら」，と言われたこともあった。「ミコ」は遠州横須賀弁で "teachers' pet" を意味し，少なくとも男子生徒にとっては，非難または軽蔑の意味合いを含んでいた。標準語に訳すと，「お前は teachers' pet になり下がってしまったのではないか」というような内容である。「ミコ」と言われて，オレは「ミコ」なんかじゃあない，と私は反発した。しかし，中学生時代，たしかに教師は私を叱らなかったし，私に何かを指図することもなかった。ちなみに，1960年代前半の遠州横須賀は，教師を除いて，完全に遠州横須賀弁の世界であった。

さらに，下級生の女子生徒たちが私とすれ違うとき，私の方をじっと見て，その後，どうも私の噂をしているかのような態度を示したことも何度かあった。悪い噂ではないことは，その態度から分かった。しかしなぜ私が噂の対象になるのか，私には理解できなかった。

こうしたことがあったものの，中学3年間を通じて，当初からいだいていた私の自画像は基本的には変わらなかった。私の自画像とは齟齬するいくつかの事態について，すべての疑問が解けたのは，中学卒業の日であった。卒業式の後，同級生が一緒に過ごすのは今日が最後という興奮した雰囲気の中で，それまでの日常的会話では話されなかったことが，話題となった。普段は親しくしていなかった同級生と話して私は，私が「頭がものすごくいい」という評価を受けていたことをはじめて知った。「頭」以外の評価はなかった。

その当時，大須賀中学校はほとんどの試験について，成績上位者の名前と点数を公表していた。中間試験，期末試験をはじめ，どこが主催かわからないが広い範囲の学校でおこなわれる試験などである。壁に名前が張り出されるのは，上位50名だった，と元同級生がいっていた。そうだとすると，私の学年は約350名だったので，上位7分の1ということになる。

横須賀小学校では，成績は通信簿によって個人的に知らされるだけであり，誰が成績上位者かは知りえなかった。それが中学校では試験のたびに一覧表として張り出されるので，最初はとまどった。大須賀中学校に入学して第1回目の発表があったので見に行ったところ，私が一番であった。なんだ，こんな

のか，と思い，特別の感慨はいだかなかった。第2回の発表を見たところ，また私が一番であった。第3回も，第4回も，というわけで，これを中学3年間，繰り返した。私は，試験結果がいつもトップであることを，別にどうとも思っていなかった。一番になりたいと思って勉強し，一番になったのであれば，誇らしくもあり，意味あることであったであろう。しかし，トップになりたいと思って試験勉強したことはなかった。また，競争相手と意識するような同級生もいなかった。試験がおこなわれた，結果を見たら私が一番だった，また試験があった，結果を見たらまた，という日常的サイクルを3年間，繰り返しただけのことであった。私にとって試験成績が一番であることは，いわば自然なことであり，特別な意味を持っていなかった。

いつも一番であることを私の親や教師からほめられたことがなかったことも，私が試験成績を特別なものと思わなかった理由である。親が私をほめなかった理由は，後述する。

教師たちが私をほめなかったのは，教師たちがとても忙しかったからである。高校進学を希望する生徒たちにたいしては多少とも受験指導した。また生徒の半数は就職をするので，就職の斡旋に時間をとられた。それ以上に大変であったのは生活指導であった。大須賀町の公式の教育史は，「昭和34年からの二～三年間は，揺れる大須賀中学校の時代であった」として，大須賀中学校の1963年度学校経営書から次のような引用をしている。

「本校は，従来より，生徒指導上の問題，即ち，生徒の非行暴力等のことが，校内外に多発し，教師の意識も，教育の実際も，これに傾注し，学力育成への教育活動は，おのずから努力が軽く，今日に至っているという事実は，これまた教師の共通の反省である。――中略――，本校は創立以来，生徒の生活指導に重点を置いて，あるいは生活の非行防止に，あるいは生徒の暴力の抑圧に努力を傾けて来た。そのため，漸次その教育の効果があがって，昨（昭和――野村）37年度から，非行暴力が激減し，好ましい状態となってきた」（記念誌編集委員会［1993］385）。

大須賀町の公式の教育史は，大須賀中学校が荒れた理由として，「原因は複

雑で一概には言えないが，生徒急増や進学率の上昇による心理的不安動揺・進学競争激化にともなうテスト主義や，受験態勢に対する反発，就職に対する不満等々のことが考えられる」と指摘している（記念誌編集委員会［1993］385）。

非行暴力が最悪であった「昭和34年からの二～三年間」というのは，まさしく私の中学時代であった。私の同級生にも，同級生や下級生を暴力で脅迫する者が何人か，というよりも，何人もいた。そうした生徒の家庭の大半は貧しかった。貧困と非行暴力が結びついている古典的時代であった。

一口に非行暴力といっても，その程度はさまざまであった。いずれ少年院に送られるであろう，というような生徒もいれば，たんに粗暴なだけの生徒もいた。暴力で脅迫されるかもしれない，という緊張感はずっとあったが，結局，私は直接的な被害は受けなかった。粗暴だが根は悪くない同級生の一人が，私に親近感を示し，折にふれて私に話しかけてきたためであると思われる。彼がいわば私の後ろ盾になっていたので，他の暴力的な同級生が私に手を出さなかったのであろう。

教師たちはとにかく忙しかった。中学3年になった時，私は担任の教師に，受験勉強として何をすればいいのか尋ねた。「お前は受験勉強をしなくてよい。これまで通りにやっていればいい」との返事だった。教師たちにとって私は生活指導の対象でもなく，受験指導の対象でもなかった。さきに引用した町の公式の教育史がいうように，教師たちは生活指導に忙しく，「学力育成への教育活動は，おのずから努力が軽く」なっていた。教師たちは私を手間のかからない生徒と見ているだけで，私をほめて，より高い学力を身につけさせようとは考えていなかった。

遠州横須賀という片田舎では試験成績が一番だとしても，都市部の中学校には，私より試験成績の良い生徒がたくさんいたことは明らかである。しかし教師たちは私と都市部の生徒との比較はいっさいしなかった。私も田舎の子供にふさわしく，そういう比較は念頭になかった。小笠郡の中学校は，おそらく学力水準が低かったため，郡独自の英語聞き取りテスト大会をおこなっていた。郡内の中学校から生徒代表を集め，教師が話す英語の文章をそのまま書き取ら

せるテストであった。その大会に出るように言われ，私が満点を取って一番になった。後から考えると，この機会が，私が遠州横須賀というごく狭い地域を超えて自分の位置を考えるただ一度のチャンスであった。しかしその時には，やさしい英語なので満点を取るのは当然だ，と思うにとどまり，広い世界を考えるきっかけにはならなかった。私に大会に出るよう言いつけた教師も，よくやった，などというほめ言葉を口にしなかった。多分，私が満点を取ることを予想していたからであろう。

　私は，試験成績がトップであることは親や教師からほめられてしかるべき価値あることである，と思っていなかったので，ほめられないことを，別にどうとも思っていなかった。

　しかし，卒業式の日に私ははじめて理解した。世間は，私の試験成績が一番であることをとても高く評価していたのである。容姿端麗ではなく，スポーツ万能ではなく，明朗快活でもない私が，試験の成績が良いという理由だけで，同学年だけではなく，下級生にも知られている，とわかった。問題児とされていた私が，同級生の親から「ウチの子と遊んでやってね」といわれたのも，ひとえに私の成績のせいであった。教師は，私をほめなかったが，成績のゆえに私を叱らなかった。さらに，女子同級生からこういわれた。「野村君みたいに頭のいい人に，怖くて話なんかかけられへんに」。思ってもみなかった論理に，私は絶句した。

　こうして，中学校の卒業式の日に，私ははじめて，トップの成績は私にかんするすべてのマイナス要素を帳消しにしただけでなく，高い評価をもたらすことを知った。しかし時すでに遅く，同級生がばらばらになる日に私は事態をようやく把握したのである。私の中学時代は，学力の低い田舎町という重大な限定つきとはいえ，ともかくも周囲から「頭がものすごくいい」といわれ畏敬された生涯唯一の時期であった。しかし本人はそう評価されることの価値を認識できず，さえない日々を送っていたのである。

　試験成績によって表示される「高い学力」は，遠州横須賀においても人物評価の重要な，あるいは人によっては最重要の評価項目になっていた。その意味

で，遠州横須賀において，1960年代前半に，「学力社会」が成立していた。「学力社会」では，「高い学力」は高い価値を有するという価値観が通用し，地域社会，教師，それに生徒たちが，ある生徒の人物評価を，もっぱら，あるいは主として「学力」を基準としておこなう。しかし「学力社会」は，学歴社会ではない。「高い学力」の生徒が高い学歴を目ざすべきである，という価値規範は，まだ萌芽段階にあった。「学力」と学歴が，一義的に対応すべきとは考えられていなかった。1960年代前半の遠州横須賀は「学力社会」であり，学歴社会にはなっていなかった。

5　進学先の決定

（1）　遠州横須賀の学校事情

1960年代前半，遠州横須賀における学校事情は次のようであった。

遠州横須賀は，1956年に大渕村と合併し，大須賀町となった。大須賀町には，小学校2校（町立横須賀小学校，町立大渕小学校），中学校1校（町立大須賀中学校）があった。旧城下町である狭義の横須賀に生まれた子供（私はその一人である）は全員が横須賀小学校に通い，それから大須賀中学校に進学する。旧大渕村の子供は，大渕小学校を卒業して大須賀中学校に入ってくる。私の学年は団塊世代で，生徒数が多かった。横須賀小学校は5クラス，大渕小学校は2クラスで，大須賀中学校は7クラス347人となった。

住民の転入転出はほとんどなく，私の記憶では，小学校の時に警察署長の息子が転入してきた。われわれ田舎の子供とはどこか違った上品な雰囲気であったが，数年で転出していった。

横須賀の子供が別々の学校に通いはじめるのは，高校生になる時である。横須賀の子が進学する普通高校は，県立掛川西高等学校，県立掛川東高等学校，県立横須賀高等学校の3校であった。

県立掛川西高等学校，通称掛西（かけにし）の開校は正式には1901年の静岡県立掛川中学校であるが，その源は1877年の私立学校にまでさかのぼることが

できる。男女共学校である。県立掛川東高等学校は，1903年の掛川女学校を出発点とし，1923年に県立掛川高等女学校となり，戦後に掛川東高等学校となった。私の中学時代，この学校は女子校であった。もう一つの普通高校は，遠州横須賀の町の中心部に立地する横須賀高等学校で，地元では通常，横高（よこう）と呼ばれていた。男女共学校である。

　戦前，遠州横須賀に実業補習学校はあったものの，中等学校がなかった。『大須賀町誌』（281頁）は，「大正及び昭和のはじめには中等学校建設基金がかなりの額まで積み立てられていた。しかしこの基金を別途に利用したらとの意見も出て思わぬ紛争を巻き起こし，結果的には学校建設が不能という事で終わった」，と記述している。

　戦後，高等学校の誘致活動が熱心におこなわれ，1948年に県立池新田高等学校横須賀分校定時制課程ができた。それが1950年に横須賀町外2ヶ村組合立横須賀高等学校定時制課程となり，さらに1951年に県立横須賀高等学校定時制課程となった。町の悲願であった全日制高校は，1952年に県立横須賀高等学校全日制課程普通科として実現した。そして横高は，1954年に定時制課程を廃止し，全日制課程のみとなった。

　掛川西高，掛川東高，横高の3普通高校のうち，掛川西高がいわゆる進学校であった。掛川東高と横高からの大学進学はごくわずかであった。

　職業（専門）高校は地元にはなく，浜松工業高校，私が中学を卒業する年に新設された中遠工業高校（現・掛川工業高校），袋井商業高校，磐田農業高校が主なところであった。いずれも県立である。

　私に直接関係する学校として，工業高等専門学校（高専）について触れておかなければならない。高専は，6・3・3・4制の学校制度の枠外に作られた学校で，中学卒業生を受け入れ，5年間で「中堅技術者」を養成することを目的としていた。高専は，高度成長期に予想された技術者不足に対応するため，技術者を短期で養成しようとした学校である。1962年4月に国立12校，公立2校，私立5校でスタートし，以後，次第に増設され，すべての都道府県に少なくとも1校が設置された。

後述するように，ご都合主義で作られた学校であるため，高専には理念も設備もカネもなく，スタッフもいなかった。それにもかかわらず，設立当初，政府はあたかもすばらしい学校制度ができたかのように宣伝した。セールスポイントは，中卒者への5年間の教育なので，卒業生は本来ならば短大卒と同等の待遇になるはずが，専門教育密度が濃いので，四年制大学工学部卒と同じ待遇になる，というものであった。この点は後に真っ赤なウソと判明するが，卒業生がいない設立当初は，このウソがまかり通った。そのためもあって，設立後数年間は，どこの高専においても，入学の競争倍率が10倍を超える難関となった。

私が受験した沼津工業高等専門学校は，最初に作られた国立高専12校のひとつである。沼津市は静岡県の東部にあり，県の西部に住む私にとって自宅からの通学は不可能であった。

（2） 遠州横須賀における学歴社会の未成立

1960年代前半の遠州横須賀において，学歴社会は成立していなかった。学歴社会が成立しているならば，人々は，高い学歴が高い社会的地位をもたらすものと認識し，高い学力の生徒は，できるだけ高い学歴を取得しようとするはずである。

中学を終えるとき，私は沼津高専と掛川西高の両方に合格した。掛川西高はいわゆる進学校であり，大学にリンクしている。沼津高専は五年制の教育機関であり，修業年限としては短期大学を卒業した場合と同じになる。四年制大学と比べて明らかに修業年限が短い。また，高専は新設されたばかりの学校であり，就職やその後の学校のネームバリューという点で，伝統ある大学とは比較にならないほど不利である。

遠州横須賀において学歴社会が成立していたならば，私は掛川西高に進学し，「いい大学」に入学したいと思ったであろう。また，教師は私に，「いい大学」に入るために掛川西高への進学を勧めたであろう。いかに学力の低い田舎の中学校とはいえ，ともかくトップの成績であったのだから，教師が私に，掛川西

高に行って勉強すれば「いい大学」に進学できるぞ，がんばれ，と言ってもいいはずである。しかし，現実には，教師，親，友人のだれ一人として私に掛川西高への進学を勧めなかった。そして私自身も，沼津高専に行くことを当然だと思っていた。

　まず私自身のことをいえば，大学進学のことは，ほとんどまったく考えなかった。たしかに，私は両親から，「ウチにはお前を大学にやる余裕などありゃあせん」とはっきり宣告されていた。しかしそう言われていたから，私が大学進学を考えなかったのではない。私は小さいころから，よくいえば，自分の考えを持ったしっかりした子であり，普通にいえば，相手が親であろうと教師であろうと人の意見に耳を傾けることのない可愛げのない子供であった。事実，少し後のことになるが，私は高専を中途退学しようと一人で決意し，親には，いくら中退に反対しても私の決心は変わらないので反対は無意味だ，と宣言して，親の猛反対を無視して勝手に中退した。私が大学に進学したいと思わなかったのは，親から言われたためではなく，私自身が大学に進学したいと思っていなかったからである。私にとって大学ははるかかなたの世界であり，イメージすらわかなかった。大学で何をどう学ぶのか，大学生はどのような生活を送るのか，大学を卒業するとどのような職業生活が待っているのか，想像できなかった。大学は私とは関係のない世界であった。「いい大学」に入りたい，そのために掛川西高に進学しなければならない，という考えは私にはなかった。

　進路を決める時，私にとってもっとも重要であったのは，自分の生活は自分で成り立たせなければならない，ということであった。人はみな，ということは男であろうと女であろうと人はみな，働いて自分の生活を成り立たせるべきである。私にとって，この原則は自明のものであった。映画や小説で男が女に対して，「結婚したら仕事を辞めて家庭に入り，家族を守ってほしい」とか，「オレは女房を働かせるような甲斐性なしではない」などというセリフを吐くことがあるということは，もちろん知っていた。私はこういうセリフを口にする男の気持も，それを受け入れる女の気持も，まったく理解できなかった。

私は中学生の時から夏休みや冬休みにクリーニング店などでアルバイトをして，自分の小遣いを自分で稼いでいた。しかし，中学校を卒業してただちに就職するという考えはなかった。同級生の半数が中卒で就職する状況であったので，私も中卒で就職することを考えてもおかしくはなかった。経済的に無理をしてでも高校は卒業しないといけない，という考えが私の中に根づいていた理由は，いくつかあった。私の親は，高校までは何とか行かせてやる，といっていた。試験成績がいつも学年でトップだったので，周囲の皆が私の進学を当然視していた。私も，中卒では条件の良い職を見つけることができないことを知っていた。また，もっと勉強したいという欲求もあった。しかし同時に，なるべく早く働いて，自分で自分の生活を成り立たせなければならない，と強く思っていた。

　私が沼津高専と掛川西高の両方に合格したあと，私は校長に呼ばれた。校長は私にこう言った。「沼津高専に合格してよかった。小笠郡で合格したのは，キミだけだ。私はとてもうれしい。掛川西高にも優秀な成績で合格しているが，掛川西高の合格は私が取り消しておいた」。私は，いくらなんでも本人に無断で掛川西高の合格を取り消すのは越権ではないか，と思ったが，すぐに，まあ，掛川西高の合格を取り消すかどうか，と事前に相談されても，取り消しますと答えるのだから，結果は同じであり，あえて校長に文句を言うこともないだろう，と考えて，何も言わなかった。校長にとって，私が高専に進学すること，つまり大学にいかないことは，当然のことであった。

　私が沼津高専を受験した1963年は，沼津高専が発足して2年目であり，私が受験した電気工学科の競争倍率は15倍であった。難関とされていた高専の入試を小笠郡でただ一人クリアした生徒を出したのであるから，校長が喜んだことは理解できる。しかし，試験に合格したからといって，高専に入学する必要があるわけではない。高専に合格してキミの学力は分かった，これから掛川西高でもっと勉強して，「いい大学」に入りなさい，というアドバイスもありえたはずである。しかし校長以下，教師の誰ひとりとして，私にそういうアドバイスをしなかった。

同級生で掛川西高に進学した男子生徒とは，濃淡はあるものの，ほぼ全員とつきあいがあった。彼らとはいろいろな話をしたはずであるが，ともに頑張って大学に行こう，などという話をした記憶はない。私と同じく，彼らにとっても，大学というのは遠い世界のことであった，と思われる。したがって当然，掛川西高から大学進学の道を選んだほうがいい，などと私に忠告する友人は，誰ひとりとしていなかった。

　私が学歴主義的な発想にはじめて触れたのは，沼津高専1年生の時である。数学の教師が，授業中に，「私があなたがたに大学受験を指導すれば，あなたがた全員を東大に合格させることができるのですがね」と発言した。高い学力を持った生徒がこんな高専などという学校にいるのはじつに残念である，というニュアンスが露骨に出ていた。私はこの発言に強い違和感を感じ，その発言を記憶した。大学に行く気がないから高専に入学したのに，なぜ大学進学のことを話題にするのか，と思ったのである。高専を中退した後で，私はこの数学教師の発言を思いだして，彼がああいう発言をしたのは，彼にとってはごく自然な発想であった，と思った。彼は沼津高専に来るまでは，静岡県で1，2を争う進学高校の教師であった。彼にとって，学歴主義は自明のことであった。彼の目から見て，高専生は，高い学歴を獲得できるはずの学力を持っていながら，学歴主義の世界から逸脱してしまったかわいそうな存在に見えたのであろう。ちなみに彼は，6年ほど沼津高専に勤務した後，静岡大学教養部に移っていった。

（3）　郡部における進学高校の意義

　学歴主義を内面化している都市の中産階級や農村の名望家層の出身者にとっては，進学高校を受験するのは，大学に行くためである。そうした人たちにとっては，大学に進学する気がないにもかかわらず，私が進学高校である掛川西高を受験した理由を理解できないであろう。

　遠州横須賀では，大学に行きたいから進学高校である掛川西高を受験する，という構造にはなっていなかった。大学への進学希望とは関係なく，掛川西高

第2章　学歴社会は「昭和初期」に成立したのか

に合格しそうな試験成績上位者はほぼ全員，掛川西高を受験するというルールというか慣行というか，そういうものがあった。

小笠郡の中学校にとって，入試難易度がもっとも高かったのは，掛川西高であった。中学校の校長や3年生担当の教師にとって，何名を掛川西高に送り込むことができたかは，その学校の学力を示す指標であった。小笠郡の中学校は，掛川西高に合格できそうな成績上位者ほぼ全員に，掛川西高を受験させた。毎年このような進路指導がなされると，生徒は自然に，成績上位であれば掛川西高を受験する，と思い込むようになる。

ここで重要なのは，大学進学との関係である。都会の中学校で学んだ人たちは，大学に進学したいので進学高校を受験する。ところが遠州横須賀では，中学校の成績上位者が，大学進学の希望とは関係なく，進学高校である掛川西校を受験する。もちろん生徒は，掛川西高が進学校であり，大学にリンクしていることは知っている。しかし，掛川西高に進学した同級生は，だれも大学について具体的なイメージをいだいていなかった。だから，同級生のあいだで，大学の話などまったく出なかった。遠州横須賀の子供が大学について具体的な情報に触れ，大学のイメージを形成するのは，掛川西高に入学してからになる。つまり，大学に行くために進学高校に入学するのではなく，進学高校に入学したから，大学受験を真剣に考えるようになる。学歴主義に身近に接するのは，掛川西高に入学してからである。大須賀中学校の教師は，「いい大学」に行け，そのためには掛川西高に入らなければいけない，などとは決して言わなかった。大学進学とは切れた形で，成績上位者を掛川西高に送り込んだ。

しかしそれにしても，掛川西高に何人送り込むかという中学校間の競争があれば，それは中学校を受験体制の中に組み込むことになり，大須賀中学校も必然的に学歴主義的競争に参加するようになるのではないか，という疑問が出るかもしれない。遠州横須賀では，そうはならない。掛川西高に進学するのは，ごく一部の生徒に限定されているからである。私の学年は，例外的に勉強のよくできる学年だといわれた。その学年で掛川西高に進学したのは，男子生徒166人のうち18人（10.9％），女子生徒181人のうち3人（1.7％）で，合計で347

人中21人（6.1%）にすぎなかった。これでは，掛川西高への受験教育を学校の主たる目標とすることはどう考えても無理である。また，私の学年で全日制の高校に進学したのは174名で，卒業生のちょうど半数であった。就職斡旋もまた中学校の中心業務であった。大須賀中学校の教育目標は，成績上位者の学力をさらに引き上げることにあったのではなく，落ちこぼれを出さない教育にあった。

（4） 関係者全員を幸せにした私の沼津高専合格

私が沼津高専に合格したことは，大須賀中学校にとっても，私の両親にとっても，私自身にとっても喜ばしいことであった。私が受験した当時，沼津高専は入試難易度からいえば，掛川西高よりもずっと高かった。大須賀中学校の校長にとっては，掛川西高に何名かを進学させるよりも，「小笠郡でただ一人の沼津高専合格者」を出したことが誇りであった。校長は卒業式の式辞で，「本学から沼津高専合格者を出した」と言及したほどである。大学進学を念頭に置いた進路指導をおこなっているわけではなかったので，高専という制度が大学と接続していないことなど，校長はまったく気にしていなかった。

ついでに言っておけば，大須賀中学校の教師の大半は，師範学校出身のはずであった。全国レベルでいえば，新制中学校ができるとき，教員の確保が問題となった。文部省『学制百年史』（721頁）によれば，「教員の約半数は国民学校からの転任により，その他は青年学校や中等学校からの充足によってまかなわれた」。遠州横須賀の近辺で中等学校といえば旧制掛川中学と掛川高等女学校であるが，そこの教師の大半は，新制の掛川西高と掛川東高の教師になったはずであり，たとえ新制中学の教師になった者がいたとしても，掛川市内の中学校に就職できるはずであり，わざわざ小笠郡の田舎中学に赴任するはずがない。たしかに，1949年の教育職員免許法によって，新制中学校の教員は大学卒業者に限られるようになった。そして，私が中学生であったとき，大学卒業者と思われる若手教員がいた。しかし，学校運営の実権を握っていた年配の教師は，まちがいなく師範学校出身であった。自分自身が高等教育の経験がなく，

第2章　学歴社会は「昭和初期」に成立したのか

しかも大学への進学率がきわめて低い田舎の中学校にいれば，自分の教えている生徒と大学の関係を考えることなどなかったであろう。このこともまた，遠州横須賀における学歴社会の未成立に寄与していたと考えられる。

　私の親は苦慮していた。本音をいえば，私を工業高校に進学させたかった。経済的に大学はとうてい無理だが，高校までであれば，なんとかやりくりができるであろう，高校であれば，手に職がつく工業高校である，親はこう考えていたし，私にもそう言った。しかし他方，当然，大須賀中学校の成績上位者は掛川西高を受験するという慣行を親は承知していた。成績トップの私を掛川西高ではなく工業高校に行かせるということは，「世間様」を気にしていた親にとって，できないことであった。けれど，私が掛川西高に進学すれば，大学に行きたいといいだすかもしれない，と恐れていた。かといって，掛川西高を出て就職すれば，掛川西高は普通科なので，手に職はつかない。これでは息子の将来が不安である。親が望んでいたのは，しかるべき工業高校に合格する程度の試験成績であった。親にとっては，私の成績がトップであることははなはだ迷惑な話であり，親が私の成績をほめるはずがなかった。

　私の親にとって救いの神となったのが，沼津高専である。設立後2年目の沼津高専は，静岡県で入試難易度がもっとも高い学校であった（と，中学の教師はいっていた）。その学校に進学するのであれば，私が掛川西高に進学しないことを「世間様」は非難しないであろう。高専で学べば，5年間で「中堅技術者」になり，手に立派な職がつく。問題は，高校3年間よりも2年長い在学期間である。私は日本育英会の特別奨学金が内定していた。1963年において，高校生と高専生の一般奨学金は月額1,000円，特別奨学金は3,000円，そして「自宅外から通学する者で特に必要と認められるもの」は4,500円であった。私は4,500円に該当していた。特別奨学金と寮生活によって，なんとか学生生活が送れるだろう，と親は判断した。親は私に，「お前は本当は高専にも行けやあせんだが，先生からもいろいろ言われとるし，それにお前は末っ子だもんで，無理に無理をして行かせてやるだに。そのことをいつも覚えていなきゃいかんに」と何度も念を押した。

私はといえば，手に職をつけなければいけない，自分の生活は自分で成り立たせないといけない，と信じており，「中堅技術者」ならば立派な手に職だ，と思った。しかも当時のプロパガンダでは，高専卒業生は大学工学部卒業生と同じ待遇になる，といわれていたので，修業年限が2年短いにもかかわらず大学卒業生と同じ待遇になるとは，棚からぼたもちのような話だ，と大きな期待をいだいた。私は喜んで沼津高専に入学した。決して，家の経済状況が大学進学を許さないので，泣く泣く大学進学をあきらめ，沼津高専に行った，というのではない。

　学歴主義の価値観からみれば，高専はじつに中途半端な学校であり，高い学力を持った生徒がいくべき学校ではない。しかし，学歴社会が未確立で，「手に職」意識が強い田舎町においては，高専という中途半端な学校こそが，すばらしい学校に見えた。修業年限が2年短いにもかかわらず4年制大学卒と同じ待遇というのであるから，「手に職」派にとっては，それこそ理想的な学校であった。私の沼津高専合格は，私と私の周囲みんなをとても幸せな気分にしたのである。

6　沼津高専での学生生活と中退

　沼津高専での最初の1年間は，楽しかった。高専という学校制度は，思いつきにもとづいて急造された。そのため，沼津高専の1期生が1962年4月に入学したとき，校舎すらなかった。中学校の一部を間借りして授業をおこなった。寮は，沼津市が夏の学校として使っていた臨海寮を借り受けた。翌年，私が2期生として入学したときは，校舎はまだ建設途中であったが，1期生と2期生の授業用の教室は確保されていた。校地内に建設中であった寮も，一部が使えるようになった。そこで1期生は臨海寮を出て校地内の寮に移った。私たち2期生は，1期生が出ていった後の臨海寮に入った。臨海寮から学校まではかなりの距離があり，バスで通学した。

　君たちの同年代の高校生は生徒です，君たちは学生です，学生は自分のこと

を自主的に決めます，学生主事は私たちにそういった。そして実際，学校でも寮でも，思うことができ，とても楽しかった。高専に入学してよかった，と心から思った。

　沼津高専の学生生活は，二つの点で大須賀中学校と大きく異なっていた。一つは，期末試験などの試験結果が公表されなかったことである。電気工学科は一クラスであったが，そのクラスの中で自分がどの程度の成績なのか，わからなかった。私が在籍した3年間で，ただ一度だけ，クラスの中での学業成績を知らされたことがあった。二年生を終える時で，教官が学生一人ひとりに，君は何番です，と告げた。自分の順位を知らされたのみで，他のクラスメートが何番であるのかはわからなかった。

　ちなみに，私は43人のなかで41番であった。私は驚いた。私より下に二人いたからである。私は，この時点ではすでに高専を中退することを決意しており，期末試験ではぎりぎりでパスするだけの点数を取ろうとしていた。当然，私がクラスの最下位であろう，と確信していた。他人事ながら，この二人は大丈夫だろうか，と心配になった。二人のうち一人については心当たりがあった。彼は，私が退学した後，退学した。私と違って，大学を受験するために退学したのではなかった。

　高専生活が中学校と違っていたもう一つの点は，非行や暴力というものが存在しなかったことである。それぞれの出身中学校でトップクラスの成績をとっていた学生ばかりなので，当然といえば当然であるが，肉体的な暴力を心配しなくてよい環境は，居心地のいいものであった。

　1年生の時にはとても楽しかったのに，2年生になったとたん，高専生活は惨憺たるものとなった。2年生になるとともに，校地内の寮に移った。それとともに，学校側による学生の徹底した管理がはじまった。その当時は知らなかったのだが，もともと高専教育は徹底した管理教育を目ざしていた。ところが設立当初は，校舎すらなかったことに象徴されているように，ヒト，モノ，カネすべてが不足していた。そのため管理教育をおこなう余力がなかった。それを知らなかった私は，学生だから自由に自己決定できるのだ，これが高専の

良さだ，と思い込んでいた。

　沼津高専設立３年目，すなわち私が２年生になるとともに，沼津高専は，ようやく体制がととのってきた。それは，管理教育がはじまることを意味した。管理教育は，寮においてよりいっそう徹底した。最大の問題は，寮長以下，すべての寮役員が学校側によって任命されたことにあった。学校の命令を素直に実行する者だけが寮役員に任命された。彼らは，学校側の命令を寮生に押しつけた。それのみならず，寮生の行動をすべて学校側に報告しているように見えた。私は，学校においても寮においても，学校によって24時間監視されている，と感じた。私は窒息死するかのような息苦しさを覚えた。

　１年生のときはあれだけ自由であったのに，なぜ２年生になってからこんな監視体制下におかれなければならないのか，当時の私は理解できなかった。そして，管理教育を押しつける教官たちを嫌悪し，ことあるごとに言い争った。それとともに，こうした教官たちが教える専門科目に興味を失った。

　２年生になって私は授業に出席する気がなくなった。みんなが学校に出かける時間になると，私は沼津の中心街に出かけるようになった。街の中をさまよい歩いて，すぐに私は悟った。カネを持たない学生は街の中に居場所がない，というシンプルな現実がわかったのである。本屋で本を立ち読みするか，街の中を歩き続けるかしかなかった。仕方ないので方針を変え，毎朝，授業が始まる前に図書館で本を借り，授業時間中ずっと本を読むことにした。図書館は貧弱で，たいした本はなかった。山岡荘八の『徳川家康』や『織田信長』を毎日１巻ずつ読んだり，どういうわけか和辻哲郎の『倫理学』や『風土』などがあったので，それらを読んだりしていた。

　夏休みになって，これからどうしようか，真剣に考えた。毎日図書館の本を読みつづけても，私の未来が見えてくるわけではない。高専の授業には完全に興味を失った。私は何をしたいのだろう，と自問し，人間と社会を理解することが私のやるべきことだ，という結論になった。人間と社会を理解するために社会科学を学ぼう，そのために大学に行こう，私はそう決めた。

　私が高専を中退して大学に行こうと思うようになったのは，高専の学歴では

だめだ，大学の学歴をほしい，と思ったからではない。管理教育に反発し，教官たちを嫌悪し，電気工学への興味を失ったからである。

大学に行こうと思うようになったものの，高専という環境の中で，大学とはどういうところか，具体的に知る手立てがなかった。沼津高専の一般教育の教官は県内の進学高校から移ってきており，専門科目の教官のなかには大学から移ってきた者もいたので，教官たちから受験情報も大学情報も聞けたはずであった。しかし，教官は敵だ，と心から思っていたので，彼らに質問しようなどとはまったく考えなかった。

1期生には，中退して大学受験する者はいなかった。2期生では私一人であった。つまり沼津高専における大学受験生は私一人であった。なんとか大学のことを知ろうとして，朝日ジャーナル編集部［1964］『大学の庭』を買ってきて，何度も何度も読んだ。行くべき大学は，この本に紹介されている大学の中から選ぼうと思った。といっても，私立大学は授業料が高く，はじめから選択の対象ではなかった。国立大学に入り，授業料は免除申請，生活費はアルバイトで稼ぐ，これでなんとか大学生活を送ろう，と思った。

大学に行こうと決心をしてまず考えたのは，普通高校に転校しよう，ということであった。掛川西高に在学している中学時代の友人に頼んで，掛川西高に転校することができるかどうか校長に聞いてもらった。校長からは，私はきわめて優秀な成績で掛川西高の入試に合格しており，そういう生徒には転校を認めてやりたいのだが，いかんせん，高専と高校とでは授業内容がまったく異なっており，転校は不可能だ，という返事であった。

高校への転校ができないとなった以上，残された可能性は，高専3年次修了・中途退学か，大学入学資格検定（現在の高等学校卒業程度認定試験）に合格するかのいずれかになった。しかしそもそも，高専3年次修了・中途退学は大学への受験・入学資格となるのであろうか，と疑問に思い，いくつかの国立大学に問い合わせた。その当時，共通一次試験やセンター試験などという国立大学共通の入学試験はなかった。それぞれの国立大学が独自の試験をおこなっていたので，それぞれの大学が受験資格を決めているのだろうと思っていた。私

には，文部省が大学入試の受験資格を決めているという知識はなかった。手紙で20校ほどに問い合わせたところ，受験資格あり，という回答と，受験資格なし，という回答がちょうど半々であった。全部の大学ではないにしても，高専３年次修了・中途退学で受験できる大学があるということを知って，一安心した。

　高専を中退した者が大学入学資格を持つかどうかについて，文部省は当初，中退者がでることを想定していなかったので，文部省の見解はなかった。しかし全国の高専で，中退して大学受験したいという１期生が少しずつ出はじめて，文部省は急遽，高専３年間の授業全部に合格点をとった上で中退する者は大学入学資格を持つ，と発表した。高専３年次を修了して中退した者は，学校教育法第56条の規定「大学に入学することのできる者は，高等学校若しくは中等教育学校を卒業した者若しくは通常の課程による12年の学校教育を修了した者（通常の課程以外の課程によりこれに相当する学校教育を修了した者を含む。）又は文部大臣の定めるところにより，これと同等以上の学力があると認められた者とする」のうち，「通常の課程による12年の学校教育を修了した者」に該当する，としたのである。

　高専２年生の私は，即座に高専を中退して大学入学資格検定（大検）によって大学入学資格を取得するか，高専３年生を修了した上で中退し，大学入学資格を獲得するか，選択を迫られた。高専の一般教育は普通高校にくらべて科目数も少なく，かつ浅かった。当時の大学入学資格検定は16科目と科目数がじつに多く，合格するためには，高専では習わなかった科目を数多く勉強しなければならなかった。そのため，大検合格よりも，高専３年修了の方が容易ではないか，と判断した。電気工学の専門科目をはじめ，授業を受けるのは苦痛以外の何物でもなかった。大学受験にも大きなマイナスであった。しかし大検の受検を放棄した以上，ほかに選択の余地はなかった。

　たとえ高専３年次を無事に修了したとしても，大学受験に失敗すれば私の学歴は中卒となり，中卒者として就職先を探さなければならない。そう考えると，高専を中退することはたしかにリスキーであった。しかし，大学になんとか合

格するのではないか，という楽観的な気持が強かった．

7　高専中退後

　クラスメートの協力でなんとか3年次を修了した．そして現役（？）で，ある地方国立大学になんとか合格した．しかしこの大学への入学を辞退し，浪人することにした．辞退した理由は，なんだ，そんなつまらない理由で辞退したのか，といわれることが間違いないような理由からであった．たしかに客観的にはつまらない理由であったが，私にとってはそれなりの理由であったと思っている．

　浪人になることを決めたあと，私は遠州横須賀に戻った．遠州横須賀では，私の中学時代の同級生が大きな話題となっていた．掛川西高に進学した者の中から東京大学法学部や京都大学工学部への合格者が出ていた．1963年3月に大須賀中学校を卒業した同級生347人のうち，大学に進学したのはわずかに十数名（大学進学率は約4％）であった．その中から東大や京大の合格者が出たのであるから，たしかに遠州横須賀としては前代未聞のことであった．そして，東大法学部に合格した同級生は，その昔，私と同じく横須賀小学校6年4組の生徒であった．私のことを記憶している大人たちも多く，このことと考え合わせて，かつての6年4組の紛争は次のように解釈されるようになった．「6年4組ん衆はものすごく頭がよかっただもんで，あんなことをやっただよ．頭がよくなきゃ，あんな大変なことなんか，できゃあせんだに」（revisionism!）．

　大須賀中学校1963年卒業生が町の話題になればなるほど，私は肩身の狭い思いをした．ヘッセの『車輪の下』を思い出した．今や私の正式の学歴は中卒であり，高専教育の落ちこぼれであった．3年前の自分とくらべても，中学生時代の同級生の現在とくらべても，落ちぶれたという感じを強く持った．落ちぶれたという感じを持つのは，中学時代を記憶しているからである，中学時代のことを思い出させるような環境から離れたい，と思った．私は遠州横須賀から遠ざかった．

8　郡部における学歴社会の成立と未成立

　以上のような私の個人的体験から，私は，1960年代前半において遠州横須賀には学歴社会が未成立であったと考えていた。そして，1960年代前半における学歴社会の未成立は，遠州横須賀に限られたことではなく，広く全国的に見られる，と思っていた。そのため天野編 [1991] を読んで，天野編 [1991] の著者たちは丹波篠山において「昭和初期」という早い時期に学歴社会が成立したことを当然視しているが，当然視してはいけない，と考えた。

　そう考えて天野編 [1991] を再読すると，編者の天野が，ほかならぬ天野編 [1991] において，私の考えと同じ見解を記していることに気づいた。

　「意外に思われるかもしれないが，学歴主義や学歴社会は，教育社会学にとっても，きわめて新しい用語である。さすがに1986年刊の『新教育社会学辞典』には収録されているが，1967年刊の『教育社会学辞典』（いずれも東洋館出版社刊）では，索引にも，この語をみることができない。このことは，学歴主義や学歴社会という用語を使って説明されねばならない現象——私たちが学歴主義の制度化とよんできた現象が，1960年代以降急激に進行し，研究者の関心を強くひきつけるようになったことを示唆している。戦後改革は，学歴主義の制度化の完成にむけて，いわば「地ならし」の役割を果たしたのではないか」（天野編 [1991] 15）。

　この文章は，唐突に本文に挿入されている。不思議なことに，天野編 [1991] の執筆者たちは，天野自身も含めて，この文章に注意を払っていない。この文章は，丹波篠山に，「昭和初期」という早い時期に学歴主義が社会層を問わず浸透したことを当然視する天野編 [1991] の考えと，明白に異なっている。私の個人的経験と，それと符合するこの天野の文章からすれば，次のような問題設定がなされるべきであった。すなわち，丹波篠山のような産業化に取り残された郡部の小さな町に，なぜ「昭和初期」という早い時期に学歴主義が社会層を問わず浸透したのか，という問題設定である。

この問いにたいする私の答えは，次の2点である。第一に，丹波篠山に，郡部の小さな町としてはきわめて早期に中等学校が設立されたことである。第二に，その中等学校に早くから子弟を送りこんだ上級・中級士族と地方名望家が存在していたことである。

(1) 郡部における旧制中学校の存在

 まずはじめに，丹波篠山に，郡部の町としてはきわめて早期に中等学校が設立されたことの意義から検討しよう。

 天野編 [1991] の著者たちは，元の藩主青山家からの経費補助をうけて創設された鳳鳴義塾が，いかに正系の中学校と異なっていたのかを強調している。たしかに，軍人養成の漢学塾という鳳鳴義塾の出発点は，正系の中学校とは教育内容も校風も大きく違っている。しかし注目しなければならないのは，鳳鳴義塾が正系の中学校と異なっていた部分ではなく，正系の中学校と共通した点である。天野編 [1991] が掲げている卒業者数と進学率表 2-1 によれば，1920年に県立鳳鳴中学校となる以前に，鳳鳴義塾は，すでに高等教育への進学校であった。私立鳳鳴義塾時代（1885-98〔明治18-31〕年）に，卒業者数49名，進学者数29名（59.2％），私立鳳鳴義塾中学校時代（1899-1919〔明治32-大正1〕年）には卒業者数603名，進学者数301名（49.9％）であった。進学先は，当初は塾設立の目的に沿って軍学校が多かったが，次第に多様化し，県立中学校に移管する直前の私立中学校後期（1913-19〔大正2-8〕年）では，官立公立専門学校26.7％，小学校教員養成の師範二部25.5％，私立大学16.8％，官立公立大学14.3％であった（天野編 [1991] 90）。鳳鳴義塾は，特異な校風ではあったが，高等教育とリンクした中等教育機関であった。

 市部と郡部の区分は，歴史上のどの時点をとるかによって，ある地域が郡部にもなり，市部にもなる。私の考えでは，戦前の市部と郡部の区分では，市の要件を厳しくしていたため，市部と呼ばれてよい地域が郡部に区分されてる。最近のいわゆる「平成の大合併」以後では，逆に，郡部と呼ばれるべき地域が市部に吸収されたり（たとえば掛川市による遠州横須賀の吸収），あるいはいくつ

表2-1 鳳鳴義塾の卒業者数と進学率

時期	項目			
	卒業者数 (A) (人)	進学者数 (B) (人)	1年度当たりの卒業者数 (人)	進学率 (B/A) (%)
私立鳳鳴義塾前期 (明18~24)	13	7	1.9	53.8
〃 後期 (明25~31)	36	22	5.1	61.1
私立鳳鳴中学前期 (明32~38)	132	81	11.6	61.4
〃 中期 (明39~大1)	206	100	14.3	48.5
〃 後期 (大2~8)	265	120	17.1	45.3
県立鳳鳴中学前期 (大9~昭1)	301	137	19.6	45.5
総計	953	467		45.5

注:「進学」は「師範二部」をふくんでいない。
原出所:「鳳鳴中学卒業生状況調」より作成。
出典:天野編 [1991] 88。

　もの町が合併して人口規模が大きくなり，市と称するようになっていてもその実体は郡部と呼ぶほうが適当であったりする。1950年代の「昭和の大合併」から21世紀初頭の「平成の大合併」にいたるまでの時期における市部と郡部の区分が，都市機能の有無に即応しており，市部と郡部の区分として適当である。そこで，以下においては，市部と郡部の区分をこの意味において使用する。

　旧制中学校の数は，1893年から1903年の10年間に，74校から269校へと3.6倍に急増した。米田俊彦（[1992] 121-125）は，1904年時点における中学校267校の分布状況を，所在地の人口の大きさごとに示している。所在地の人口の大きさは，1万人未満，1万人以上，2.5万人以上，5万人以上，という区分である。米田は，「1万人未満」を一括して「農村地域」とし，101校（37.9％）が「農村地域」に所在することをもって，「1890年代前半の「一府県一中学校体制」下では都市に集中していたのが，人口の少ない農村地域の町村を中心に増

加した結果1900年代には都市から農村にかけて広く分布するようになった」（米田［1992］126）と主張している。この主張は正しいとはいえない。米田が1万人未満の「農村地域」として一括している町は，上述の私の区分に従えば市部に区分けされなければならない町村を数多く含んでいる。中学校の所在地を，私の区分に従って市部と郡部とに分けるならば，郡部に所在したのは267校のうちわずか21校にすぎない。とても「1900年代には都市から農村にかけて広く分布するようになった」とはいえない。

　鳳鳴義塾は，郡部に所在した21校のうちの1校である。丹波篠山は郡部でありながら，例外的に，高等教育とリンクした中等教育機関を持っていた。丹波篠山の町民は，中等教育・高等教育がどのような社会的地位をもたらすのか，間近に観察することができた。

　他方，遠州横須賀には中等教育機関がなかった。戦後，1952年にようやく全日制普通科の県立横須賀高校が遠州横須賀に設置されたが，横須賀高校は，高等教育にリンクしているとはいえなかった。遠州横須賀の子供が受験できる進学校は，掛川西高であった。掛川市は遠かった。掛川市に行くには，まず新横須賀駅から軽便鉄道で袋井駅に出る。袋井駅で東海道線に乗り換え，掛川駅で降りる。乗り換え時間を含め，新横須賀駅から掛川駅まで1時間ほどかかった。家から新横須賀駅までの時間，掛川駅から掛川西高までの時間を加えると，片道で少なくとも1時間半，場合によっては2時間かかった。田舎の子供には田舎の子供としての距離感覚，時間感覚がある。片道1時間半から2時間の通学は，田舎の子供にとっては長い距離，長い時間であった。実際，朝は7時の軽便に乗り，夜は暗くならないと帰ることができなかった。また，町として掛川市と遠州横須賀は，ほとんど関係をもっていなかった。遠州横須賀と掛川市を往復しているのは，わずかな通勤者と数少ない掛川西高生と掛川東高生だけであった。掛川市は遠い町であり，掛川西高に進学した遠州横須賀の子供は，いわば，遠州横須賀からいなくなってしまったも同然の存在であった。1960年代前半においてもこのような感覚であったから，戦前においては，掛川中学校は遠州横須賀の住民にとって，はるかに遠い存在であったろう。

丹波篠山においては，郡部としては異例な早さで高等教育とリンクした中等教育機関が設立された。そのことは，住民をして中等教育をごく身近に感じさせ，しかも高等教育を可視化した。遠州横須賀においては，中等教育機関が存在せず，中等教育そのものが可視化されておらず，まして高等教育など想像できない世界だった。このことが，丹波篠山においては「昭和初期」に学歴主義が浸透し，遠州横須賀においては，1960年代前半になっても学歴社会が成立しなかった最大の理由である。

（2）　士族と名望家層の有無

　丹波篠山における早期の学歴主義の成立にとって第二に重要であったのは，丹波篠山における士族と地方名望家の存在である。社会層の中で，士族がいち早く学歴を志向したことはよく知られている。丹波篠山においてもまっ先に鳳鳴義塾に子弟を送り込んだのは士族であった（天野編［1991］第Ⅲ部第1章）。

　遠州横須賀も横須賀藩3万5千石の城下町であり，士族がいち早く学歴を志向しても当然のように思われるが，そうはならなかった。江戸時代最後の将軍徳川慶喜が隠退し，徳川家達が徳川宗家を継ぐと，家達は駿府の大名となった。彼は駿府を静岡と改名し，静岡藩が成立した。横須賀藩は静岡藩に含まれることとなった。そのため，横須賀藩を180余年にわたって治めてきた西尾家は，1869（明治2）年，安房花房に所替えとなった。西尾家とその家臣がいなくなったあと，江戸に住んでいた旗本，御家人が無禄を覚悟で横須賀に移住してきた。その数は680名ほどといわれている。しかし1873年の家禄奉還にともなって，彼らの「多くはこれにより農業その他の業に転じ，あるいは資金を得て生活を立て直すべく旧住所の東京へ戻って行った」（『大須賀町誌』100）。

　士族は，いち早く近代的学校制度によって学歴を身につけ，近代的セクターに入っていった。しかし，士族一般がそうしたコースをたどったのではない。上級・中級・下級武士という階層ごとに大きな差があった。丹波篠山において高等教育に進学したのは裕福な上級武士と中級武士の子弟であった。下級武士の子弟が高等教育に進学するのは，ごくまれであった。しかも，裕福な上級武

士と中級武士の子弟が高等教育に進学したのは，社会的上昇を目ざしたのではなく，伝統的な学校観・教育観に媒介されて「当然の如く」学校へ行った。そしてそのことが結果的に高い社会的地位をもたらした。下級武士の子弟は，窮乏化して労働者階級になっていった（園田／濱名／廣田［1995］第7章）。

丹波篠山では上級武士と中級武士の子弟がまず最初に中等教育・高等教育に進学し，学歴が社会的地位を作ることの見本を見せた。ところが遠州横須賀では，西尾家が所替えで移っていってしまった。その後に江戸から遠州横須賀に移住してきた旗本たちは無禄であった。遠州横須賀では，学歴が高い社会的地位をもたらすことを示すはずであった上級・中級武士を欠いてしまった。

学歴主義を早期に体現すべきもう一つの社会層は，地方名望家，素封家である。地方名望家が存在する場合，その家の子供は，息子ならば高等教育に，娘ならば中等教育に進学するであろう。そして町の住民は，高等教育を終えた名望家の息子を「立派な人物」と見なすようになるであろう。高学歴が「立派な人物」と結びつけられることによって，町の住民の間に，高学歴の意味が明瞭に認識される。すると，名望家に次ぐ社会層が，名望家の後を追って，息子を中等教育，高等教育に送り出すであろう。

天野編［1991］の執筆者たちは，丹波篠山における階層区分をおこなっていない。しかし，丹波篠山における地方名望家の存在を示唆する1914年生まれの小作農三男の発言が記録されている。「（中学へ行った人は）『身分の高い』人。地主や惣代さんの息子。中学へ行ったのはクラスで四人。ほんまに限られた家しか行かなかった。差別があった。自分は行きたいとも思わなかった」（天野編［1991］193）。丹波篠山では，1920年代において，「地主や惣代さん」が「身分の高い人」と観念されており，地方名望家であった。1クラスの人数がわからないので，「クラスで四人」という中学校進学者数がどの程度の割合か不明であるが，少なくとも，毎年，クラスで何人かは中学校へ進学していることが推察される。それだけいれば，範型としては十分であろう。

遠州横須賀では，その家の子供が「お坊っちゃん」「お嬢さま」などと呼ばれるような名望家はいなかった。少なくとも子供たちのあいだで，「身分の高

い」家と観念されるような家はなかった。

9　学校の類型

　丹波篠山という郡部の町において「昭和初期」という早い時期に学歴社会が成立したのは，鳳鳴義塾という中等教育機関が郡部の町としては例外的に早期に設立されたこと，そしてそれを利用して中等教育さらには高等教育を享受した上級中級士族が存在したことにある。天野編［1991］の著者たちは，丹波篠山のこうした特殊性を看過し，丹波篠山において「昭和初期」という早い時期に学歴社会が成立したことを当然視した。天野編［1991］の著者たちは，なぜ理解を誤ってしまったのであろうか。その理由は，中等学校を学歴主義との関係で位置づけることに成功していないからである。

（1）「地位形成」的学校と「地位表示」的学校
　かつて天野は，学校の機能を「地位形成」と「地位表示」に分類した。重要な指摘なので，長文をいとわず，天野の主張を引用しておこう。
　「社会階層とのかかわりで見た場合，教育には二つの側面がある。ひとつは「地位表示」的な側面であり，もうひとつは「地位形成」的な側面である。教育の地位表示的な側面は，たとえば江戸時代の藩校に端的に見ることができる。そこでの教育は，支配階級である武士の身分にふさわしい教養や文化を身につけさせることに，その目的があった。教育を受けたことによって武士になるのでなく，武士であるからこそ教育を受けなければならない，という関係がそこにはあった。つまり教育はそこでは，支配階級としての武士の地位を「表示」する役割を果たしていたのである。明治維新後につくられた近代学校での教育は，これとは著しく異なっている。教育の機会は身分にかかわりなくすべてのものに開かれており，そこでの教育のねらいは一般的にせよ専門的にせよ，特定の水準と内容の知識を習得させることにおかれた。そして学校で習得された知識（その証明としての学歴）は，職業につき，一定の社会的地位を獲得する手

段として効用をもち，利用されるようになった。教育の地位「形成」的な側面とは，そのことをさしている。わが国の近代学校教育が発足当初から，この「地位形成」的な性格をいかに強くもっていたかは，これまで見てきたところからも明らかだろう。学校が早くから，社会的な（上昇）移動を目指す人々を多数集めることに成功し，その結果として激しい受験競争に悩まされることになったのも，そのためであった。しかしこのことは，わが国の近代学校での教育が，「地位表示」的な性格を全く失ってしまったことを意味するわけではない。自分たちの所属している社会階層の文化や教養の独自性や，その世代的な再生産の必要性を，つまり「地位表示」的な教育の必要性を感じており，またその必要や要求を表現する社会・経済的な力をもった人々がいれば，そうした要求を満たすような学校が生まれるはずである。そして実際に，「地位形成」的な学校だけでなく，「地位表示」的な学校もつくられ，存在していた。中等段階でいえば高等女学校，それに地方の実業学校などは，そうした「地位表示」的性格の強い学校であったとみてよい。農業や商業などの家業継承者にとって，農業学校や商業学校での教育は専門職業教育としての側面をもっていたが，それ以上に彼らの旧中産階級としての社会的な地位の高さの象徴として，そこで教育を受け学歴を取得することが必要であった。職業と事実上かかわりのない高等女学校の場合には，それはさらにはっきりしている。進学準備教育の機関として，「地位形成」機能の強い中学校に対して，これらの学校での教育的選抜には，それほどの厳しさは要求されなかった。少なくとも昭和期に入るまで，高等女学校や実業学校は，そうした「地位表示」的な，したがって教育的選抜とも職業的選抜とも，かかわりの少ない学校だったのである。高等教育では，官立の諸学校はほとんど純粋に，「地位形成」的な役割だけを期待されてつくられていたといってよい。それは官立の専門学校や大学の学部・学科編成，すなわち専門教育の内容を見ればわかる。帝国大学は初めから工学や農学のような，ヨーロッパの大学には見られない応用的な学問を教える学部をもって発足した。文学部をもたない帝国大学さえあった。専門学校も事実上すべてが農・工・商の専門職業教育の機関であり，しかもその卒業者には，家業

の継承者となることではなく、官庁や企業のような組織のなかで被雇用者として働くことが期待されていた」(天野 [1996] 225-227)。

　天野による学校の「地位表示」的機能と「地位形成」的機能の指摘は秀逸である。しかし、高等教育機関には見事にあてはまるこの指摘は、中等教育機関には当てはまらない。

（2）「手に職」学校の存在

　天野は、先の引用文において、「地位表示」的な中等教育機関として、「高等女学校、それに地方の実業学校など」を挙げ、さらに、実業学校として具体的に「農業学校や商業学校」に言及している。このような指摘にたいしては、「地方の実業学校」ではない実業学校、すなわち大都市に所在する実業学校は「地位表示」的ではなく「地位形成」的なのか、さらに、「地方の実業学校」の中で「農業学校や商業学校」が「地位表示的」だとしたら、工業学校は地方にあっても「地位形成」的なのか、という疑問が生じる。揚げ足を取ろうとしてこまかなことをあげつらっているわけではない。実業学校の社会的機能という重要な論点にかかわっているので、問題にしているのである。天野は、意図して、工業学校を先の引用文から落とした、と思われる。天野は、工業学校が「地位表示」的と「地位形成」的の二分法になじまないことをよく知っていたからである。

　天野は、1997年になって、自分の修士論文（1963年度）を活字論文にした。それは「工業化と技術者養成——人材形成のメカニズム」（天野 [1997] 第Ⅱ章）と題され、19世紀から戦間期までの技術者養成にかかわった大学、専門学校、工業学校の教育内容と卒業者の需給構造を分析している。この修士論文において天野は、工業学校が技術者養成かそれとも技能職工—職工長を養成するのか、ついにその位置を確定することができなかったこと、そして、地方の工業学校の卒業生は地元に就職するよりは他府県に流出することを指摘していた。このような工業高校が、「地位表示」的であるはずがない。また、技術者養成かそれとも技能職工—職工長を養成するのか明確ではないため、「地位形成」的と

もいいがたい。天野は,「地位表示」的と「地位形成」的という二つのカテゴリーでは工業学校を位置づけることができないことを知っていた。また近年の詳細な研究（沢井［2012］）も,工業学校が「地位表示」的とも,「地位形成」的ともいえないことを実証している。

工業学校が典型的に示しているように,高等教育とリンクしていない中等学校は,「地位表示」「地位形成」という二分法では説明されえない。私自身の経験からいっても,そうした学校は,「地位」と関係しているのではなく,「手に職」をつけることを主たる目的としている。「手に職」という考えは,生活を成り立たせることを最優先の課題としている。生活が成り立てばよいのであるから,会社に長期勤続することも,会社を頻繁に変わることも,さらに独立自営でも,かまわない。何らかの形で社会的に需要される技能を身につけ,生活を成り立たせる。これが「手に職」の思想である。「地位」の形成や表示ではない。

たしかに,「手に職」派といえども,学歴と無関係ではない。しかし学歴の意味は,「地位形成」派とは基本的に異なっている。中学生の私は,「手に職」派であった。たしかに私は工業高校ではなく,高専に進学した。高専は工業高校よりも高い学歴であった。しかし私は,高い学歴それ自体を求めて高専に進学したのではない。「手に職」といっても,「職」には,科学的知識の度合いからいって,そうした知識がほとんど必要とされない手先の器用さによる「職」から,かなりの科学的知識が要求されるような「職」まで,さまざまである。科学的知識が要求される度合いが高いほど,より安定した「職」につけるのではないか,というのが,工業高校よりも高専に進学した理由であった。つまり,「地位」を求めるのではなく,安定した生活を成り立たせる「職」の確立を最優先していた。

戦前の実業学校は,少なくとも研究の進んでいる工業学校を見る限り,「手に職」思想のための学校であった。義務教育以上の学歴を求めたといっても,中学校→高等教育という学歴主義とは明確に異なるものであった。

戦後の学制改革にともなって,「手に職」派は,工業高校などの職業（専門）

表 2-2 学業成績と進路（1967年3月中学卒業生，男子）　　（単位：人）

		普通高校			工業高校		商業高校	就職	計
		A	B	C	A	B			
学業成績	5	24	6	0	2	0	0	0	32
	4	10	28	1	36	8	9	1	93
	3	0	11	21	9	34	42	62	179
	2	0	0	13	0	1	6	64	84
	1	0	0	1	0	0	0	41	43
平均(%)		4.8	3.75	2.6	3.85	3.16	3.05	2.1	431

注：学業成績は5段階法による。
　　平均はそれぞれの進路に進んだものの学業成績の平均，各進路間の平均値には有意な差がある。
　　A，B，Cはその順に各高校のランクを示す。
出典：野村哲也［1969］75。

高校に進学するようになった。高校への進学率が高まるにつれて，高校進学の動機は，大きくわけて，学歴主義志向，「手に職」志向，そして，とりあえずは高校へ進学しておこうという「とりあえず」派となった。「とりあえず」派は職業高校にも進学したが，ある時期までは「手に職」派が職業高校の主力であった。

　私が中学生時代の1960年代前半は，私の身の回りでも，「手に職」派が工業高校，商業高校，農業高校に進学した。「手に職」派が職業高校の主力となっていた時期においては，職業高校は地域社会において高く評価されていた。

　少し後の資料になるが，表2-2は大阪府のある中学校について，1967年3月卒業生の学業成績と進路との関係を示している。商業高校は，この時期には凋落がはじまっており，学業成績で「4」という上位の生徒も引きつけてはいるが，主として中位の「3」の生徒を受け入れていた。工業高校は，学業成績で「4」という上位の生徒はもちろん，「5」という最高段階の生徒をも引きつけている。

（3）「手に職」学校の凋落

　しかし次第に，職業高校の主力が「手に職」派ではなくなってきた。その時

期は，1960年代後半から70年代前半である。次のような証言が，そのことを物語っている。

「ちなみに茨城県の中等教育機関でもっとも古い伝統を誇るのは，創立百年余りの県立水戸一高である。同校は，高校の序列化のなかで県内のトップの座にランクされる進学高校であるが，明治，大正，昭和の十年代頃までの「水農」（県立水戸農学校——野村）は，中等実業教育機関のエリート校として，県教育界においては，水戸中学（水戸一高の前身で「水中」の略称を持っていた）と双璧をなしていたという。その時代のことを県教委の一人の指導主事はこういった。「その当時は，水農と水中は全くの同格で，水中に入学可能な学力のある生徒でも，農家の長男や農業を継ぐことを約束させられているものは，水農を選ぶのが一般的だったから，水農も水中と同様に県下の俊才を集めていたといえます。」そう語った五十年配の指導主事も旧「水農」から茨城師範学校（茨城大学教育学部の前身）を出て，教育界に入ったのだという。そして彼は「それに比べて，いまの水農は……」と絶句した。このように，かつては農業教育のメッカ的な存在として，県中等教育界に君臨した「水農」であったが，普商工農の序列化によって，昭和四十年代からは「水戸一高との間に，まるで月とスッポンほどの格づけが生じ，水農という伝統ある校名は，過去の栄光から現在の屈辱的なものに一変させられてしまった」（水戸農業高校社会科教諭の話）のであった」（須長 [1984] 11-12）。

工業高校も同じ道をたどった。「ここで取り上げる工業高校は，大正の初めに創立された甲種の，すなわち中学校と同様，上級学校への進学が可能な工業高校である。府立三中（現両国高校）と並んで下町の秀才を集め，化学工業界においてすぐれた人材を輩出してきた"名門校"であった。（中略）学校の変化をたどると，大きく1948年新制高校として発足してから1960年頃までの50年代の発展期，60年代の工業高校への要望が高まった時期，70年代の零落してくる時期，80年代の再生をかけた動きをはじめる時期，という四つの時期に分けることができる。50年代は，（中略）戦前に培われた地元の評判が続いており，良質の生徒がこぞって入学し，大学に進学するクラスを特別もうけてもいた。

また，当時，都内に化学系の高校が5校しかないということもあり，大学への進学者のほかは，卒業生のほとんどが大企業の研究所に就職していた。60年代に入り，次第に変化がみえてくる。高度成長と石油化学の興隆の時期のなかで，都内に11校の工業高校が新設され，生徒数は一気に倍増した。しかし，生徒の質はまだ高く，クラブ活動や生徒会活動も活発であったし，卒業生の就職も，研究所から生産現場の管理部門になるという変化はあるものの，三年生の一学期には就職希望者のほぼ全員が決まるという状況であった。しかし，1960年代の学園紛争前後から変化が顕著になっていく。1970年代に入ると，図2・1（省略──野村）に明らかなように，入学者のかなりの人数が卒業せず，在学途中に退学していく生徒が増えていき，1980年代の初め頃には，入学生の30％から40％近くが退学するという事態になった」（門脇／陣内編［1992］22-23）。

　商業高校もまた工業高校と同じ軌跡を描いた。

　「商業科の変遷は大まかに四つに時期区分できよう。第一期は，高度経済成長までの時期である。この時期，商業科への進学者は家業としての商店の跡継ぎとして，あるいは商店等の事務の重要な担い手として期待され，一定のステイタスを維持していた。また，その卒業者からは地域の有力企業へ就職する者も多く，地方公務員や地域の中小企業向け金融機関としての信用金庫・信用組合などへの就職者も少なくなかった。この時期，商業科卒業者は地域経済を人材供給において支えていたのである。

　第二期は，高度経済成長期である。この時期，特にその後半における商業高校は荒廃が進んでいったが，それでもその卒業者は，企業とりわけ商業における企業の販売員あるいは産業を横断して各企業の営業担当者・事務職員として重宝された。以前ほどのステイタスはなくなったものの，即戦力としての彼らの存在は社会において一定の地位を占めていた。そのため，商業科においても即戦力としての教育が重視されていた。

　第三期は，高度経済成長終焉頃から第二のターニングポイント（1990年代──野村）に向かう期間である。この間に商業科の衰退は急激に進み，そのステイタスは失われていき，高等学校全体の序列化された階層のなかにおいて商

業高校は低い位置づけに甘んじることとなる。不本意入学者が増え，中学校成績の下位の生徒が恒常的に入学してくるようになっていった。その結果，学業不振や学校生活不適応によって中途退学する者が増加することとなる。そして，卒業後も商業科で学んだ知識を生かせる職業に就くとは限らない状況も現れてくる。商業科衰退・低迷の時代である。一方，女子校化傾向の流れのなかで，商業科はわが国の女性の教育の多くを担わされるようになっていったのである」（番場［2010］145-146）。

　高校における普通科と職業科との格差，普通科の中での学校間格差の形成にとって，団塊世代が分水嶺となったのである（中西／中村／大内［1997］）。

（4）　凋落の経済的・企業的背景

　農業高校，工業高校，商業高校がいずれも1960年代後半にステータスを急速に悪化させた直接的な理由は，産業の変化にあった。

　農業は1950年代後半から，農家の跡取り息子を含め，大量の労働力が農業から離脱するという「地すべり」（並木［1960］）を起こしていた。農業高校に農業をしようという生徒が集まらなくなるのは，当然のことであった。

　商業高校についていえば，高度成長期が商業高校の黄金期であった。商店の長男や女性が商業高校に進学し，商業労働者あるいは企業内事務労働者となった。会社でしばらく勤めた後，家業を継ぐものもあり，男性にあっては独立起業するものも少なくなかった。しかし高度経済成長が終わり，安定成長とともに事務処理や商業関係の技術の高度化が進み，商業高校の教育内容と乖離していった（番場［2010］148）。

　高校レベルにおける商業教育が本来的に内包している問題は，商業教育に求められる固有の知識や理論がないということである。たとえば工業高校の機械科であれば，ねじや歯車などの機械要素の種類と性質，機械加工・鋳鍛造・溶接などの生産方法，さらには制御方法など，教育すべき内容がほぼ決まっている。しかし商業教育では，標準的となる科目が定まらなかった。そのことは，工業高校機械科の科目と商業高校の科目の変遷を見れば明らかである。工業高

校機械科の科目は戦後,ほぼ同じであった。それに対して商業教育の科目は,学習指導要領の改訂にともなって,さまざまに変化した(文部省 [1986] 第二編第4章,5章)。教えるべき内容が定まらない商業教育においては,生徒の学力水準が低下していく中で,まじめな教師ほど,どのような商業教育が望ましいのか,商業教育はそもそも必要なのか,苦悩することになる(全国商業教育研究会 [1972] 参照)。

　工業高校の生徒の学力は,労働需要側の採用方針の転換とともに低下しはじめた。1950年代まで,高校卒業生は,事務職・技術職として採用されていた。現業職・直接生産労働者としては中学卒業生が採用されていた。しかし60年代に入り高校進学率が高まるにつれて,高校卒業生が現業職として採用されるようになり,事務職・技術職として採用される高校卒業生は急速に減っていった。高校卒業生にとって現業職として採用されることは魅力のないものであった。そのことはまず内定を辞退するということからはじまった。採用された後も,高い離職率となって高卒者の不満が表明された(佐口 [2003])。

　現業職としての就職は,高校生にとって二重の意味で魅力がなかった。一つは,現業職という仕事それ自体である。これまで中学卒業生によっておこなわれてきた現業職は,高校卒業生にとっては魅力がなかった。

　現業職が魅力的でなかったもう一つの理由は,現業職としての経験をいくら積み重ねても,独立自営のリソースにはなりにくいということであった。団塊の世代までは,いったんは企業に就職をしても,いずれ独立したいという気持ちが強かった(この点については後述)。現業職としての就職はそうした希望に沿うものではなかった。

　工業高校に進学しても現業職が就職先だとすれば,工業高校を進んで選択する中学生は減少するであろう。そのことは,工業高校に進学する生徒の学力が低くなることを意味する。学力が低下した工業高校卒業生は,中小企業においても,基幹的な労働力とはみなされなくなり,単純な職務に配置されるようになる。そのことはさらに工業高校の魅力を低下させるという悪循環に陥る(筒井 [2006])。

10　初期高専生の意義

（1）　高専設立の経緯

　高専の創立にいたる経緯は，戦後教育改革によって6・3・3・4制が発足したことにはじまる。学校制度の切り替えにともなって，旧制の専門学校は新制の大学になるはずであった。しかし教員の数と質，設備などの関係でどうしても新制の大学になることができない専門学校が存在した。そうした専門学校を救済するために，文部省は，それらを2年または3年の「短期大学」という形で「当分の間」存続させることにした。

　他方，産業界は経済成長にともなって技術者が不足するのではないかと考え，政府にたいして高等学校と短期大学を結びつけた5年制の「専門大学」を新たに設けるよう働きかけた。文部省はその考えに沿って，1958年，いわゆる「専科大学」案を国会に提出した。「専科大学」は，高等学校卒業を入学資格とし，2年または3年の修業年限とされた。必要があるときは3年の前期課程を設け，5年または6年とすることもできる。さらに，「専科大学」の発足後は短期大学の新設を認めず，既設の短大は一定期間まで存続は許される，とされた。短大の恒久化を望んでいた私立短期大学協会は法案に猛反対し，結局，「専科大学」案は審議未了となった。文部省はその後も2回，国会にこの案を提出したが，短期大学側のロビー活動の前に挫折した。

　そこで文部省は，短期大学の改組とからめた「専科大学」構想を放棄し，短期大学とは別個に，産業界から強い要請のあった中堅技術者養成のための工業高等専門学校（高専）を新設することにした。高専は短期大学とは別の学校であるとされたので，短期大学側は高専の新設に反対しなかった。1961年，高専を新たに創立するという「学校教育法の一部改正法律案」が国会で成立した（国立高等専門学校協会［1992］15-17, 山脇［1977］42-47）。

　もともと「専科大学」案そのものが，短期大学の改組と技術者の短期養成という二つの課題を一挙に解決しようという一石二鳥を狙った便宜的な計画で

あった。高専設立案は，そうした便宜的な計画がつぶれたために大急ぎで用意されたご都合主義的なものであった。したがって高専には理念も理想もなかった。1962年に第1期生が入学した時，どこの高専にも校舎すらなかった。沼津高専では中学校の一部分を借りて仮校舎とした。

　高専に理念がなかったことは，「中堅技術者」について定義することができなかったことに端的に表れている。高専は「中堅技術者」の養成を目的として創設されたにもかかわらず，「中堅技術者」とは何か，定義することができなかった。私が高専に在籍している時，「中堅技術者」とは，上級技術者と下級技術者の中間にある中級技術者ではない，と何度も教えられた。しかしそれ以上の説明はなかった。文部省も高専も，「中堅技術者」について積極的な概念規定ができなかった。

　高専創立から19年後の1981年，国立高等専門学校協会の高専振興方策特別委員会は，「高専の振興方策」というタイトルの報告書を発表した。報告書は高専という学校制度の問題点を指摘するとともに，将来の構想を包括的に提示した。それによれば，高専は「実践的技術者」を養成する学校である。大学は「理論先行型の技術者」を養成するので，大学と高専は上下の関係にあるのではなく，機能分担の関係にある，とされた（国立高等専門学校協会［1992］150-151）。「中堅技術者」を定義できなかった高専は，ここにようやく，教育目標を明確にすることができた。そのことは逆に，それまで，高専は明確な教育目標を持っていなかったことを物語っている。

（2）　理想的な学校に見えた高専

　初期の高専生がそれ以後の高専生と異なっていることは，入学志願者倍率において端的に示されていた。全国平均で，高専創立の1962（昭和37）年の入学志願者倍率は17.5倍，翌63（昭和38）年は13.3倍と10倍を超える倍率であった。3年目の64（昭和39）年に8.7倍，65（昭和40）年6.7倍，66（昭和41）年4.5倍と下がり，1970年代からはほぼ3倍弱から2倍強で推移するようになった。初期の高専の人気は，明らかに異常であった。当然，入学者の学力は高かった。

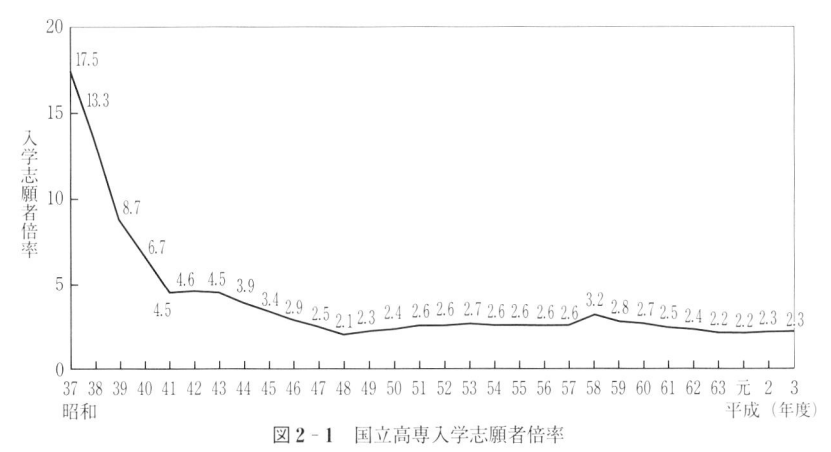

第 2 章　学歴社会は「昭和初期」に成立したのか

図 2 - 1　国立高専入学志願者倍率
出典：国立高等専門学校協会［1992］410。

　初期高専生の学力について沼津高専の教員たちが創立10周年を記念した座談会で，次のように語っている。

　「朝比奈　入学試験のとき，ぼくら採点した記憶があるでしょう。やっぱり一期二期三期あたりまでよかったね。とにかくもうこっちが感心するくらい，数学でも九十何点なんていうのがたくさん出たからね，ほんとに。
野中　あの当時，教えていると，秀才という人がいたんですね。感じで，ああこれは秀才だというのが」（沼津工業高等専門学校［1972］146）。

　初期高専における異常に高い入学志願者倍率は，高い学力を持っていた中学生とその親にとって，高専が理想的な学校のように思われたことの反映であった。理念も理想もなく創設された高専が理想的な学校のように思われたことは，皮肉以外の何物でもない。「秀才」たちにとって高専が理想的に見えたのは，教育的な理由および経済的な理由からであった。

　教育面で高専の専門教育は 4 年制大学工学部と同水準だと宣伝された。中学を卒業してから高専を卒業するまでは 5 年，大学工学部を卒業するまでは 7 年と，高専卒の修業年限は大学工学部よりも 2 年短い。しかし大学工学部卒の場合は，普通高校の一般教育科目，大学での一般教育科目を履修しなければならない。高専においては一般教育科目の時間は少ない。そのため専門科目につい

ては，高専は大学工学部卒と同等あるいはそれ以上の時間数を学ぶことになる。

初期高専卒業生の専門的学力が大学工学部卒と同じであったことは間違いない。トヨタ自工に就職した沼津高専のある卒業生は，次のように報告している。

「これはその当時の担当者から直接聞いた話ですが，（昭和──野村）43年初めて高専卒を採用した際大卒と同じ試験問題で試験したところ旧帝大に次ぐ成績の卒業生もいて，金の山を発見したように感じたそうです。もっとも私のような5期生ともなると大分レベルダウンしていますが。このレベルダウンにより当然会社の高専卒に対する評価は変化しているはずです」（「トヨタ自動車工業における高専卒業生」沼津高専『同窓会誌』1974年，12）。

専門教育水準において大学工学部卒とほぼ同水準であるとされたにもかかわらず，修業年限が大学工学部卒よりも2年短いことによって，親が高専生にかける教育費は，大幅に低く抑えることができた。それだけではなく，当初，高専生は全員が寮に入ると宣伝されていた。実際には寮の建設が遅れたことによって，さらに寮の収容能力が小さかったことによって，全員が寮に入ることはできなかった。それでも，自宅から通学できない遠隔地からの学生はほぼ全員が寮に入った。1963年に私が2期生として入学・入寮した時，寄宿料は月100円，寮費（食費など）月3,900円，計4,000円であった（沼津工業高等専門学校［1972］88）。私の日本育英会特別奨学金は月額4,500円だったので，奨学金で寮の費用を賄うことができた。

大学卒業に比べて大幅に安い教育費で大学卒と同水準の専門的学力が身につく。これが高専設立当初，学力の高い中学生とその親にとって高専が理想的な学校に見えた理由であった。

中学生やその親にとって高専が理想的な学校と見えるためには二つの条件が必要である。一つは，受験生の家庭が経済的に余裕がないということである。経済的に余裕があれば，高専教育が安上がりだということは格別の魅力にはならない。高専関係者は，高専生の家庭が貧しいことをよく知っていた。授業料を据え置くように要望した国立高等専門学校協会の1971年12月24日付けの「要望書」は，要望の理由として次のように記していた。

「国立高等専門学校においては，在学生はもとより，これから入学を希望する者の保護者の大部分は，いわゆる中流以下の低所得者層で占められており，これは人材発掘の意味あいからも，いささか教育の機会均等の一端を担っているという現実があります」(国立高等専門学校協会 [1992] 192)。

もう一つの条件は，受験生が学歴社会の価値観を持っていないことである。初期高専生は中学時代，学校でトップクラスの成績をとっていた。もし彼らが学歴社会の価値観を身につけていたならば，何としてでも普通高校から「いい大学」に進学しようとしたであろう。経済的に大学への進学がどうしてもできない場合は，高専に暗い気持ちで入学したであろう。しかし沼津高専で私が実際に知っている1期生と2期生は皆，誇りを持って喜んで高専に入学していた。ある1期生は入学式の日に，「今朝はなんとすがすがしく，気持ちが良いのだろう。まわりにあるものすべてが僕を祝福してくれている様でならない」(「入学式の日に」『沼津高専新聞』第5号，1967年3月20日)と書いた。もちろん，初期高専生の中には，高専に不本意入学した者もいたであろう。しかし，私を含め，圧倒的多数は，喜んで入学していた。

(3) 初期高専生と学歴主義

1960年代前半，初期の高専が異常な志願者倍率を示し，高い学力の学生を集めることができたのは，学歴社会がまだ確立していなかった時期であったからである。初期高専生は喜んで高専に入学した。しかし初期高専生は，学歴主義との関連においては，二重の意味で不幸であった。

一つは，初期高専生のほとんどが大会社に就職したことである。「創設初期は特に大企業からの求人が殺到し殆んどの卒業生は家庭事情を無視して遠隔地の企業に就職を希望，学校は学生の申し出のま〻に推薦手続きをとった」(国立高等専門学校協会 [1992] 59-60)。

初期高専生が就職した大会社は1920年代には学歴・学校歴による身分的人事管理を確立していた (野村 [2007])。大会社が高専卒業生を採用するならば，学歴・学校歴による身分的人事管理にもとづいて，職務遂行能力が大卒と同等

表 2-3 職務能力が大卒同等の場合の高専卒の業務と給与

企業規模別	5千万未満	1億円未満	10億未満	50億未満	100億未満	100億以上	官公庁	計
業務給与とも大卒同様	17	9	27	7	5	0	2	67
業務は大卒同等給与は大卒以下	27	20	64	36	19	28	17	211
業務も給与も大卒以下	5	1	15	3	1	3	0	28
不詳（記入なし）	4	0	3	13	2	7	5	34
計	53	30	109	59	27	38	24	340

出典：国立高等専門学校協会 [1992] 61。

の高専卒であっても，大卒と同等の処遇を与えないであろう。事実，国立高専協会のアンケート調査（調査時点は1979年と思われる）によれば，大会社や官庁のほとんどは，職務能力が大卒と同等の高専卒にたいして「業務は大卒同等，給与は大卒以下」の待遇を与えると回答している（表2-3，また，日本労働研究機構 [1998] 第4章も参照）。

　もう一つは，初期高専生が高専を卒業した1960年代後半から70年代初めにかけて，学歴社会が急速に確立したことである。学歴社会が確立すれば，大卒よりも修業年限の短い高専卒という学歴は，高い学力を持った初期高専生にとって，悔いの残るものとなる。1971年におこなわれた初期高専生（第1期生から第5期生までが対象）に対するアンケート調査によれば，高専を卒業したことについて，「高専を卒業してよかった」と答えた者は26.4％にすぎなかった。それにたいして，「大学を出ればよかった」と後悔を示した者は55.1％と，過半数を占めた（図2-2）。

　「大学を出ればよかった」と回答した卒業生に，なぜそのように思うのか理由を尋ねると，「学歴主義，年功序列制度が存在するから」54.3％，「仕事や実力は大卒と同じでも賃金差があるから」32.5％と，会社における学歴主義への憤懣が大きな理由となっている。しかし，それだけではない。「もっと幅広い教養を身につけたかったから」53.5％，「もっと深く勉強したかったから」39.8％，「高専のつめ込み教育に反対だから」25.4％と，高専教育の根幹にかかわる批判も強かった（表2-4）。

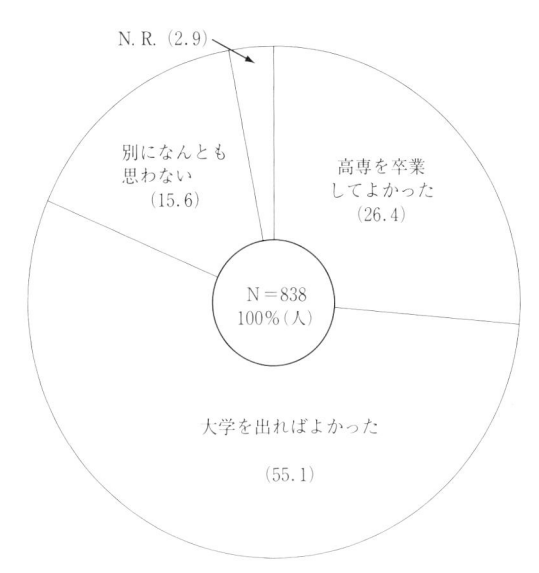

第2章 学歴社会は「昭和初期」に成立したのか

N.R. (2.9)
別になんとも思わない (15.6)
高専を卒業してよかった (26.4)
N=838 100%(人)
大学を出ればよかった (55.1)

図2-2 高専卒業の評価
出典：葉柳［1973］97。

表2-4 高専卒業生が大学に行きたかった理由
（三つ以内選択）

理　　由	(N=462人)(%)
イ　学歴主義，年功序列制度が存在するから	54.3
ロ　もっと幅広い教養を身につけたかったから	53.5
ハ　仕事や実力は大卒と同じでも賃金差があるから	32.5
ニ　もっと深く勉強したかったから	39.8
ホ　高専卒の将来に不安があるから	21.9
ヘ　高専のつめ込み教育に反対だから	25.4
ト　そ　の　他	6.7

出典：葉柳［1973］98。

(4) 団塊世代としての初期高専生

1期生から3期生までの初期高専生は，団塊の世代であった。そうだとすれば，高い学力を持ちながらも，有名大学→有名会社・官庁への就職→会社・官庁での出世，という道をもとめなかった初期高専生の考えは，団塊世代の考えでもあったはずである。

103

すでにのべたように、団塊世代が高校生時代、職業高校は学力のある生徒を集めることができていた。地域における威信も高かった。たしかに1960年代になると、職業高校の地位が揺らぎ始めた。しかし、大学に進学しなくてもかまわない、手に職をつけて、会社勤めであれ独立開業であれ、堅実な職業生活を送りたいと考えていた中学生も多かった。

そうした中学生の中で学力が学校でトップクラスの者は、学歴社会の成立が迫る中で、工業高校では物足りないと感じるようになっていた。そういう中学生が高専を受験し、入学した。

学力の高い生徒の多くは、進学高校に入学した。注目すべきは、進学高校に入学した生徒でも、かなりの生徒が学歴主義を内面化していなかったことである。そのことを示す調査結果がある。

1966年12月に全日制高等学校に在籍する7200余名の３年生男子にたいして「高校教育と職業選択との関係に関する調査」という質問紙調査が日本とアメリカの研究者によっておこなわれた。この調査は、Bowman, M. J. (with the collaboration of Hideo Ikeda and Yasumasa Tomoda) [1981] *Educational Choice and Labor Markets in Japan* として公刊された。Bowman の共同研究者であった池田秀男は、この調査をもとに、池田 [1969]「教育アスピレーションと職業経歴の見通しに関する調査研究」を発表している。

1966年12月に高校３年生であるということは、1948年４月から1949年３月までに生まれたことになる。私より１学年下の団塊世代である。繰り返すが、調査対象は男子生徒のみである。表２-５は、父親の職業と本人が在学している学科課程種類別に、将来の希望就業類型をまとめている。表における学科課程種類としては、普通科（General）A、普通科Ｂ、農業科（Agriculture）、商業科（Commerce）、工業科（Technical）の５区分となっている。普通科Ａは就職志向課程、普通科Ｂは進学志向課程を意味する。

父親が非農業の自営業および家族企業主（Nonfarm Independent and Family Enterprise）で本人が職業課程に在籍している場合、予想通り、将来の就業類型として自営業を望む者が多い。商業科で63.2％、工業科で47.8％である。農業

第2章 学歴社会は「昭和初期」に成立したのか

表2-5　父職業・在学学科課程別の希望就業類型

	General B	General A	Agriculture	Commerce	Technical
Sons of Wage and Salaried Men					
Number of case	620	82	58	336	987
Preferred employment status					
Independent (ME)	34.8	23.2	31.0	36.9	34.0
Government (GOV)	17.6	26.8	29.3	11.9	10.2
Big private (BIG)	37.4	18.3	15.5	27.7	26.2
Small private (SMALL)	8.2	31.7	24.1	22.9	27.9
Other, nonresponse	1.9	⋯	⋯	.6	1.6
Total	99.9	100.0	99.9	100.0	99.9
Sons of Men in Nonfarm Independent and Family Enterprise					
Number of case	300	49	26	242	389
Preferred employment status					
Independent (ME)	55.3	49.0	34.6	63.2	47.8
Government (GOV)	10.0	20.4	26.9	4.6	6.7
Big private (BIG)	25.0	10.2	23.1	15.7	22.6
Small private (SMALL)	8.3	20.4	11.5	15.3	21.1
Other, nonresponse	1.3	⋯	3.9	1.2	1.8
Total	99.9	100.0	100.0	100.0	100.0

出典：Bowman [1981] 209.

科で自営業を望む，ということは農家の跡取りとなることを望むということであるが，34.6％と多くない。これは1960年代における農業の急速な衰退を反映している。父親がブルーカラーやホワイトカラー（Wage and Salaried Men）として会社に勤めている場合でも，自営業を希望する者は商業科で36.9％，工業科で34.0％と，相当な数の生徒が自営業を望んでいる。

　学歴主義との関連で注目すべきは，普通科B（進学志向課程）の生徒の就業希望である。父親が非農業の自営業および家族企業主の場合，55.3％もの割合で自営業を望んでいる。父親が会社に勤めている場合でも，自営業を希望する者は34.8％と，商業科や工業科の生徒と同じ割合である。普通科Bの生徒全体としては，41.5％が自営業を希望している。進学志向課程の普通科Bの生徒は，学歴主義をもっとも内面化している生徒たちであると考えられている。学歴主

義の内容として，高い学力の生徒が，有名大学→有名会社・官庁への就職→会社内・官庁内での出世，というルートを望むと想定されている。しかし団塊の世代はそうしたルートを望むものだけではなく，4割強もの進学志向課程の普通科生徒が独立自営を望んでいる。団塊世代においては，学歴主義を内面化していない者がかなりの数いたのである。初期高専生はこうした生徒たちと職業観を共有していた。違いは，初期高専生たちが中学を卒業する段階で大学に進学しない意思を表明した点にあった。

11　初期高専生と通俗道徳

　高い学力があるにもかかわらず高い学歴・学校歴を求めようとしなかった初期高専生は，思想史的に見れば，「通俗道徳」が日本民衆のモラルであった時代の産物であった。通俗道徳は，徳目としては勤勉，倹約，謙譲，孝行，忍従，正直，献身，敬虔などを強調し，具体的規範としては早起きや粗食などのような日常的実践を要求するものであった。通俗道徳は17世紀末・18世紀初頭に三都とその周辺にはじまり，近世後期に全国的な規模で展開し，明治20年代以降に最底辺の民衆までまきこんだ（安丸［2013］2-11）。

　通俗道徳論を提唱した安丸良夫は，通俗道徳と学歴主義との関連については発言していない。通俗道徳が学歴主義にどのような影響を与えるのかは，階層によって異なるであろう。農業や商業において経済的に余裕のある名望家層は，跡取りの長男には中等教育を，それ以外の子供については中等教育または高等教育とするであろう。しかし経済的に余裕のない社会層においては，通俗道徳は高い学歴を求める欲求を抑える役割を果たすであろう。

　初期高専生の多くは経済的に余裕のない家庭出身であった。彼らは親から通俗道徳を教え込まれたり，あるいは通俗道徳を実践している親を間近に見ていた。彼らが中学から進学先を決定するときに，できるだけ早く自分の生活は自分で成り立たせなければならないという通俗道徳的な判断が働いたことは間違いない。

安丸は，通俗道徳の衰退について，重要な指摘をしている。通俗道徳は「やはり歴史的な形成物であり，形成・持続・崩壊の歴史をたどるはずのものである。そしてどうやら現在の私たちは，その崩壊過程のかなり重要な局面を生きているようだ。「通俗道徳」はおそらく1960年ごろを画期として，生産様式としての小生産・小経営の崩壊と経済成長のもとでの消費社会化，また戦後民主主義のもとでの欲求追求の自由によって，そうした方向へすすんでいるのであろう」(安丸 [2013] 314)。

　通俗道徳は，自営業と親和的である。したがって安丸の指摘するように，自営業の衰退は通俗道徳の衰弱につながっていく。

　経済成長について安丸は消費社会化の側面から通俗道徳の衰弱を指摘している。しかし，学歴主義との関連では，経済成長は二つの面で学歴主義を促進した。

　一つは，高度成長が所得水準の全般的な向上に寄与したことである。通俗道徳を身につけた子供は，経済的にもなるべく早く自立しようとする。しかし所得水準が向上することによって，早期の経済的自立への義務感が弱まるであろう。そうなると，学力の高い生徒は高等教育への道を選択することになる。

　もう一つは，経済成長にともなって，産業が高度化していく。産業の高度化は「学問」の重要性を高める。

　日本社会は，一方における学校での「学問」と，他方における職業につきながら身につける「腕」，あるいは実際の中から会得する「コツ」とは別物であると考えてきた。たとえば，親が「大工の息子に学問はいらねえ」と言う場合，「学問」は学校教育を意味し，大工の腕は学校教育とは無関係であるという考えを表明していた。産業の高度化は，学問がモノをいう領域を広め，腕やコツが幅を利かす領域を狭める。もちろん腕やコツの世界が消滅するわけではない。しかし，社会は，腕やコツよりも学問を高く評価する価値観を強める。通俗道徳は腕やコツの世界に親和的であり，産業の高度化とともに通俗道徳も弱まっていく。

　こうして産業の高度化とともに，学力の高い生徒は，高等教育を志向するよ

うになる。

12　小　括

　天野編［1991］は，丹波篠山にかんする実証的なモノグラフである。その主たる事実発見は，男性については，「昭和初期」に社会階層を問わず学歴意識が成立した，というものであった。著者たちは，「昭和初期」における学歴社会の成立を当然のものと考えた。しかし，「昭和初期」という早い時期に学歴社会が成立したことを当然視すべきではなかった。日本社会全体としては，学歴社会は，1960年代後半に成立した。団塊世代の中学生高校生時代は，学歴社会が成立する直前の時代であった。本章はそのことを主として初期高専生としての私の体験から主張した。

　私の体験が私一人にとどまるものでないことは，初期高専生の存在によって裏づけられている。初期高専生は中学校でトップクラスの試験成績を示しながら，大学に進学する道を選ばず，高専に進学した。彼らは学歴主義を内面化していなかった。学歴主義を内面化していたならば，彼らは何としてでも大学に進学しようとしたであろうし，家庭の経済的理由から大学に進学できない場合は，不本意入学として暗い気持で高専に入学したであろう。しかし彼らは，不本意入学ではなかった。誇りをもって高専に喜んで入学した。こうした初期高専生の存在と，さらに1960年代前半まで，工業高校や商業高校などの職業高校が優秀な生徒を確保できていたことを考えあわせるならば，学歴社会は1960年代半ばころまで成立していなかった，といわなければならない。

　天野編［1991］の編者である天野郁夫は，高専の現状と問題点を簡潔に指摘したことがある（天野［1991］第7章「高専を考える」）。天野は，高専というマイナーな学校制度を正確に把握していた。天野は初期高専生がそれ以後の高専生とかなり異なっていたことを知っていたはずである。

　すでに引用したように，天野は，天野編［1991］において，天野編［1991］全体の主張を否定して，「学歴主義や学歴社会という用語を使って説明されね

ばならない現象——私たちが学歴主義の制度化とよんできた現象が，1960年代以降急激に進行し，研究者の関心を強くひきつけるようになった」（天野編[1991] 15）と記していた。この主張と初期高専生の存在とを結びつけていたならば，丹波篠山における「昭和初期」という早い時期の学歴社会成立を当然視することはなかったであろう。

第3章
学歴主義の局地的成立（男性）と
特定的成立（女性）

1 男女別の学歴主義

　近代日本の学校制度は，1872（明治5）年の「学制」頒布からはじまった。初等教育，中等教育，高等教育のそれぞれにおいて試行錯誤をへて，1899（明治32）年の「改正中学校令」・「実業学校令」・「高等女学校令」の発布で，戦前期における学校制度について一応の完成をみた。アジア太平洋戦争で日本が敗北した後，学校制度はドラスティックに改革された。

　学校制度は雇用慣行と密接に結びついてきた。戦前の大会社に存在した会社身分制は，採用時の学歴がほぼ身分を決めるという点において，学校制度と直結していた（野村[2007]）。戦後においても，定期採用が学歴別におこなわれ，学歴別の昇進管理がなされている。また，大会社に限定することなく，専門職においては，学歴と職業が直接・間接に関連している。

　しかしもちろん，「学制」頒布からただちに学校制度と労働市場とが密接に結びついたわけではない。教育社会学における歴史研究は，1887年の「文官試験試補及見習規則」(明治20年7月25日勅令第37号) およびそれを手直しした1893年の「文官任用令」(明治26年勅令第183号) によって，学歴と高等官という高い威信の職業とが結びつくようになり，学歴主義が成立する画期となった，と指摘してきた。

　本章は，次の点を主張する。「文官試験試補及見習規則」と「文官任用令」は学歴主義の端緒を意味した。学歴主義の本格的成立は第一次大戦期から1920

年代である。学歴主義の内容は，男女別学が原則で，かつ女子の学校が制度的にも学力的にも男子の学校よりも明白に劣っているという条件下で，男子と女子とでは大きく異なっていた。

まずはじめに，「文官試験試補及見習規則」の内容と，それと学校制度との関連を検討しよう。

なお，「文官試験試補及見習規則」と「文官任用令」が発布された時期の学校制度は，制度が形をととのえはじめたころで，かなり複雑である。この頃の学校制度については，補論2で説明する。

2 「文官試験試補及見習規則」とその背景

(1) 官吏任用基準の不在

1868年1月3日（慶應3年12月9日），新政府は王政復古の大号令によって徳川政権を廃止し，統治権を一元化した。新政府は行政機構を担う役人を必要とした。しかし，役人の任用について基準がなかった。基準がなかったため，任用は情実にもとづいておこなわれた。土佐派の重鎮で時の農商務相の谷干城は1887（明治20）年，政府に「意見書」を提出し，恣意的な官吏任用を厳しく批判した。

「行政の弊は官吏の過多なるに在り是亦責任なきの致す所に因るもの多しと雖も先に所謂情実の弊より来るもの最大なりとす蓋方今行政の状たる必要の事業あるか為に官を設け官を設けたるか為に人を用ゐるにあらず却つて人の為に官を設け官の為に事業を設くるの風あり大本の転倒する亦甚しと謂ふ可し是故に有功者を賞するに官を以てし旧友を憐むに官を以てし私徳に報するに官を以てし朋党を造るに官を以てし遊楽を求むるに官を以てし甚しきに至りては在野有志者の口を鉗制するに亦官を以てするものあり官途官仕を見ること恰も私物の如く国家の租税を見ること私財の如く官吏の増加する事日々益々多くして無要の官吏終日不要不急の事務に従事し徒に繁雑の弊を増し却つて要務を遅滞する事月に愈々甚し」（島内［1912］109）。

こうした際限なき官吏の増大は，国家財政を圧迫した。官吏の数がピークに達した1885（明治18）年には，国家予算の28％が俸給費であった（清水［2007］53）。さらに，官吏の情実による任用は，行政の，ひいては支配の正当性を危機におとしいれるものであった。行政の正当性や政府財政の健全化のためにも，官吏の任用方法を刷新することが，政府の重要課題の一つとなった。

　政府は，1882（明治15）年3月から翌年8月まで，官吏の任用方法を含めた憲法調査をおこなうため，参議伊藤博文をヨーロッパに派遣した。ウィーン大学のシュタイン（Lorenz von Stein）は伊藤に，官吏には政治的高官と専門官吏があり，政治的高官は君主によって自由に任命されるが，専門官吏は教育と試験によって任用される，と説いた（清水［2007］20-21）。シュタインの考えは伊藤によって，「文官試験試補及見習規則」（明治20年7月25日勅令第37号）として具体化された。

（2）「文官試験試補及見習規則」の内容

　明治維新以後，官吏の身分は勅任官，奏任官，判任官に区分された。勅任官と奏任官は高等官であった。「文官試験試補及見習規則」は，シュタインの考えに沿って，勅任官については自由任用とし，「文官」の奏任官と判任官は試験または学歴・学校歴によって任用される，とした。その主要な内容は次のようなものであった。

　① 文官のうち，高等官の実務を練習する者が「試補」，判任官の事務を練習する者が「見習」である。高等官になるには「試補」を，判任官になるには「見習」を経過しなければならない。

　② 「試補」に任用されるためには，筆記試験と口述試験とからなる高等試験に合格しなければならない。高等試験の受験資格は，次のとおりである。

　　一　丁年（満20歳）以上の男子
　　一　外国の大学校の卒業生
　　一　文部大臣の認可を得た学則により法律学・政治学または理財学を教える私立学校の卒業生

一　高等中学校および東京商業学校の卒業生
　一　5年以上奏任官を勤めた者
　③　「帝国大学」（この時点では固有名詞）の法科大学と文科大学の卒業生は高等試験を受験しなくても「試補」に任用され得る。
　④　「見習」に任用されるためには筆記試験と口述試験とからなる普通試験に合格しなければならない。
　⑤　官立府県立中学校，「帝国大学」の監督を受ける私立法学校および司法省旧法学校の卒業生は，普通試験を受験しなくても「見習」に任用され得る。

　以上のように「文官試験試補及見習規則」は，奏任官や判任官への任用について，試験による任用と，無試験任用とを併用していた。無試験任用はもちろん特権であり，その特権を与えられたのは，「試補」については「帝国大学」法科大学と文科大学の卒業生であった。「見習」について無試験任用の特権をあたえられたのは「官立府県立中学校又ハ之ト同等ナル官立府県立学校及帝国大学ノ監督ヲ受クル私立法学校又ハ司法省旧法学校ノ卒業証書ヲ有スル者」であった。特定の学歴・学校歴が無試験任用の特権と結びついていた。

　判任官「見習」への無試験任用の特権を与えられた「帝国大学ノ監督ヲ受クル私立法学校」は，1888（明治21）年の「特別認可学校規則」によって次のように規定された。

　修業年限は3年以上。法理学・法学通論・憲法・行政法・民法・訴訟法・刑法・治罪法・商法・国際法・財政学・理財学・統計学・史学・論理学等の中から7科目以上を学習する課程を設ける。(第2条)

　入学資格は満17歳以上で尋常中学校卒業証書を有する者。(第3条)

　校長は入学を許可した生徒の族籍・姓名・年齢・試験答書・評点を文部省に申報する。(第6条)

　校長は学年試験をおこない，その科目・日限・時間割・試験成績を文部省に申報する。(第7条)

　文部大臣は委員をして特別認可学校の試験に臨席せしめ管理授業等の実況を視察せしむ。(第9条)

文部大臣は特別認可学校の管理及び授業の改良を要すると思慮するときはその改正を命ずる。(第10条)

このように特別認可学校は入学から卒業にいたるまで文部省の厳しい監督下にあり、私立学校としての自由度はいちじるしく制約された。こうした条件を受け入れて特別認可学校となったのは、以下の学校であった。

独逸学協会学校専修科（現・獨協大学）

英吉利法律学校（現・中央大学）

東京仏学校法律科（現・法政大学）

東京専門学校法律学科（現・早稲田大学）

明治法律学校（現・明治大学）

専修学校（現・専修大学）

東京法学校（現・法政大学）

(3) 「帝国大学」卒業生の無試験任用

後に首相となった若槻禮次郎は、1892（明治25）年7月、26歳で「帝国大学」法科大学を卒業し、大蔵省に入省した。「文官試験試補及見習規則」の時代で、「帝国大学」法科大学の卒業生は無試験で「試補」に任用されることができた。無試験任用がどのようにおこなわれたのか、若槻の回顧録を引用しよう。

「大学を出ると、私は農商務省に入りたいと思った。それは同郷の先輩であり、先生である梅謙次郎博士が、農商務省の役人を兼任していたので、その縁故もあったが、農商務省はよく人を入れるし、そこへ入った先輩たちの昇進が、他の役所よりも早いということが、われわれ卒業生の単純な頭を支配していた。私の養父は松江の塾で、梅博士の先輩であった関係もあり、博士は親切に世話してくれたのだが、農商務大臣の金子堅太郎さんが採用をきめておって、余地がないということであった。それで梅博士は、それでは内務省がよかろう、知合いの局長に話しておいたからということで、待っていたが一向に運ばない。そのうちにだんだん時がたって、逓信省で人が要るそうだという話を聞いた。それで逓信大臣の秘書官をしている藤田四郎という、後に勅撰議員になった人

に頼んだが，これももう一ぱいだという。これでどこへ出るという目当てもなく，ぐずぐずしておった。(中略)司法省ならばいつでも行ける。しかし今日と違って，そのころの司法官は報酬がずっと少なかった。だから希望すれば採用されるのだが，成績の良い者は行政官になり，クラスの中以下の者でなければ司法省へ行かないという風であった。(中略)

　その時の大蔵大臣は，卒業生の採用などということは，一切田尻次官（稲次郎）に任せておった。田尻という人は，自分の好き嫌いなどいわない人で，他人がいいといえば，そんならそうしようという，恬淡な人であった。それで最近に学校を出た者の方が，新しい卒業生のことを一番よく知っている。水町のように，前年相当の成績で卒業した者が，これがいいと見込んだら，それがいいというわけで，先輩の水町君が進言してくれたのであった。それで水町君から，君が大蔵省を希望するといえば採用される。それについては，富井教授（政章）に言ってもらった方がいいから，行って頼めということで，私は富井さんに頼んだ。富井さんが田尻さんに話してくれたんだろうが，話の決まったのを，私は知らないでいた。

　大学の卒業式がすむと，小石川の植物園で，教授や卒業生が集まって，祝宴というほどでもないが，食事をする会がある。卒業生は学士になるので，その時に勧めて学士会に入らせる。ちょうどそんな事をしていた際に，大蔵大臣の秘書官をしていた添田寿一君が来ていて，若槻はどれかと言って，私を捜していた。添田も私も，前に会ったことがないので，互いに知らん。その時逢って，添田から，「あんたを大蔵省で採用することにしたから，明日おいでなさい」と言われた。私の大蔵省入りは，こんな風に誠にあっさりしたものであった」
（若槻［1983］51-53）。

　若槻が大蔵省に「誠にあっさり」と入省できたのは，「帝国大学」法科大学を首席で卒業したからであった。若槻の回顧録からわかるように，「帝国大学」法科大学の教官は奏任官任用に影響力を持っていた。

3 「文官任用令」

(1) 「文官試験試補及見習規則」の破綻

「文官試験試補及見習規則」の試験制度は，わずか数年で破綻した。「試補」のほとんどが無試験の「帝国大学」卒業生によって占められ，試験制度が空洞化したからである。表3-1は，1888年から91年までの4年間について「帝国大学」法科大学卒業生と高等試験受験者について，受験者数と任用者数をまとめたものである。表から次の点が判明する。

① 行政官への任用は1888年から3年間で「帝国大学」法科大学卒業生が合計で70名，高等試験に合格して任用された者は合計で9名であった。無試験任用の「帝国大学」法科大学卒業生が圧倒的に多かった。

② 司法官への任用は1888年から3年間で「帝国大学」法科大学卒業生が合計で74名，高等試験に合格して任用された者は合計で64名であった。高等試験に合格して任用されたものが「帝国大学」法科大学卒業生で無試験任用されたものと拮抗していた。しかしながら，行政官にくらべて司法官の待遇は低かった。「帝国大学」法科大学卒業生は，すでに引用した若槻禮次郎の回顧録にあったように，待遇のよい行政官を希望していた。私立学校卒業生は高等試験を受験して，「帝国大学」法科大学卒業生が喜んでは行かない司法官になった。なお，絶対数では高等試験合格者が健闘していたとはいえ，高等試験の競争倍率は高かった。司法官志望の高等試験受験生は3年間で617名であり，合格して実際に任用された者は，受験者のほぼ1割であった。

行政官試補のほとんどが無試験任用の「帝国大学」卒業生によって占められたことは，高等試験が無意味になったことを意味した。そのため政府は，高等試験を正式に廃止するか，それとも「帝国大学」卒業生の無試験任用をやめるか，という選択を迫られた。結局，政府は，司法官の任用については「帝国大学」卒業生の特権をそのまま継続し，行政官の任用については「帝国大学」卒業生への無試験任用という特権を廃止することにした。

表3-1 試補任用（1888-91年）

			1888	1889	1890	1891
高等試験	行政官志望者	受験人	17	38	97	試験なし
		任用	0	4	5	0
	司法官志望者	受験人	19	120	478	340
		任用	9	13	42	20
帝国大学法科大学卒業生	卒業者数		59	39	82	43
	任用	行政官	11	15	44	18
		司法官	37	13	24	18

注：1890年の法科大学卒業生数は、Spaulding [1967] Table 7 では83名となっているが、その出典である『法学協会雑誌』9巻8号（1891年）90頁には82名と記されているので、82名に訂正した。
出典：Spaulding [1967] 90から作成。

　司法官（判事と検事で、いずれも勅任官または奏任官）の任用については、1890年「裁判所構成法」（明治23年法律第六号）によって、行政官とは異なる扱いを受けるようになった。すなわち、第五十七条は、「判事又ハ検事ニ任セラルルニハ第六十五条ニ掲ケタル場合ヲ除キ二回ノ競争試験ヲ経ルコトヲ要ス」とされた。「二回ノ競争試験」とされているが、第2回目の試験は「試補」として実務を経験を積んでいる者に対しておこなわれ、「受験者ノ実務ニ習熟シタルヤ否ヲ試験スルヲ以テ主タル目的トシ」ておこなわれるものであり、第1回目の試験が「試補」になるための重要な試験であった。そして第六十五条は、「帝国大学法科卒業生ハ第一回試験ヲ経スシテ試補ヲ命セラルルコトヲ得」とし、「帝国大学」法科卒業生に無試験で「試補」に任用されうるという特権を与えていた。そして翌1891（明治24）年、「判事検事登用試験規則」（司法省令第三号）によって、試験制度が具体的に規定された。「裁判所構成法」と「判事検事登用試験規則」は、次に説明する「文官任用令」とは関係なくそのまま存続した。

（2）「文官任用令」の内容

　「文官任用令」（明治26年勅令第183号）は、「帝国大学」卒業生への無試験任用という特権を廃止した。その内容は次のようであった。

① 奏任文官は文官高等試験に合格した者の中から任用する。
② 判任文官は文官普通試験または文官高等試験に合格した者または官立公立尋常中学校の卒業生の中から任用する。
③ 満5年以上にわたって雇員として同一官庁に勤続した者は，文官普通試験委員の詮衡によってその官庁の判任文官に任用されることができる。

　この文官任用令によって「帝国大学」卒業生に対する無試験任用の特権はなくなった。しかし「帝国大学」卒業生の特権が完全になくなったわけではない。高等文官試験は，「文官試験規則」（明治26年勅令第197号）によって，予備試験と本試験とからなるとされていた。予備試験に合格した者だけが本試験を受けることができた。「帝国大学」法科大学卒業生は予備試験を免除された。

　また，官立公立尋常中学校の卒業生は，普通試験を受けることなく判任官に任用され得た。

4　「文官試験試補及見習規則」と「文官任用令」の意義

（1）　天野郁夫による「文官試験試補及見習規則」の意義づけ

　「文官試験試補及見習規則」および「文官任用令」は，その後の官吏の任用方法を決定したものであり，政治史や行政史の分野ではつとに言及されてきた。情実による任用の排除，専門官僚の誕生，政党による猟官運動の排除において，この二つの法律は政治史や行政史において重要な意義を持っていた。

　天野郁夫は，「文官試験試補及見習規則」と「文官任用令」はそうした政治的・行政的な意義にとどまらず，広く社会的な影響を及ぼした，と次のように指摘した。

　「明治10年代末までのわが国の学校制度は，ひとつのシステムを形づくるに至っていなかった。学校制度のシステムは法律のうえでは存在したが，実際には必要に応じてさまざまなタイプや水準の学校が，たがいに有機的なつながりもなく設けられているだけであった。進学のさいに，一定の学歴が資格要件とされることすら，そこにはなかったのである。森（有礼文部大臣──野村）が

とったのは，そうした混沌状態にピリオドをうち，システムとしての学校制度を実際につくりあげるための，一連の政策である。それは見事に成功し，尋常小学校—高等小学校—尋常中学校—高等中学校—帝国大学という進学のルートが，誰の目にもそれとわかる形で制度化された。そしてその進学のルートを上昇していくためには，学歴が欠くことのできないビザであることが明らかにされた。

　伊藤（博文首相——野村）の官僚任用制度は，そのシステム化された学校制度を前提につくりあげられた。森によって確立された進学ルートにのり，そこで学歴を手に入れた卒業者を，学歴に応じた選抜のしかたで官僚機構のなかに吸いあげる。官僚の試験制度はその人材吸収のパイプにとりつけられた調整弁とでもいうべきものであった。

　こうして明治20年代になると，わが国の社会の中に，社会的な上昇移動＝立身出世のルートが，はっきりした形をとって姿をあらわすことになった。その頂点をしめたのは高級官僚である。高い社会的な威信と権力と経済的な報酬とを一身にあつめた，このエリートの座を手に入れるためのビザは，帝国大学法科大学の「卒業証書」である。そのビザを手に入れるためには，きびしい競争にたえ，くり返し行なわれる選抜試験にたえながら，学校教育の階梯を一歩一歩，昇りつめていかなければならない。

　帝国大学を頂点とする学校教育システムの確立と，官僚任用試験制度の成立は，こうして，立身出世への強い野心をもった若者たちに，めざすべき明確な目標を与え，その目標の達成にむけてかれらを駆りたて，少なくとも，近代セクターの内部に学歴主義的な秩序をつくり出すうえで，決定的な役割をはたした」（天野［1983］185-187）。

　天野は「学歴主義」を，「一般に，「教育資格」としての学歴が職業的選抜の手段として使われる，いいかえれば学歴が「職業資格」化し，あるいはその代理として使われる」状態と定義している（天野［1983］183）。つまり天野によれば，「文官試験試補及見習規則」および「文官任用令」によって学歴と職業とが結びつくようになった。これらの法律は，「少なくとも，近代セクターの内

部に学歴主義的な秩序をつくり出すうえで，決定的な役割をはたした」，というのである。

（2） 天野説の問題点

天野説は，「文官試験試補及見習規則」が「帝国大学」卒業を高等官というきわめて高い地位と高い報酬に結びつけたことを指摘し，男性の学歴主義の起点となったことを指摘した点において，重要かつ的確な主張であった。しかし，天野説には，いくつかの問題もある。

第一に，天野は男子の学校と職業との関連のみを論じ，女子の学校と職業との関係を検討していない。しかも，天野は男子の学校と職業との関連のみを論じているにもかかわらず，そのことを明記していない。

男女別学が原則であった当時，中等教育以上については男女の学校制度が分離されていた。天野が書いている「尋常小学校―高等小学校―尋常中学校―高等中学校―帝国大学という進学のルート」は，男子の進学ルートであった。女子の学校は，尋常小学校と高等小学校という初等教育機関はそれなりに整備されていたものの，中等教育学校としては，法的規定のない高等女学校と府県立の師範学校女子部しかなかった。高等教育学校については，教員を養成する官立の「女子高等師範学校」（固有名詞）のみであった。そのほかには，法的規定がない「専門学校」や「各種学校」があっただけである。しかし，いかに女子の学校制度が貧弱であったとしても，男子について学校と職業との関係を問うた以上，女子についても学校と職業との関係を問うべきであった。女子の学校と職業について天野がどのように考えているのか，わからない。数多い著作にもかかわらず，天野は，女子の学校と職業との関係にほとんど言及していない。天野は，女子の学校と職業との関係についてほとんどまったく関心を持っていないように見える。

女性は歴史的に一貫して，重要な働き手であった。全就業者の中で女性は，明治のはじめから今日にいたるまで，4割前後を占めてきた。天野は近代セクターの内部における学歴主義的な秩序を問題にしている。たしかに近代セク

ターにおける女性比率は，全就業者における女性比率よりも低かった。昭和同人会（[1957a] 676-679）の推計では，近代的産業の就業者の中において女性は，1920年に27.4％，1930年に24.4％，1940年に23.7％と，ほぼ4分の1を占めていた。これは決して無視できる数字ではない。昭和同人会の推計は1920年から1950年までなので，「文官試験試補及見習規則」の時代とは後ろにずれるが，天野は「文官試験試補及見習規則」以後の影響について指摘しているので，問題はないであろう。女性にとって，学歴・学校歴と職業とがどのように関連していたのか，無視されてはならない。

　天野説の第二の問題点は，学校の性格についてである。天野は，「帝国大学を頂点とする学校教育システム」は「地位形成」的な学校であると考えていた。「地位形成」的な学校と「地位表示」的な学校という概念は天野の独自なタームであり，次のような内容である（天野[1996] 225-226）。

　教育には二つの側面がある。「地位表示」的な側面と「地位形成」的な側面である。地位表示的な側面は，江戸時代の藩校が表している。藩校は，支配階級としての武士の地位を「表示」していた。

　明治維新後につくられた近代学校は，藩校とは異なり，教育の機会はすべてのものに開かれている。学校で習得された知識（その証明としての学歴）は，職業につき，一定の社会的地位を獲得する手段として効用を持つ。これが教育の「地位形成」的な側面である。高等教育では，官立の諸学校はほとんど純粋に，「地位形成」的な役割だけを期待されてつくられていた。

　しかし明治維新後においても，「地位表示」的な学校が存在していた。中等段階では高等女学校，地方の実業学校などがそうである。高等教育の私立学校は，「地位形成」的な役割と「地位表示」的性格の両面を持っていた。

　「文官試験試補及見習規則」にかんする天野説は，「文官試験試補及見習規則」が，官立の高等教育機関と官吏制度とを結びつけた，あるいは，官立の高等教育機関を「地位形成」的な学校とした，と主張するものであった。

　「地位形成」的な学校と「地位表示」的な学校の指摘は，卓見である。しかし，近代の中等教育・高等教育学校は，この二つのカテゴリーのいずれかに分

第33章　学歴主義の局地的成立（男性）と特定的成立（女性）

類されるものであろうか。これ以外の性格を有する学校は存在しないのであろうか。二つのカテゴリー以外の学校が存在していたとすれば，学校制度と職業との関連はどのように説明されるべきであろうか。

　天野説の第三の問題点は，学歴と職業資格との関連にある。天野は「学歴が「職業資格」化し，あるいはその代理として使われる」ことを「学歴主義」と呼んでいる。天野が職業資格という言葉にカギ括弧を付したのには，意味がある。厳密な意味で職業資格となっているのではないことを示唆しているのである。天野が，職業資格について，次のように述べている。

　「現代社会は「資格証明書の社会」といわれるが，学歴は社会的にもっとも普遍性をもったクレデンシャルであり，さまざまな場面で人々の能力の代理指標として，ということは評価と選抜の手段として使われている。①学歴はまず特定の職業資格を取得するのに必要な基礎資格として，予備的な選抜機能を果たす。各種の国家試験をみればわかるが，そこでは受験資格として一定の学歴を要求される場合が多い。②学歴はまた，そのまま職業資格となる場合もある。教員や保母・栄養士などのように，大学卒業資格が自動的に職業資格になる専門的職業は，その典型例である。③最後に，もっとも重要な点として，現代社会の学歴は，「擬似職業資格」化することによって，いっそう選抜手段としての重要性を高めている。行政官僚や企業の職員層などはそのよい例である。そこでは特定の職業資格が必要とされないにもかかわらず，採用のさいに高校卒業，さらには大学卒業の学歴が要求され，低学歴者が締め出されている。学歴主義の問題は，こうした学歴の擬似職業資格化と切り離せない関係にある」（天野［1982］16）。

　つまり天野のカギ括弧つきの「職業資格」という言葉は，その資格がないと当該職業につくことが法的に禁止されているという意味での職業資格だけでなく，「擬似職業資格」という意味も含んでいる。職業資格と「擬似職業資格」を同等のものととらえ，学歴が職業資格と「擬似職業資格」と密接な関係をもつようになったことを重視することは，高学歴を目ざす若者たちの気持ちを理解するうえでは納得できる。しかし，労働市場の観点からは，厳密な意味での

123

職業資格と「擬似職業資格」を同等のものととらえることは問題をはらんでいる。「擬似職業資格」の場合には，「資格」にかんする法的規制が存在しない。職業資格を法的に規制する国と，法的には規制しない国とでは，「職業」にかんして異なった観念を生みだす。また，異なった観念が職業資格の法的規制の有無に結果する。職業資格と「疑似職業資格」を区別し，そのうえで職業資格・「疑似職業資格」と学歴との関連が検討されなければならない。

天野説の第四の問題点は，「文官試験試補及見習規則」が制定された時期，「帝国大学」法科大学の卒業生はきわめて少なく，また，任用される高等官の数も少なかった。前掲表3-1からわかるように，「帝国大学」法科大学を卒業して無試験で行政官に任用された者は，1888（明治21）年から1891年まで，それぞれ11名，15名，44名，18名にすぎなかった。1888年において，20歳から29歳までの男子は302万名と推定されている（梅村他 [1988] 166）。302万名の中でわずか数十名が無試験で高等官になりうる特権を得たことが，「立身出世への強い野心をもった若者たちに，めざすべき明確な目標を与え，その目標の達成にむけてかれらを駆りたて，少なくとも，近代セクターの内部に学歴主義的な秩序をつくり出すうえで，決定的な役割をはたした」とまで言えるか，疑問である。

学歴主義が近代セクター内部に確立するためには，帝国大学を筆頭とする高等教育機関が拡大し，かつ，その卒業生が社会的に高い地位と報酬を手に入れることができるようになること，つまり高等教育卒業者の供給も需要もある程度の量になり，高等教育と高い威信の職業との結びつきがかなり広範な社会層に認識されることが必要である。そのためには，官界だけでなく，民間大会社と高等教育機関卒業生との結びつきが成立しなければならない。

以上4点の問題点のうち，第1の点，すなわち女子の学校と職業との関係については，本章の後半で論じる。また第2の点，すなわち学校の性格については第2章で検討した。第3の点，すなわち「資格」については，第6章で検討する。したがってここでは，第4の点，すなわち民間大会社における学歴と地位との関係について，検討する。

5　民間大会社における学歴と身分

　学歴主義が社会的な広がりをもつためには，官吏の世界において学歴と官吏身分とが結びつくだけでなく，大会社と学歴とが結びつかなければならない。そのためには，いくつかの条件が必要であった。
　第一に，官尊民卑の風潮が是正されることである。後に日本銀行総裁や大蔵大臣を歴任することになる池田成彬（1867-1950年）は，慶應義塾の別科を卒業した後，1895年にハーバード大学を卒業し，帰国した。福沢諭吉の勧めで福沢が社長をしている時事新報社に入社したが，給与があまりにも低いため，すぐに辞め，三井銀行に入った。池田は，三井銀行に入ったころを次のように回想している。
　「それについて面白いのは，当時財界の大御所と謂はれた渋沢（栄一――野村）さんなどでも日清前の官尊民卑で頭が固まつて居て，役人を呼んで銀行集会所で宴会をする時などでも，役所の人が来ると手を膝の下まで下げてお辞儀をする。渋沢さんは当時第一銀行の頭取で，集会所の主人役なのだが，それでわれわれに対してはどうかといふと，一寸顔を動かすだけの挨拶だから，われわれは憤慨したものであつた。われわれの方の親方の益田（孝氏）にしても同じ様なことで，台湾から小役人が出て来ると出勤前にわざわざ宿屋へ寄つて挨拶してくる。（三井――野村）物産が台湾でお世話になって居るというつもりらしいが，われわれから見るといまいましくて仕方がなかつた。それで益田さんでも渋沢さんでもどうかといふと，益田さんは大蔵省で造幣権頭，渋沢さんは三等出仕で役人としても先輩なんだが，そういう体たらくであった」（池田［1951］47）。
　官尊民卑の価値観が変わるためには，自らの社会的地位をあげていく民間の自助努力が必要である。その一つが，社員の待遇を官の待遇と同等のものとする待遇改善である。高等教育を終えた優秀な人材を確保するため，その先頭を切ったのは，三井銀行であった。池田成彬は，中上川彦次郎（1854-1901年）が

三井のトップであった時代（1888-1901年）を次のように回顧している。

「御承知の通り，中上川のやつていた時代というものは，官尊民卑で，役人というとばかに月給も多い。民間の方は，社会から低く見られて，俸給も少ない。その時分に，三井銀行の重役は300円から350円，その下の支配人で150円，小さいところの支店長は40円くらい。私などは月給だけは支店長格でしたが，中上川は学校出を沢山入れ，月給もぐんぐん高くして，官尊民卑を打破しようとしたものです。銀行員というものはずつと社会的にも上位にあつて，官吏と同等の地位にあるべきだというのが，彼の理想らしかつた。だから，一年に三べんも昇給する人もある」（池田［1949］47）。

しかし，三井銀行がいかに有力な銀行であっても，個別の会社の自助努力では，限界がある。民間大会社の共同した努力が必要であり，この点で注目されるのは，第一次大戦中の1917年に設立された日本工業倶楽部である。それ以前に，商工団体としては商業会議所が存在していた。しかし商業会議所は法律（1890年「商業会議所条例」，1902年「商業会議所法」）にもとづいて，しかも市町村ごとに設立されるもので，農商務大臣の監督下にあった。それにたいして日本工業倶楽部は，民間大会社による自発的な団体であった。これまでの日本経済史研究においては，日本工業倶楽部の設立は，三井三菱を中心とした財閥系会社や電力のような大会社の利害を代弁するものであったことが強調されてきた。それはその通りである。しかし，日本工業倶楽部の創立は，官尊民卑を是正する努力でもあったことが看過されてはならない。日本工業倶楽部の定款第一条は，「本社団ハ工業家ノ連絡ヲ鞏固ニシ斯業ノ発展ヲ図ルコトヲ目的トスル公益法人トス」と規定していた。この第一条について，日本工業倶楽部は，次のように解説している。

「定款第一条の枢要は「工業家ノ連絡ヲ鞏固ニシ」という文言にある。「産業家は常に互譲によって団結」（「財界回想録」倉田主税氏）し，その自主性を確立しなければならない。そして「工業家ノ連絡ヲ鞏固ニシ」という数語の背後に，創立者の意図として強く意識されていたものが，二つ蔵されているのである。すなわち，一つには創立当時の産業家の金融家に対する対等的な地位の向上で

あり，二つには官僚の支配から独立し，その介入を許さず，筋の通った経営に徹する意欲であった。(中略)財界が官僚の支配から脱し，その自主性を確保することを強調した意図については，由来明治初年政府によって西欧の文化が導入され，その指導育成によって芽生えた近代的産業が，しかも封建時代を去ること遠からず，官尊民卑の慣習の下に，官僚の支配や介入をうける度合が強かったことと関係がある。それは一応自然の経過ではあったが，しかし明治百年も半ばにしてこの社団が創立にいたる頃には，工業の内容は充実し，明治の産業の先達者が政治・官僚の支配，干渉から脱して，自由経済本来の立場から自主性を尊び，自己責任を強調するにいたったこともまた当然といえよう」（日本工業倶楽部五十年史編纂委員会［1972］638-639）。

第一次大戦前後になって，民間大会社の社員の地位が上がったことは，青年向きの職業案内書が次のように書いていることからも確認できる。

「これまで学校を卒業する青年は兎角官吏とか教員と云ふものになりたがる傾きがあつた。ずつと以前は法科大学を卒業しても，成績の良いものは直に官界に入り，成績のあまり良くないものだけが，止むを得ず民間の会社へ入ると云ふ有様であつた。今日ではこの弊風が余程なくなつて，秀才がどしどし実業の方面に向かふやうになつた。併し幾分かまだ官吏となる方が，民間の事業に従事するよりも名誉であるかのような考が残つて居るやうに思はれる」（日本青年教育会編［1918］26-27）。

学歴主義の社会的な広がりに必要な第二の条件は，一方で高等教育機関が量的にも増え，卒業する者がある程度の数になり，他方で大会社の求人数も卒業生を吸収できるだけの数になることである。

高等教育機関の拡充は，官立学校を中心として，1900年前後からはじまった。大学については，1897（明治30）年に京都帝国大学，1907（明治40）年に東北帝国大学，1910（明治43）年に九州帝国大学，そして1918（大正7）年に北海道帝国大学が創立された。

専門学校は，1903（明治36）年の専門学校令によって制度的な枠組みが与えられた。これ以後，すでに設立されていた東京高等工業学校や東京高等商業学

校などに加え，名古屋高等工業学校，米沢高等工業学校，小樽高等商業学校など，実業専門学校が次々と創立され，会社に人材を供給するようになった。

大会社の求人数については，統計がない。しかし1905年から大会社の数については，統計がある。1904年まで官庁統計では，資本金による会社規模を1万円未満，5万円未満，10万円未満，10万円以上と区分していた。しかし資本金10万円以上の会社では，大会社とはとても呼べない小規模の会社まで含まれてしまう。1905年からは資本金の区分を変え，資本金500万円以上の会社の数を計上するようになった。

資本金500万円以上の会社の数と，高等教育機関の学生数は，図3-1のごとくである。図では，物価上昇が考慮されていないので，たとえば1905年の資本金500万円と，1921年の資本金500万円とでは，同一ではない。それでも，大会社の増大の趨勢はわかるであろう。図は，学生数の増加が大会社の増大よりもやや先んじているものの，学生数も大会社の数も，第1次大戦期（1914-18年）に急速に増大したことをはっきりと示している。

学歴主義の社会的広がりに必要な第三の条件は，高等教育機関と大会社とが就職市場において有機的に組織化されることである。大学と大会社との関係が就職について恒常的な関係を形成するまでには，3期をへた（大森［2000］）。第一期は日露戦争期までで，会社に就職する大卒者の数はわずかで，企業の採用パターンも未確立であった。学生はインフォーマルなコネクションで会社に就職した。第二期は日露戦後期から大正初期で，日露戦後期になると，大学の卒業者を定期的に採用する企業が登場した。情実・縁故採用が中心で，一般公募は普及しなかった。しかし情実・縁故採用は，募集できる人材の範囲が狭く，また，有力な推薦者からの依頼が重なった場合に困るなどの問題もあり，多くの会社が，高等教育機関による学生の紹介・斡旋を受けいれはじめた。第三期は1920年代で，会社は特定の大学による学生の紹介・斡旋を受けいれるという採用方法が確立した。大学側でも，就職委員会や就職調査委員会などを設置しはじめた。就職活動の制度化が確立した。

第四の条件は，定期採用制度の確立である。定期採用とは，たんに定期的に

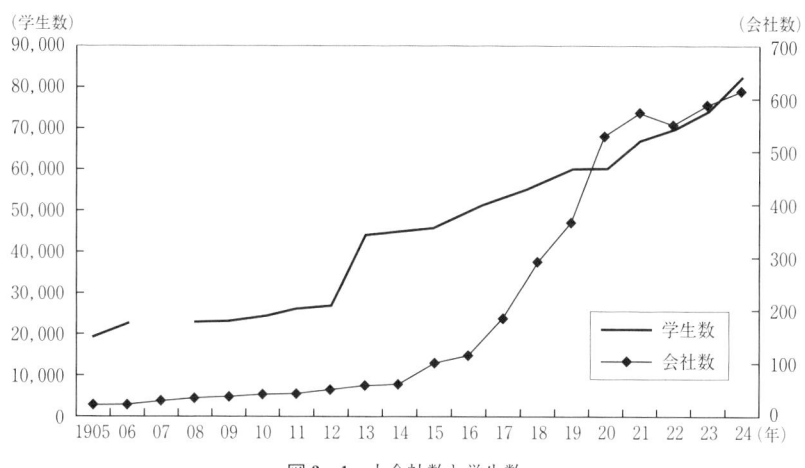

第3章　学歴主義の局地的成立（男性）と特定的成立（女性）

図3-1　大会社数と学生数

注：1．大会社は，資本金500万円以上の会社。
　　2．学生数は，専門学校本科生徒数と大学学部学生との合計。
出典：大会社数は『日本帝国統計年鑑』から，学生数は文部省『学制百年史　資料編』から作成。

新卒者を採用するというものではない。学生の最終学年の成績が確定する以前に採用あるいは内定を決定することである。つまり大学や専門学校における学生の成績を軽視する形で採用を決定することを意味している。最終的な成績が決まっていない段階で採用あるいは内定を決定することによって，会社は，学生の学歴・学校歴と，学生の「人格」を重視することを明確にした。定期採用制度がはじまったのは，第1次大戦中であった（野村［2007］）。

以上の4点から判断して，高等教育機関と大会社とが就職市場において有機的に結びつくようになったのは第1次大戦期・1920年代前半であった。つまり，男性について，学歴主義が近代的セクターにおいて成立したのは，第1次大戦期・1920年代前半であった。

6　女性官吏

男性については，学歴主義の成立と展開にかんして研究の蓄積がある。しかし，女性については，ほとんど研究がない。たとえば天野郁夫は男性について，

官吏任用制度が学歴主義の端緒となったことを指摘したが，官吏任用制度が女性とどのようにかかわったのか，まったく触れなかった。しかし，官吏制度が女性と無関係であったわけではない。

（1） 女　官

女官の特徴　明治維新後，官吏制度が発足した。官吏制度の最初から，きわめて高い位階の女性たちがいた。後宮に奉仕する女官（にょかん，じょかん）である。女官は，宮内省に所属していた。

明治新政府は1869（明治2）年7月8日，「職員令」を発布し，神祇官・太政官，民部省・大蔵省・兵部省・刑部省・宮内省・外務省の二官六省を設けた。同日，「官位相当表」を公布した。官吏の位階を従一位から従九位の17段階に区分し，それぞれの位階に相当する官職を表にしたものである。「官位相当表」の公布から3日後，7月11日「達」は，位階が四位以上を勅授，六位以上を奏授，七位以下を判授とした。しかしこれらの名称は，16日後の7月27日「達」によって変更され，それぞれ，勅任，奏任，判任とされた。1885（明治18）年における内閣制度の創設にともない，勅任官のうち天皇の親任によって叙任される者が親任官となった。これ以後，アジア太平洋戦争敗戦後の1946年に廃止されるまで，官吏は，親任官，勅任官，奏任官，判任官に区分された。

勅任・奏任・判任という名称が定まってからほぼ3カ月後，1869（明治2）年10月12日「達」は「女官相当」を定めた。正三位従三位の女官は尚侍（ないしのかみ，しょうじ），正四位従四位の女官は典侍（ないしのすけ，すけ，てんじ），正五位従五位の女官は掌侍（ないしのじょう，しょうじ），正六位従六位の女官は命婦（みょうぶ）が「女官相当」とされた。女官の最高位とされた尚侍は，堀河天皇（在位1079-1107年）以後800年近く空席となっており，明治以後も空席のままであった。したがって女官の実際の最高位は，典侍であった（浅井［1906］154）。勅任官，奏任官，判任官の区分を適用すれば，典侍は勅任官，掌侍と命婦は奏任官であった。したがって，1869（明治2）年から，女性の高等官が存在したことになる。

第33章 学歴主義の局地的成立（男性）と特定的成立（女性）

　しかしその事実から，日本の近代官吏制度の発足以来，女性は高等官になることができた，と言い切ることはできない。女官は官吏としては特異な存在で，近代官吏制度になじまないものであったからである。

　第一に，上級女官になることができたのは，公卿の娘で，しかも特定の家格出身者であった。公卿は上から順に，摂家，清華家，大臣家，羽林家，名家，半家と序列づけられていた。摂家，清華家，大臣家は后妃・皇后を出す家柄なので，娘たちは女官にならなかった。女官となったのは，羽林家以下の公卿の娘たちであった（小田部 [2006] 157）。

　1884（明治17）年の「華族令」によって公爵・侯爵・伯爵・子爵・男爵の五爵制が設けられると，摂家が公爵，清華家が侯爵となった。それにともなって，典侍，権典侍，掌侍，権掌侍は伯爵家以下の華族から供給されるようになった。明治維新までは，厳密に家格が女官の地位を決定していた。摂家一条家の旧臣として幕末明治初の宮廷を見聞した下橋敬長（[1979] 316-317）は，「典侍は最初から典侍で，掌侍から典侍へ御出世などということは断じてありませぬ」と言明している。

　中級下級の女官も，出自がほぼ特定されていた。命婦，権命婦には著名な社家（世襲神職の家），両局家（昇殿しない地下家の筆頭である押小路・壬生両家），坊官（宮門跡，宮家，五摂家の家令），諸大夫（宮家，摂家，宮門跡，清華家等に仕える上格の家臣）の娘が採用された（角田 [1988] 75）。また，河井弥八侍従長が昭和期の宮中改革の参考資料として所持していた「宮城女官採用内規」でも，家格によって女官を採用することが記されていた（小田部 [2007] 137-138）。

　明治維新後，士族出身の税所敦子，下田歌子，平民出身の岸田俊子が女官として任用された。彼女たちは歌の才能と才腕によってとりたてられたが，女官としてはあくまでも例外的存在であった（小田部 [2005] 89-105）。

　女官の第二の特異性は，天皇の侍妾に召される可能性である。大正天皇の生母が女官の柳原愛子（なるこ）であったことはよく知られている。皇后との間に子供のなかった明治天皇は，柳原愛子のほかにも多くの侍妾をかかえていた。彼女たちは典侍や権典侍であった。しかし，侍妾となる可能性があったのが高位の女官

に限定されていたわけではなかった。明治期にもっとも有名な女官であった高倉壽子は，侍妾とならない「お清の典侍」であった。彼女が皇后のそばに控えて，天皇が高位の女官とはいえない命婦や女嬬に手をつけないよう監視していたと伝えられている（角田［1988］76）。このことは，女官であれば位階を問わず，だれでも天皇の侍妾となる可能性があったことを物語っている。

<small>官吏制度における
女官の位置</small>　女官を官吏制度の中でどのように位置づけるのか，政府は困惑していたと思われる。そのことは二つの事実から推測できる。

一つは，「官位相当表」である。すでに述べたように，政府は1869（明治２）年７月８日，「職員令」の発布と同時に「官位相当表」を公布した。「官位相当表」は位階に相当する官位を表にしたものであり，当然，宮内省の官吏の官位も表示されていた。たとえば，「正三位」の位階に相当する官位は宮内卿であった。ところが女官は，宮内省に所属していたにもかかわらず，「官位相当表」に記載されていなかった。「女官相当」が定められたのは，「官位相当表」の公布からほぼ３カ月たった10月12日の「達」によってであった（『法規分類大全　第十冊　官職門　第一至六』46, 47, 489）。この事実は，政府が女官を通常の官吏とは区別して考えていたことを示している。

もう一つは，『職員録』における女官の記載である。明治維新後の早い時期から，『官員録』『官員鑑』『勅奏任官職員録』などの名前で官員名簿が発行されていた。それらはすべて民間の発行であった。政府は，1887（明治19）年にはじめて，官報の付録として公式の官員名簿を内閣官報局『職員録（甲）明治19年12月』として公刊した。この最初の『職員録』における女官の記載の仕方は，男性官員と異なっていた（図３-２）。

図からわかるように，男性官吏については，「勅任官二等」とか「奏任官五等」のように，勅任官あるいは奏任官であることが明示されていた。ところが女官については，違っていた。正七位以上の女官，すなわち典侍，権典侍，掌侍，権掌侍はたんに「四等官」「五等官」などと記載され，勅任官や奏任官であることが記されていなかった。しかし女官でも命婦と権命婦については，そ

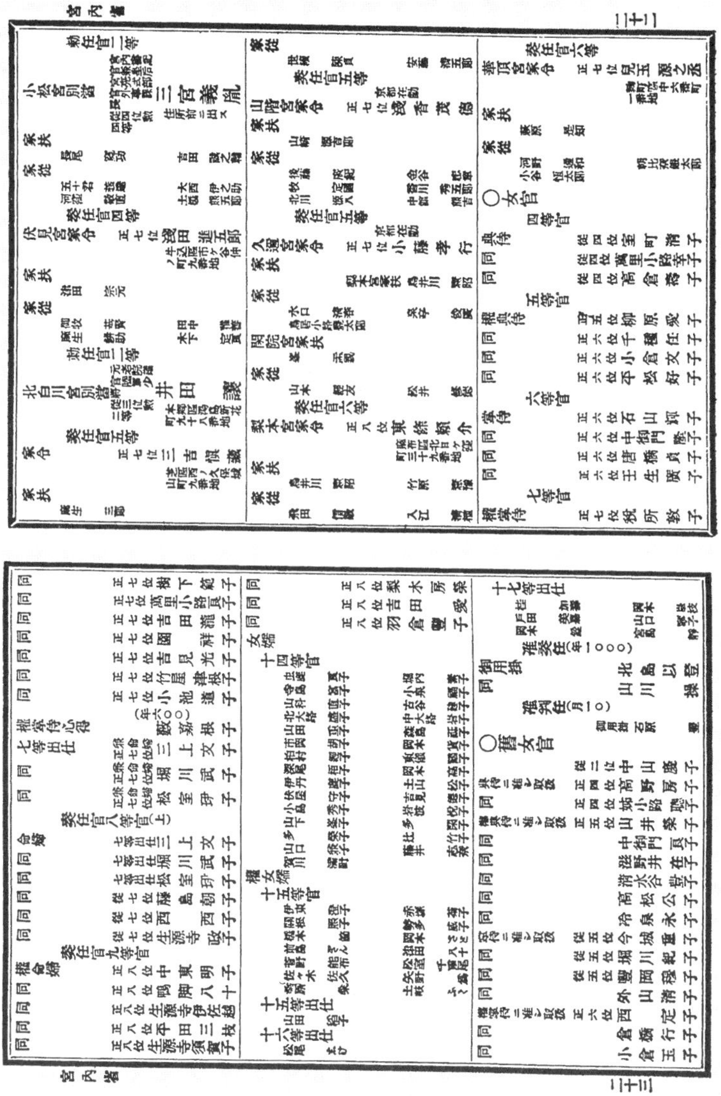

第3章　学歴主義の局地的成立（男性）と特定的成立（女性）

図3-2　女官職員録

出典：『内閣官報局『職員録（甲）明治19年12月』22-23。

れぞれ「奏任官 8 等官」「奏任官 9 等官」と奏任官であることが明記されていた。政府が編纂した『職員録』が肩書にきわめて敏感であったことは間違いない。典侍・権典侍・掌侍・権掌侍については，意図的に勅任官・奏任官の表記をしなかった，と考えるべきであろう。政府は，高位の女官は勅任官・奏任官などの官吏身分になじまないものである，と考えていたと思われる。

　宮内省は1869（明治 2 ）年の「職員令」によって設置された。しかし1885（明治18）年に内閣制度が確立されると，宮内省は内閣制度の外に置かれ，宮内大臣は内閣に属さないとされた。「宮中，府中の別」という原則に従ったものである。宮中が府中とは別のものとされた理由の一つは，女官の存在であったと思われる。

　したがって，女官の存在をもって，女性の高等官が存在していた，と言い切ることはできない。官吏制度を検討するとき，女官は特異なものとして除外すべきであろう。

　付言しておくならば，「職員」という言葉は，養老令（757年）の「職員令」からもわかるように，官吏を意味していた。明治期に発行された辞書の記述を広く集めた惣郷正明／飛田良文編 [1986]『明治のことば辞典』は，「しょくいんろく　職員録」について，次のような説明を収録している。

　　［附音挿図英和字彙・明 6]　　red-book.
　　［和英大辞典・明29］　　A list of names of government officials ; the red book.
　　［ことばの泉・明31］　　職員の名と，役とをしるせる帳簿。
　　［辞林・明44］　　国家の職務に従事するものの官職・姓名等を記録せるもの，毎年内閣印刷局にて編輯発行す。
　　［大辞典・明45］　　スベテ職員ノ名ト役トヲシルシタ帳簿。特ニ毎年内閣官報局デ編輯発行サレル官吏ノ職名，姓名ナドノ記録。

　このように，1910年頃まで，「職員」は，もっぱら官吏を意味していた。「職員」という言葉が会社の社員を含むようになったのは，1910年頃である。1912年に出版された『京浜銀行会社職員録　明治45年度』（興業通信社，翌年から『銀行会社職員録』と改題）における「職員」は，「銀行会社に於ける支配人以下

の職員」を意味していた。同じ年の『帝国銀行会社要録　第一版　大正元年11月』（帝国興信所）は，附録として「職員録」を掲載していた。その「職員録」は，「銀行会社の取締役監査役の外支配人各係長等主なる社員の氏名」を掲載したものであった。

（2）　高等官試験と女性

　女官は近代官吏制度になじまない存在であり，高等官と呼ぶことはできない。それでは，女性の高等官は存在したのであろうか。1887（明治20）年「文官試験試補及見習規則」は，女性に高等試験への受験資格を認めなかった。「帝国大学」法科大学および文科大学の卒業生は無試験で高等官に任用されることができたが，「帝国大学」は女性の入学を認めていなかったので，女性の無試験任用はなかった。1893（明治26）年の「文官任用令」により，文官奏任官への任用は，「帝国大学」卒業生も含め，高等試験に合格することが必要となった。しかし女性は，高等試験の受験資格がなかった。

　女性の高等試験の受験資格については，1918年「高等試験令」によって，女性が高等試験を受験できる可能性が生まれた。そして1930年，同志社大学法学部を卒業した女性が受験を申請し受理されたことによって，現実のものとなった。

　しかし大日本帝国は，女性に受験資格を認めたものの，高等試験に合格した女性を高等官に任用するつもりはまったくなかった。女性が試験によって上級公務員になることができるようになったのは，戦後のことである。女性と高等試験受験資格との関係は，学校制度と高等試験規則についてこまかな知識を必要とするため，本書第4章で詳論する。

（3）　女性判任官

　<small>逓信省における女性の採用</small>　高等試験に合格して高等官に任用された女性は存在しなかった。しかし，女性の判任官は存在した。石井研堂『明治事物起源』は1908（明治41）年に出版された。その後，増訂版が1926年に，

さらに増補改訂版が1944年に公刊された。定評ある書物として戦後に何度か復刊された。『明治事物起源』は，「女子判任官の始」として，「明治39年7月，女子を郵便局為替貯金管理所に判任官登庸す，之れを女子判任官の嚆矢とす」（石井［1969］208-209）と記している。石井のこの記述が指摘しているのは，逓信省が1906（明治39）年，17名の女性（東京郵便為替貯金管理所13名，大阪支所2名，下関支所2名）を判任官に登用したという事実である。

女性の判任官への登用に先だって，当然のことながら，逓信省は女性を採用していた。逓信省がはじめて女性を採用したのは1891（明治24）年であった。逓信省はこの年，電話交換手採用規定を「公達353号」として通達した。

「第二条　電話交換手ニ採用スヘキモノハ左ノ各項ニ適合スルヲ要ス但女子ハ夫ナキモノニ限ル
　一　年齢十五歳以上二十五歳以下ノ者
　二　身体強健特ニ視聴二官善良ニシテ言語明晰ナル者
　三　品行方正ナル者」（『明治25年12月現行　通信法規類纂　総務編』183-187）。

逓信省における女性の採用は，この電話交換手採用規定からはじまった。規定によれば，男性は未婚既婚を問われなかったのにたいして，女性は未婚であることを条件とされていた。「公達353号」第十条は「電話交換手ノ身分ハ傭員トス」と規定していた。「傭員」は，官吏ではなく，雇用契約で採用される人たちであった（本書補論3参照）。採用された女性の仕事ぶりが優秀であったため，逓信省は，1905（明治38）年，やむをえない場合を除いて電話交換手はすべて女子とする，と定めた（逓信省［1940］166）。

このように，逓信省がはじめて女性を採用したのは電話交換職場であった。しかし，女性がはじめて判任官に登用されたのは，電話交換職場ではなかった。郵便為替貯金管理所およびその大阪支所と下関支所においてであった。

郵便為替貯金管理所が女性を（官吏としてではなく）雇員として採用するようになったのは，女性電話交換手の誕生から9年後であった。1900年7月25日「公達386号」（『明治36年10月1日現行　通信法規類纂　郵便電信庶務編上巻』472-475）の「女子雇員採用規定」によって，一等郵便局，二等郵便局，三等郵便

第33章 学歴主義の局地的成立（男性）と特定的成立（女性）

局，郵便為替貯金管理所および電信局は，女性を雇員として採用できることになった。郵便為替貯金管理所で女性を採用するようになった理由について，当時の郵便為替貯金管理所の幹部は次のように回想している。

「仕事の殖えかたが急激に多くなり同時に原簿の改正のことがあり，さうさう要求通りの経費が貰へないといふやうなわけで所謂必要に逼まられて，女子雇員を採用するといふことを考へて，試験的に採用して見たのであります。今日では凡ゆる仕事に女子が参加して居ますが，其の頃は女子が男子と共に働くといふことは，殆んどなかったのであります。然るに事実仕事をさせて見ると，寧ろ男子よりも使ひよいといふことが判り，そこで漸次女子を採用することになり，女子通信手の制度を設けると云ふやうなことになりました。当時女子がさう云ふ仕事をするといふことは，破天荒と云ってよいのであります。それが段々と進んで来て遂には計算の仕事といふようなものに堂々たる五尺の男子を使う必要がないとさへ言い出されて来たのです。経費の点からも男子二人に対して女子三人が使へるのですから，それだけ人手も多く得られ，又実際の仕事の上からも，記帳計算は男子よりも女子の方が成績がよいといふ結果さへ現はれて来たのであります」（通信省［1940］167）。

予算が厳しいので男性の俸給の3分の2ですむ女性をやむなく雇いはじめた，実際に雇ってみると女性の成績は優秀であった，というのである。

同じく雇員でありながら，男性と女性の採用方法は異なっていた。男性の雇員採用は，1896（明治29）年の「公達第342号」（『明治31年11月現行　通信法規類纂　郵便電信庶務編』223-229）の「郵便及電信雇採用規則」によって規定されていた。先述の1900年の「女子雇員採用規定」と比較すると，男性の採用規程と女性の採用規程は，次の点で違いがあった。

① 男子については，「雇ニ採用スル者ハ満十六年以上ノ男子」（第五条）とのみされていた条件が，女子は，「一　年齢満十三年以上ニシテ家事ノ係累ナキ者」，「二　身体強壮ニシテ言語明晰視力聴力完全ナル者」，「三　身元確実ニシテ品行方正ナル者」（第二条）とされ，男子に比べて年少で採用されることができたが，男子には求められなかった条件が付帯していた。

②　男子は採用試験がなかったが，女子は採用試験が課せられた。試験内容は，

「読書　郵便，電信，郵便為替貯金ニ関スル法規類

作文　尺牘文（せきとくぶん，手紙の文章──野村）

筆蹟　楷書行書

算術　加減乗除」（第七条）であった。

　ただし，「高等女学校若ハ之ト同等以上ノ学校ニ二年以上在学シタル者又ハ高等小学校ノ卒業証書ヲ有スル者」は試験を免除された。

　なぜ採用年齢が女子13歳以上，男子16歳以上と異なるのか，説明する資料は見つからなかった。女子には男子よりも簡単な仕事が割り当てられるので，年齢も低くてかまわない，と考えられたのであろう。

　女子にのみ試験が課された理由も資料的にはわからない。推測すれば，この時期における男女の尋常小学校就学率の大きな違いが理由ではないかと思われる。『日本帝国文部省第27年報』によれば，1899（明治32）年12月1日現在で，学齢児童の就学率は男子85.1％，女子59.0％であり，女子の就学率は低かった。たとえ就学しても女子は子守，家事，あるいは家業や農作業の手伝い，さらには工場労働などで卒業できないことも多かった。1899年に尋常小学校を卒業したのは，男子367,691名にたいして，女子はその半分以下の175,899名にすぎなかった。義務教育とされた尋常小学校でさえ女子の就学率，卒業率は顕著に低かったのであるから，義務教育ではなかった高等小学校では，男女差はもっと大きかった。1899年に高等小学校を卒業したのは，男子68,000名にたいして，女子は16,620名と男子の4分の1にすぎなかった。全体的には，まちがいなく女子の学力は男子より低かった。こうした男女の学力格差のために，女子にのみ筆記試験が課せられたのではないかと思われる。

　なお，小学校の制度は，「女子雇員採用規定」が示達された1900年に変わった。それ以前は，1890（明治23）年の「小学校令」によって，尋常小学校の修業年限は3年または4年であった。高等小学校の修業年限は2年3年または4年であった。1900年の「小学校令改正」によって尋常小学校の修業年限は4年

に，高等小学校の修業年限は2年3年または4年となった。義務教育である尋常小学校の修業年限が6年に延長されたのは1907（明治40）年である。

女性雇員の判任官への登用 1900年から女性を採用しはじめた郵便為替貯金管理所は，1906年にはじめて女性雇員を判任官に登用した。郵便為替貯金管理所の女性雇員を判任官に登用することを決めたことについて，通信省は通信大臣秘書官の談話を発表した。談話は，雇員の数は通信省全体で約23,000人，そのうち女子が1,500人であること，そして郵便為替貯金管理所の女子雇員は「成績益々良好」で，現在600余名いることを明らかにした後，次のように述べている。

「△右の如く女子技倆の卓絶なることが世間に認識せられし結果各種の銀行会社等に於ても競ふて之を採用し管理所其他所謂お役所向に於て支給する二倍乃至三倍の給料を出すに至り是に於て乎雇員一人定率何程，定員何人と云ふが如き切詰勘定の官庁に於ては女子採用上鮮（すくな）からざる影響を蒙りたる折柄日露戦争始まりて郵便貯金の劇増，交通事務の増加するありて益々雇員の採用に窮し何とか適当の方法を講究せざるべからざるに至れり

△山縣（伊三郎，山縣有朋の甥──野村）通信大臣は就任後直に所管局所を巡察して其執務の煩劇と時間の長さに驚かれたり而て特に女子は男子と異なりて全然栄進の途なきを以て何とか相当の方法を発見すべく調査を為すべきことを命令され爾来研究百端の結果として遂に今回の如く女子雇員にして技倆資格共に充分に判任官に恥ざる者を選叙して之を登用するするの途を開かれ女子は始めて男子同様の待遇を得ることとなり」（「女子判任官制定」『東京朝日新聞』1906年7月16日）。

「女子雇員にして技倆資格共に充分に判任官に恥ざる者」として判任官に登用された女性の属性について，新聞は，東京本所に配属されていた13名（大阪支所2名，下関支所2名については，不詳）について，次のように報道した。

「東京本所に於ける任官者は皆永年勤続事務に精通し男子の通信手と同一の事務を執り現に女子雇員取締の職に在りて技倆最も優れたるものなり学歴としては多く高等小学卒業に過ざれども勤続五年以上の者六人，四年以上の者四人，

三年以上の者三人なれば，事務上の経験頗る豊富なり又其の年齢は三十歳以上一人，三十歳以下二十五歳以上二人，二十五歳以下二十歳以上八人，最年少は十九歳にして二人あり」『東京朝日新聞』(「女子判任官任命」1906年7月24日)。

　郵便貯金局([1910] 256)は，郵便貯金局に勤務していた6名について，生年月と勤続年数を記載している。登用された時点における勤続年数と，生年月から計算した満年齢は，次のとおりである。

　　和久井みね　年齢26歳　勤続年数5年9カ月
　　岡崎　よね　　　24歳　　　　　3年8カ月
　　菅沼　とよ　　　23歳　　　　　5年10カ月
　　早川　久　　　　22歳　　　　　4年1カ月
　　中村　春　　　　21歳　　　　　5年7カ月
　　田中　恭　　　　19歳　　　　　3年8カ月

　逓信省が郵便為替貯金職場に女性を採用しはじめたのは1900(明治33)年からなので，1906(明治39)年時点では，勤続年数は最長でも6年未満である。先に引用した『東京朝日新聞』の記事に，登用された17名の女性は，「学歴としては多く高等小学卒業に過ざれども」と記されているので，郵便貯金局のこの6名も高等小学卒業であったと思われる。それにしても，年齢19歳，勤続年数3年8カ月で判任官に登用された女性が存在したことは，本人の能力や勤務ぶりがめざましいものであったことは間違いないとしても，今日の感覚では，ずいぶん短い勤続年数で登用されたと言わざるをえない。しかし，新聞が「永年勤続」，「事務上の経験頗る豊富」と書いていることからわかるように，このような勤続年数でも当時は長い勤続年数と考えられていたのであろう。

（4）　教官職における女性判任官

　以上，『明治事物起源』の指摘を敷衍してきた。しかし，じつは，「明治39年7月，女子を郵便局為替貯金管理所に判任官登庸す，之れを女子判任官の嚆矢

第33章　学歴主義の局地的成立（男性）と特定的成立（女性）

とす」という『明治事物起源』の指摘は，正確ではない。たしかに，1906年の逓信省における女性判任官の誕生は，新聞で取り上げられたことからわかるように，社会的に注目された出来事であった。しかし，逓信省における女性判任官の誕生に先立つこと30年以上も前に，女性の判任官が存在していた。この事実は，社会的にはほとんど知られていなかった。

　明治維新後に設立された最初の官立女子学校は，1872（明治5）年に創立された「東京女学校」（通称「竹橋女学校」）であった。この学校は1877（明治10）年，西南戦争にともなう財政逼迫のため廃止となった。短命に終わったこの学校は，「尋常小学科ニ英語学ヲ加ヘ小学ハ日本女教師之ヲ授ケ語学ハ外国女教師ヲシテ之ヲ授ケシム」とするもので，1873（明治6）年時点で，スタッフは，事務官員3名，教官6名，外国教師（アメリカ人）1名であった（『文部省第一年報明治6年』174-175）。明治6年5月『御官員分課住所早見鑑文部省教部省』(21-22丁)の「女学校」の項に，「訓導」の「関千代」，「教場手伝」の「和田千加」の名前が見える。名前から判断すると，この二人は女性であろう。「訓導」も「教場手伝」も十二等出仕で，判任官であった。

　『明治八年七月改正掌中官員録』（74頁）の「東京女学校」の項に，「三等教諭補　松岡蓬洲女　フクヲカ　松岡美知」と記載されている。「三等教諭補」の位階は不明であるが，官員録に記載されていることから，「松岡美知」が判任官以上であったことはたしかである。「東京女学校」は高等教育機関ではなく，しかも「松岡美知」は「三等教諭補」なので，判任官と見て間違いないであろう。「関千代」と「和田千加」の名前はないので，退官したのであろう。

　「東京女学校」は短命に終わった。しかし1875（明治8）年に官立女子学校として設立された「女子師範学校」は，その後，「東京女子師範学校」→「東京師範学校女子部」→「東京高等師範学校女子部」→「女子高等師範学校」→「東京女子高等師範学校」と名前を変えながら存続し，今日のお茶の水女子大学となった。「女子師範学校」は教員8名で出発した。そのうち6名が女性であった。多田つね，松本荻江，坪内墨泉，棚橋絢，近藤すわ，豊田芙雄である（東京女子高等師範学校［1915］9）。中島翠堂編『官員鑑明治9年5月』には，四等

141

訓導として松本荻江と棚橋絢が，五等訓導として坪内墨泉が記載されている。四等訓導と五等訓導は判任官である。これ以後ずっと，「東京女子師範学校」とその後継学校には，判任官の女性教師がいた。

ちなみに，初期の女性教師は，教師としての実力がともなっていなかった。江戸時代に女子教育がなおざりにされてきた結果である。山川菊栄の母・青山千世は「女子師範学校」に首席で入学し，第1期生となった。山川菊栄が母の話を書きとめている。

「創立当時，女生徒のために男の先生だけでは，というので女の先生をさがしたものの，新時代の先生となるだけの資格を備えた女性は皆無といってよく，すいせんによって採用された数人は，家庭で漢学の手ほどきをうけた程度で，学力はあやしく，生徒の方にもっとできる者さえあったとのことです。そのうちの一人，多田さんという三十余りの先生は，自分で学力の不足をみとめ，先生をやめて生徒の中に編入されるよう志願し，しかも二期生として卒業しました。十代の生徒の中にまじると母子とまちがえられたりするほどの年でしたが，本人はいっこう苦にせず，昨日まで教壇に立った身が，きょうは生徒の仲間入りをしてまじめに勉強したのにはみな頭をさげたそうです。

棚橋絢子さんは夫が学者でしたが盲人のため，妻を教育して秘書のようにしていたもの。その程度ではいくら当時でも先生となることはむりで，ことに第一期生は粒揃いといわれたそうで，棚橋さんの手に余った様子。生徒の方では女史はできないくせにできるふりをする，人間がいやみで鼻もちがならぬと嫌い，女史の方では質問を嫌って，夫に習ってきたことを機械的に教えるだけ。いつも質問にその場で答えられず，いちおうごまかしておいて，次のときに夫から習ってきて訂正するという調子でした。しまいには学校当局にたいし，生徒がなまいきで教師たる自分を侮り，わざと意地のわるい質問をすると訴えて抑えようとしたので，ますますバカにされ，他の教師との折りあいもわるく，欲が深いという非難もあり，早く辞職しました」（山川［1972］39）。

それにしても，昨日の教師が今日の生徒になったという話は，江戸時代に女性の教育がいかになおざりにされてきたのか，明治初期において学識ある女性

第3章　学歴主義の局地的成立（男性）と特定的成立（女性）

教師を得ることがいかにむずかしかったか、鮮明に語っている。

（5）　奏任官としての女性教官

「東京女学校」「女子師範学校」の名簿で明らかになったように、判任官の女性は明治のはじめから存在した。教官としてである。それでは、奏任官の女性は、いつ誕生したのであろうか。

「文官」という言葉は、さまざまな意味がある。もっとも広い意味では、武官を除くすべての官吏の総称である。しかし、「文官試験試補及見習規則」や「文官任用令」でいう「文官」は、そうした広い意味ではない。「文官試験試補及見習規則」の「文官」とは行政官、司法官、外交官であった。1893（明治26）年「文官任用令」では、司法官試験と外交官試験は「文官任用令」とは別におこなわれることになっていたので、「文官」とは行政官のみを意味した。

もちろん、行政官、司法官、外交官のほかにも、武官と区別された広義の「文官」は存在していた。「文官試験試補及見習規則」第二十條は、「教官技術官其他特別ノ学術技芸ヲスルモノハ別段ノ試験法ヲ定ムルマテ各官庁ノ需要ニ従ヒ試験ヲ経スシテ之ヲ任用スルコトヲ得」と規定し、「別段ノ試験法ヲ定ムルマテ」という条件つきで教官と技術官は無試験で任用されることになっていた。しかし、教官と技術官にかんする「別段ノ試験法」は制定されずに終わった。1893（明治26）年「文官任用令」第三条は、「教官及技術官ハ別ニ任用ノ規程ヲ設クルモノ、外奏任官ニ在リテハ文官高等試験委員、判任官ニ在リテハ文官普通試験委員ノ銓衡ヲ経テ之ヲ任用ス」として、教官と技術官は試験ではなく銓衡による任用（銓衡任用）とした。

奏任官の教官は、大半が高等教育機関の教官であった。彼らが試験によらず任用されうるとされたのは、教官の特質がペーパーテストになじまないことがその主たる理由であったと思われる。そのことを端的に示しているのは、「帝国大学」（固有名詞）の教官である。「帝国大学令」（明治19年3月1日勅令第3号）は、「帝国大学」の教授と助教授は奏任官と規定していた。「帝国大学」は「国家ノ須要ニ応スル学術技芸ヲ教授シ及其蘊奥ヲ攻究スルヲ以テ目的」（第一条）

143

とされていた。「学術技芸」の「蘊奥ヲ攻究」する教授や助教授に，ペーパーテストを課すことはできないであろう。

　技術官が銓衡任用とされた理由は不明である。試験技術上，法学を中心とした試験をおこなえばすむ「文官」試験にくらべて，電気・機械・土木など専攻分野によって内容が異なる試験をおこなわなければならない技術官試験は，面倒ではあろう。しかし，技術官試験がいちじるしく困難であるわけではない。事実，伊藤博文は当初，技術官も試験によって任用しようと考えていた。伊藤が作成させた1884（明治17）年の「文官候補生規則案」の第十九条は，「鉄道，電信，鉱山，測量，器械及工芸諸科ノ技術ヲ一等候生及二等候生ノ試験ハ，工部省中ニ設置セル技術官候生試験委員ニ於テ施エス。其試験科目ハ別則ヲ以テ定ム」（伊藤［1935］158）となっていた。しかし，1887（明治20）年「文官試験試補及見習規則」では技術官は教官とともに，試験の対象外となった。その経緯はわからない。技術官の任用が試験ではなく銓衡任用になったため，技術官の待遇は，試験に合格した「文官」よりも低いものとされるようになった。そのため，技術官の待遇を「文官」と同一にすることが，戦前期を通じて技術官の悲願となった。そして技術官の待遇問題は，今日にまで持ち越されている（大淀［2009］藤田［2008］）。

　女性は高等官試験を受験する資格がなかった。女性が高等官になる道は，銓衡任用であった。銓衡任用ではあっても，技術官職は，女性に無縁であった。戦前，大学は，主として人文科学系と社会科学系の学部が，ごく少数の女性に門戸を開放しただけであった。技術官の供給源である工学部は，東京工業大学が1931年に1名の女性の入学を認めたことを唯一の例外として，女性の入学を認めなかった（湯川［2003］490,502,512）。

　それにたいして，教官には女性奏任官がいた。1886年に刊行された最初の公的な官員名簿『職員録（甲）明治19年12月』に，「華族女学校」の「学監　正六位　下田歌子」が奏任官二等，「教授　正八位　津田梅子」が奏任官六等と記録されていた。

　下田歌子（出生名は平尾鉎）は美濃岩村藩の士族の娘として1854年に生まれた。

第33章　学歴主義の局地的成立（男性）と特定的成立（女性）

抜群の和歌の才能によって女官に引き立てられ，昭憲皇太后に寵愛されて「歌子」の名を賜った。1885（明治18）年の「華族女学校」の設立にともなって，下田歌子は「華族女学校幹事兼教授」に任用された。翌86年2月10日，下田は副校長というべき役職の「学監」に任ぜられた（『華族女学校第1年報』27-28）。下田が1886年の『職員録』に奏任官二等として記載されたのは「学監」に任ぜられてからのことであるが，「教授」は奏任官だったので，その前年の「華族女学校幹事兼教授」に任用された時点で，すでに奏任官であったことが確実である。

津田梅子は幕臣（外国奉行通弁）の娘として1864年に生まれた。1871（明治4）年，日本で最初の女子留学生5名のうちの一人としてアメリカに渡った。1882（明治15）年に帰国した後，1885（明治18）年9月21日，「華族女学校」の「教授補」に任用された。翌86年2月10日，「嘱託教師」に任ぜられた（『華族女学校第1年報』28）。同年11月20日，「教授」に任じられ，奏任六等に叙せられた（『華族女学校第2年報』3）。21歳であった。

しかし，「華族女学校」の教官に女性の奏任官がいたということをもって，教官に女性の奏任官が存在した，といえるかどうかは，微妙である。「華族女学校」は文部省ではなく宮内省の所轄にあり，主として華族の女子を教育する特異な学校であったからである。ただし「華族女学校」は，華族の娘だけの学校であったわけではない。学校設立に際して定められた「規則」第二条は，「本校に入学の生徒は華族の女子にして年齢満六年以上満十八年以下に在る体質健全の者たるへし　但本校の都合により士族平民の女子と雖（いえど）も入校を許すことあるへし」（『華族女学校第1年報』7）となっており，士族や平民の女子も入学することができた。事実，設立の初年度末において，生徒の出身内訳は，皇族1名，華族66名，士族71名，平民17名（『華族女学校第1年報』36）で，士族平民の女子が過半を占めていた。とはいえ，「華族女学校」は皇后宮の令旨によって建設され，「畢竟貴族女子の資質を完備せむか為」（『華族女学校第1年報』21）の学校であった。下田歌子が「学監」に任じられたのも，下田歌子が女官であったからである。

145

文部省管轄の学校における女性奏任官の存在は，内閣官報局『職員録（甲）明治20年11月30日現在』で確認できる。官立の「東京高等女学校」の「教諭」瓜生繁子が「奏四等」，同じく「教諭」の武村千佐子が「奏六等」であり，奏任官であった。前年の『職員録（甲）明治19年12月』には，文部省所轄の学校において女性の奏任官は見当たらないので，文部省管轄の学校に女性の奏任官教官が誕生したのは1887（明治20）年としてよいであろう。

（6）　日本最初の女子留学生

　注目すべきは，女性奏任官として名前を挙げた以上4名のうち2名が，日本人として最初に近代教育を受けた女性であった，という事実である。津田梅子と瓜生繁子である。

　1871（明治4）年，岩倉具視を特命全権大使とする岩倉遣外使節団が横浜港から出航した。船には，使節団のほかに58名の海外留学生が乗船していた。海外留学生には，5名の女子が含まれていた。上田悌（満16歳），吉益亮（満14歳），山川捨松（満11歳10カ月），永井繁（満10歳8カ月），津田梅（満6歳11カ月）で，5名はアメリカに向かった。

　アメリカで，年長組の吉益は雪で目をいため，上田も健康がすぐれず，二人は1年たたないで帰国した。帰国後，二人の健康は回復し，横浜のミッションホームに入学した。二人がいつまでこの学校に在籍したかは不明である。

　吉益は，1875（明治8）年から1880（明治13）年まで，津田仙（津田梅の父）がその創立に深くかかわった「女子小学校」（現・青山学院大学）の英語教師となった。さらに1885（明治18）年，吉益は父のつくった私塾「女子英学教授所」の校長となったが，翌年，当時大流行したコレラで亡くなった。

　上田悌（訳詩集『海潮音』で著名な上田敏は悌の甥）は，横浜のミッションホームで学んだ後，父親が創設した「上田女学校」で教師をしたようである。この女学校はいつのころか廃校となった。上田は25歳頃，将軍家の御殿医であった桂川家の分家・桂川甫純と結婚した。上田は，1939年，85歳で没した。5人の女子留学生の中ではもっとも長命であった。

第 33 章　学歴主義の局地的成立（男性）と特定的成立（女性）

　吉益亮と上田悌は，最初の女子留学生ではあったものの，アメリカ滞在が短く，帰国後，歴史の表舞台に立つことはなかった（以上，吉益亮と上田悌については寺沢［2009］113-118）。

　永井繁（三井物産の益田孝は実兄）は1881（明治14）年，女子大学ヴァッサーカレッジ（Vassar College）芸術学科音楽専攻科を卒業して帰国した。山川捨松の幼名は咲子，留学が決まった時に，母親が，捨てたつもりで遠いアメリカにやるが，勉学を終えて帰ってくる日を待っている，という意味で捨松と改名した。山川は永井繁の帰国した翌年1882年にヴァッサーカレッジ普通学科を卒業して帰国した。最年少で渡米した津田梅は，私立女学校アーチャー・インスティチュート（Archer Institute）を卒業して，山川と一緒に帰国した。この３名は，ほぼ10年，アメリカで教育を受けた。

　永井は帰国してほぼ半年後，1882（明治15）年３月に文部省音楽取調掛のピアノ教師となった。文部省音楽取調掛はまもなく東京音楽学校となり，さらに戦後，東京芸術大学となる。永井はその年の12月に海軍中尉瓜生外吉（後に海軍大将，貴族院議員）と結婚し，瓜生繁子となった。先に，文部省管轄の学校に女性の奏任官教官が誕生したのは1887（明治20）年としてよいであろう，と指摘した時に，奏四等の「教諭　瓜生繁子」として登場した瓜生繁子その人である。瓜生繁子はその後，東京音楽学校と女子高等師範学校の教授を兼任した。そして1893年に東京音楽学校を，1902年41歳の時に女子高等師範学校の教授を辞任し，以後，職に就くことなく，専業主婦となった。1928年，67歳で死去した（生田［2009］）。

　ちなみに，瓜生繁子が教鞭をとった東京音楽学校は，官立の高等教育機関としては異例なことに，男女共学であった。そのため瓜生繁子も女性でありながら教官として勤めることができた。東京音楽学校の前身である文部省音楽取調掛は，1880（明治13）年，第１回生として22名の傳習生の入学を許可した。生徒には男子も女子もいた。文部省は音楽取調掛における男女共学について，「傳習志願人寡少ニシテ別時間又ハ別教場ニ教授スルハ事実能ハザル場合モアラン」として，男女共学を容認した。その３年後，文部省の方針が変わり，傳

習生は男子に限定されることになった。ところが男子に限るという方針は長続きせず，1887（明治20）年，音楽は女子教育に適しており，かつ必要であるという見解から，女子の入学が復活した。同年，音楽取調掛は東京音楽学校となった。かくして東京音楽学校は官立では唯一の男女共学となった（東京芸術大学百年史刊行委員会［1987a］37,44）。

1904年から1908年まで東京音楽学校の生徒であった作曲家山田耕筰は，「取りわけ上野（東京音楽学校は上野にあった——野村）の連中は，当時から男女共学であったために，女らしく見られてはと，故意に野蛮を装っていた」（山田［1996］128）と回想している。

なお，東京芸術大学の前身校は，東京音楽学校と東京美術学校であった。東京美術学校の規則に，生徒は男子に限る，という規定はなかった。しかし生徒募集広告や募集要項では男子に限ることが明記されていた。東京美術学校は，外国人女子の入学を認めたことはあるものの，男子の学校であった（東京芸術大学百年史刊行委員会［1987b］125）。

津田梅子の生涯はよく知られている。津田塾大学とその関係者が，彼女について資料や伝記を公刊してきた。5人の女子留学生のうち最年少であった津田梅子は，まもなく18歳になる年齢で日本に帰国した。帰国して1年後，津田は伊藤博文家の家庭教師となった。そして伊藤博文の推薦で津田は華族女学校の「教授補」となった。1900年，津田は15年間勤めた華族女学校を辞職し，「女子英学塾」を創設した。自立した職業的生涯をおくることができる女性を育てることが目的であった。具体的には，高等女学校の英語教師を養成しようとした。女子英学塾は，さまざまな困難にもかかわらず，津田とその支援者たちの懸命な努力によって発展し，今日の津田塾大学となった。

5名の女子留学生のうち，4名が教員となった。1年たたないうちに帰国した二人は私立学校の教員となり，アメリカで10年の教育を受けた二人は官立学校の教官となった。

ただ一人教員にならなかったのは，山川捨松であった。山川は帰国して1年後，時の陸軍卿大山巌の後妻となった。それ以後1919年に59歳で亡くなるまで，

大山巌夫人大山捨松として専業主婦の人生を送った。しかし，それは彼女が望んだ人生ではなかった。山川捨松は，教員になりたいと強く願っていた。帰国後，文部省から，女子高等師範学校の生理学の教官に，という話があった。しかし山川捨松は，永井繁子や津田梅子と同じく，10年のアメリカ留学の中で，日本語をほとんど忘れてしまっていた。女子高等師範学校で日本語の教科書を使い，日本語で授業することは，無理であった。やむなく山川捨松は，教師の道を断念し，大山巌と結婚した。しかし大山捨松は，女子英学塾の顧問，理事，同窓会長として終生，物心両面にわたって津田梅子を支え続けた。教壇に立つことはなかったが，山川捨松はまぎれもなく女子教育の功労者であった（久野［1992］）。

以上のような意味において山川捨松も教育関係者に含めるならば，5名の女子留学生は全員，教育にたずさわったことになる。上田悌子と吉益亮子はともかくとして，山川捨松，永井繁子，津田梅子は，当時の日本人女性としては最高の教育を受けていた。山川，永井，津田がそろって教育にたずさわったことは，その後の女子高等教育と職業との関係を示唆している。高等教育を受けた女性が働こうとするならば，教師は特殊に重要な職業となるであろう。この時点では高等教育を受けた女性の専門職は教師のみであった。しかし，やがて女子医学専門学校など高度の専門職を養成する女子の高等教育機関が発達するならば，女性は医者，歯科医，薬剤師などの専門職に進出するであろう。

7　男性学歴主義の局地的成立

学歴主義は，男性と女性とでは大きく異なった形で成立した。

男性の場合，1887（明治20）年の「文官試験試補及見習規則」およびそれを手直しした1893（明治26）年の「文官任用令」によって端緒的に学歴主義が成立した。「文官試験試補及見習規則」は「帝国大学」の法科大学と文科大学の卒業生に，高等文官への無試験任用の特権をあたえた。「文官任用令」は，「帝国大学」の法科大学と文科大学の卒業生への無試験任用の特権は廃止したもの

の，文官高等試験の予備試験を免除した。この当時，高等官はその収入においても社会的威信においても，最高の職業であった。最高の職業と最高の学歴が結びついた。

　しかし，任用される高等官の数も，「帝国大学」の学生数もごく少数であった。高い学歴と高い威信の職業とがもっと広い社会的文脈の中で成立するためには，高等教育機関が拡充し，大会社の社員数も増大し，そのうえで両者が就職市場において有機的に結びつく必要があった。大会社の数の急増，大学・専門学校の卒業生が大量に大会社に就職し始めたのは，第一次大戦期であった。最終学年の学生が卒業試験を待たずに会社への就職が決定するという定期採用がはじまったのも第一次大戦期であった。高等教育機関と大会社が就職という点で有機的に結びついたのは，第一次大戦期であった。

　アジア太平洋戦争に敗北するまで，学歴エリートになるためには，中学校→官立高等学校→帝国大学のコースを歩むことが必要であった。中学校，高等学校，帝国大学のそれぞれに入学試験があり，最大の難関は高等学校への入学であった。官立高等学校の受験競争に同世代の男子のどれほどがかかわったのであろうか。

　官立高等学校は1918年まで，第一高等学校から第八高等学校までの8校（ナンバースクール）しかなかった。しかし1918年の新たな高等学校令を契機として，1920年代半ばまでに，松本高校，山口高校など地名を冠した官立高校17校（ネームスクール）が新設された。門戸が開かれ，受験競争に参加する者が増大した。官立高等学校の受験資格は，1918年高等学校令によって，基本的には中学校第四学年修了者（四修）か中学校卒業者であった。

　ちなみに，四修で高校を受験できるという制度は，中学校生活に大きな影響を与えた。東京府立一中（現・日比谷高校）の生徒であった丸山眞男は，四修で第一高等学校を受験し，失敗した。丸山は語っている。

　「府立一中というのは，四年終了でドーッと高等学校へ入ってしまう。それで五年は一クラス減るのです。優等生ではなくたって，ちょっと気のきいたのは四年終了で入ってしまう。ぼくは四年終了で見事に落ちてしまった。顧みて

第33章　学歴主義の局地的成立（男性）と特定的成立（女性）

ぼくが味わったのは深刻な挫折感です。中学での成績は発表しますからわかっている。自分よりはるかに下の成績のものが入っていて，ぼくは落ちている。入った連中が得意になって真新しい白線帽をかぶって一中にやってくる。これは非常な屈辱感です。（中略）他の中学だと五年まで在校するのが普通ですけれど，一中に関しては，四年で一クラスなくなるほどゴソッと入るわけですから，五年生というのは「どうせ，おいらは落ちぶれ者よ」というところがあって，実に面白い。一中時代で最も楽しかったのは五年の時代です。さっき言ったように，ぼくには一中時代はあまりいいイメージがないのですけれど，五年のときは楽しかった」（丸山［2006］上35-36）。

　中学校を経由しないで高等学校の受験資格を持つ者もいた。高等学校高等科入学資格試験（通常は高検と呼ばれ，四修と同等の学力を検定する）の合格者や専門学校入学者検定（通常は専検と呼ばれ，中学校卒業者と同等の学力を検定する）の合格者などである。高検は高等学校への入学資格を得るためだけのもので，それ以外の社会的価値はほとんどない。したがって高検の受検者は高等学校を受験したいために高検を受検するので，広い意味では高検の受検者も高等学校の受験競争に参加していることになる。専検は高検とは異なり，合格者は中学卒業者と同等の資格になる。したがって専検の受検者は，高等学校を受験したい者と，中学校卒業生の資格で有利な就職先を見つけたいとする者の両方が混在していた。専検の受検者のかなりの部分も広い意味では高等学校の受験競争に参加していることになる。さらに1928年度からは実業学校卒業程度検定（通常は実検と呼ばれ，修業年限5年の甲種実業学校卒業と同等の学力を検定する）合格者も高等学校への入学資格を与えられるようになった。しかし高検，専検，実検の受検者については年齢や学歴などのデータがないのでここでは考慮しないことにする。

　官立高等学校を受験した中学生の数を見る資料として，文部省専門学務局『昭和五年官立高等学校高等科入学者選抜ニ関スル調査』を使おう。この調査は1930年4月に官立高等学校に入学した者と，そのために受験した者を調査したものである。計算をシンプルにするために，二つの仮定をおこう。一つは，

中学校四年修了で高校に入学できるので，高校進学を希望する中学生は全員，四年修了見込で受験する。もう一つは，四年修了見込で受験する中学生は全員16歳である。この二つの仮定は，現実に近いであろう。

資料によれば，「昭和五年中学四年修了見込」の受験者は9,030名であった。1930年の国勢調査によれば，16歳の男子は，687,032名であった。官立高校という学歴エリートの道にチャレンジしたのは，同世代男子の1.3％にすぎなかった。同世代の中のごく一部であった。しかも，受験競争に参加した者は地域的にも階層的にも偏在していた。ただ，受験生の社会階層にかんする調査は存在しない。しかし，受験生の社会階層は合格者の社会階層とほぼ重なるものであった，と見なしてよいであろう。合格して高校生となった者たちの社会階層を見よう。

文部省教学局『学生生徒生活調査　昭和13年11月調査』(下)は戦前期における学生生活についてもっとも網羅的な調査といわれている。それによれば，「官公私立高校」生徒の「自家の所在地」は，「都市」89.76％，「農，山，漁村」10.24％であった。圧倒的に「都市」出身者が多かった。1935年の国勢調査によれば，男子のうち「市部」にすむ者が33.5％，「郡部」が66.5％であった。『学生生徒生活調査』が何を基準として「都市」と「農，山，漁村」を分類したのか書かれていないが，「市部」と「郡部」という行政上の区分と大きく離れたものではないことは間違いないであろう。高校生の出身は地域的に都市に偏在していた。すなわち農村地域は高等学校とほとんど無関係であった。農村地域出身で高等学校に進学した者は，ほぼ地域の名望家出身者に限られていたといっていいであろう。

『学生生徒生活調査』は，「自家の職業」も調査している。「職業」は11分類で，国勢調査の職業分類とは異なって，この調査に独自の分類となっている。「自家の職業」を多い順に並べると，「銀行，会社員及其ノ他ノ勤人」21.51％，「無職」16.35％，「商業」14.58％，「官公吏」10.69％，「医師」9.50％，「農業」7.85％，「教員」7.45％，「其ノ他」4.56％，「工業」3.44％，「軍人」2.38％，「宗教家」1.68％，となる（ただし，元の表には実数と割合が記されてい

第 3 章　学歴主義の局地的成立（男性）と特定的成立（女性）

るが，個々の分類の実数を合計すると，表に記されている「合計」13,304ではなく，13,384となるので，13,384が正しいとして，割合を再計算した）。

　戦前においては職員と「労務者」「職工」とは厳密に区別されていたので，この調査で「銀行，会社員及其ノ他ノ勤人」とされているのは，今日でいうホワイトカラーと解釈してよい。また，「無職」は，ごく一部に失業者や年金生活者を含んでいたとしても，主として資産保有や資産運用で生活していた裕福な人たちである。それを裏づけるのが，「家庭ヨリノ学費支給」という調査項目である。「自家の職業」が「無職」の場合，「家庭ヨリノ学費支給」が「容易」45.91％，「可能ノ程度」47.69％，で，「困難」は6.39％にすぎない。

　したがって，出身家庭が明白に近代的職業──「銀行，会社員及其ノ他ノ勤人」「官公吏」「医師」「教員」「軍人」──の高校生が51.53％と，半数を占めている。すでに指摘したように，『学生生徒生活調査』の職業分類は，この調査に独自の分類であり，国勢調査の職業分類とは異なっている。しかし医師や教員のように国勢調査の職業分類（小分類）とほぼ重なると思われる職業もある。1930年の国勢調査は小分類で職業調査をおこなっている。『学生生徒生活調査』と重なる1930年国勢調査の職業小分類をあげると，次のようである。

「官吏公吏雇傭員」　　436,293名
「陸海軍現役軍人」　　242,796名
「教育ニ従事スル者」　327,192名
「医師」「歯科医師」　 59,402名

『学生生徒生活調査』の「銀行，会社員及其ノ他ノ勤人」に相当する職業名は1930年国勢調査にはない。しかし原朗（[1979] 354）が，1930年国勢調査から，「俸給生活者層」を1,591,400名と推計している。しかしこの「俸給生活者層」は「下級官公吏」を含んでいるため，それを差し引くと，1,339,800名となる。これが『学生生徒生活調査』の「銀行，会社員及其ノ他ノ勤人」に相当する職業グループと考えてよいとすると，以上の合計は2,405,483名となる。

これを1930年国勢調査の有業者総数で除すると，8.12％となる。もちろん，有業者総数に占める近代的職業人の割合と，高校生の「自家の職業」の割合とを直接比較することはできない。しかし，高校生の出自が階層的に集中していたことの傍証にはなるであろう。

　高等教育機関として官立専門学校や私立大学が存在した。しかしこれまでの学歴主義研究はほとんどもっぱら，中学校→官立高等学校→帝国大学のコースを論じてきた。そしてあたかも若者の多くが官立高等学校をめざして苛烈な受験競争に参加したかのように描いてきた。しかしそれは一面を誇張したものである。帝国大学を頂点とする学歴をめざして競争する若者は，同世代の小さな一部であった。

　同世代の小さな一部とはいえ，学歴競争に参入した若者にとっては，入試は受験地獄であった。「試験地獄」はマスコミでも取り上げられた。たとえば「放任を許さぬ　学生の試験地獄　おそろしい事実の続発から社会問題化し来る」（『朝日新聞』1927年3月19日朝刊）と題する記事は，「受験苦のためあたら前途ある身を害ふものは実に驚くべき多数」にのぼると報じていた。『朝日新聞』は1928年1月20日朝刊から10回シリーズで，「試験地獄は救われるか」というテーマを取り上げ，1928年3月の中学校入試から筆記試験が廃止となり，小学校からのいわゆる内申書（学業成績，身体状況，特性，志望の適否など），口頭試問，身体検査によって決定するという新しい選抜制度が「受験地獄の救済策」にならず，むしろ改悪である，とキャンペーンをはった。激しい試験競争は，1902年の高等学校入試の改正を皮切りに，中学校入試，高校入試のたびかさなる改正を強いた（増田／徳山／斎藤［1961］）。

　受験に成功して高い学歴を得たならば，しかるべき社会的地位を得る可能性が大きかった。その意味でここには学歴主義が成立していた。しかし，学歴主義が成立していた範囲は，地域的にも，また社会階層的にも，日本社会全体から見れば狭いものであった。1920年代における男性の学歴主義は，局地的に成立していた。

8　女性学歴主義の特定的成立

　男性の学歴主義とは対照的に，女性の学歴主義は，官吏制度とはほとんど関係なく，大会社とはまったく関係がなかった。

　女性の学歴主義は，官吏制度とはほとんど関係なかった。まずなによりも，女性は高等試験の受験資格が認められていなかった。また，高等試験の中心科目である法学を教える女子学校もなかった。たしかに，「文官試験試補及見習規則」が発布された頃，数人の女性奏任官がいた。彼女たちは全員，官立学校の教官であった。「文官試験試補及見習規則」が制定されてからも，教官と技術官の任用は，試験によらない銓衡任用であった。しかし女性は技術官にはなれなかった。技術官を供給する「帝国大学」工科大学が女性の入学を認めていなかったからである。女性が奏任官となることができたのは，教官のみであった。事実，数人の女性が，銓衡任用によって，教官として奏任官となった。しかし，彼女たちは，奏任官になりたくて教官になったのではない。彼女たちは教育者になりたかったのであり，教師として職を得た学校が官立学校であったため，結果として奏任官になったにすぎない。そのことをもっともよく示しているのが，津田梅子である。津田は「華族女学校」を辞し，「女子英学塾」を創立した。「華族女学校」において津田は奏任官であり，女性としては最高水準の俸給を得ていた。しかし津田は，女性の英語教師を育てるというかねてからだいていた目標を実現するために，未練なく奏任官の地位を捨てた（大庭[1993] 200）。

　「文官試験試補及見習規則」が発布された時，女子の高等教育機関は「高等師範学校女子部」しかなかった。それは，中等教員を養成する学校であった。女子の高等教育機関は，その初発から，教師という専門職の女性を供給する学校であった。20世紀に入ると，女子の私立専門学校があらたに設立され，女子で高等教育を受ける者が増加した。高等教育を受けた女子の多くは就職しなかった。卒業生で職を求める女性は，圧倒的に中等教員となった。また，女子

専門学校は，中等教員を養成するという目標を掲げることによって，生徒を確保した（佐々木 [2002]）。女子医科大学の卒業生は，医者になった。女子の高等教育機関は，なによりも専門職と結びついた。

　高等教育を受けた女性が専門職と結びついたのは，他の選択肢がなかったからでもあった。官吏の世界では，女性は，武官にはもちろん，技術官にも行政官にもなることはできなかった。大会社は，高等教育を受けた女性を採用しなかった。高等教育を受けた女性が専門職以外で活躍をはじめるのは，1985年の男女雇用機会均等法以後のことである。

　高等教育を受けて就職した女性は特定の専門職（主として教員）として就職した。女性の学歴主義は，1920年代に特定的に成立した。

補論 2
近代初期の学校制度

本書第3章で,「文官試験試補及見習規則」と「文官任用令」について論じた。それらが制定された1890年前後までの時期は,学校制度の形成期で,制度自体が固まっていなかった。この補論は,学歴主義の成立を理解する上で必要な形成期における学校制度について説明する。

1　男女別学の原則

1871（明治4）年,文部省が設置された。文部省はただちに,新しい教育制度を創設すべく準備をはじめた。翌72年,文部省からの上申にもとづき,太政官は「学制」を公布した。「学制」の公布にあたり太政官は,「学制」の基本精神を明らかにするために「学制序文」（通称「被仰出書」）を頒布した。

「学制序文」は,「邑に不学の戸なく家に不学の人なからしめん事を期す」と,国民すべてが学校で学ぶことを目指していた。そして,「人能く其才のあるところに応じ勉励して之に従事ししかして後初て生を治め産を興し業を昌にするを得べしされば学問は身を立つるの財本ともいふべきものにして誰が学ばずして可ならんや」と告諭し,「学問」が「身を立つるの財本」であることを強調した。

「学制」は男女の共通教育という立場であった。実際,「学制」のもとでの学校は,小学校でも,小学校以後の学校でも,男女共学が主流で,男女別学は少数派であった（橋本 [1992] 30-36）。しかし,1879（明治12）年の「教育令」は,男女の共通教育という考えを変更し,教室も教科内容も男女別に異なるという

意味での男女別学を原則とした。「凡学校ニ於テハ男女教場ヲ同クスルコトヲ得ス　但小学校ニ於テハ男女教場ヲ同クスルモ妨ケナシ」(「教育令」第42条)として，小学校では男子と女子が同じ教室で学ぶことが許されていたが，例外として許されていたにすぎない。男女別学が原則となった理由として，橋本([1992] 37-38)は，性別役割分業の存在，旧来の男尊女卑の意識，そして旧武士家族をモデルとした政策の3点を指摘している。

1879年「教育令」以後，男女別学が原則となった。とりわけ中等教育・高等教育においては男子と女子は原則として別々の学校で異なる教科内容を学ぶとされていた。同一の学校に男女が在籍した場合，男子部と女子部に分かれ，教室もカリキュラムも男女別であった。ただし，「教育令」以後も，少なくとも東京では男女共学の「各種学校」が存続した。「各種学校」が男女別学になるのは20世紀になってからである (土方編[2008])。

男女別学の原則の下で，文部省にとって正系の学校とされていたのは男子の学校であった。それゆえ最初に男子の学校制度を見よう。

2　男子の学校

「文官試験試補及見習規則」が制定される前年の1886 (明治19) 年に，男子の学校制度の整備が図られた。すなわち，「小学校令」「中学校令」「師範学校令」「帝国大学令」が制定された。それらをもとに1887 (明治20) 年当時の男子の学校制度を図示すると，図補2-1のごとくである。

(1)　小学校・師範学校・中学校

尋常小学校は4年間で，義務教育であった。尋常小学校には，6歳で入学する。尋常小学校からの進学先は高等小学校，師範学校，中学校である。高等小学校は4年間で，義務教育ではなかった。しかし，高等小学校は初等教育とされ，学歴としては中等教育の中学校とは明確に区分された。

師範学校は尋常師範学校と高等師範学校からなる。尋常師範学校は小学校の

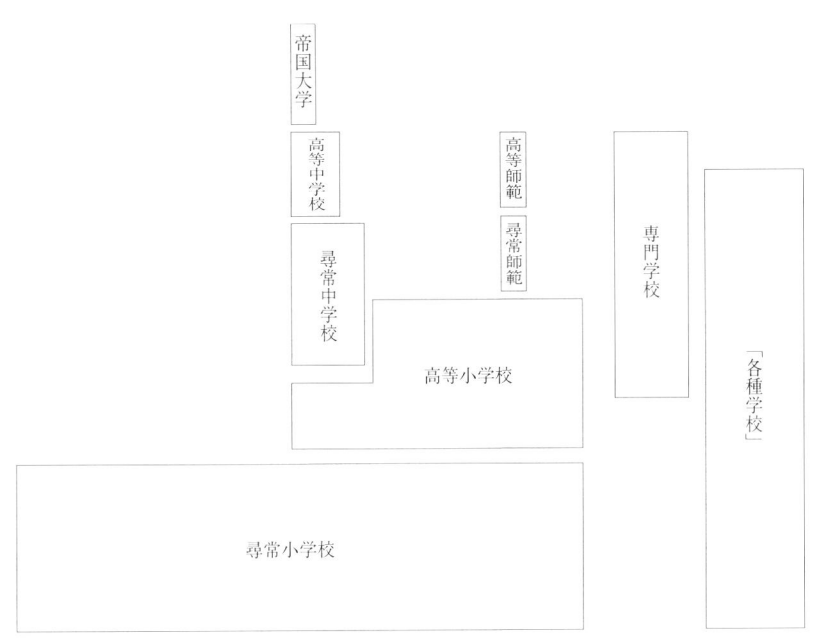

図補2-1　男子の学校制度（1887年）

教員を養成する学校であり，入学資格は高等小学校卒業以上の学力を持つ17歳以上20歳以下の男子で，修業年限は4年である。尋常師範学校の生徒は学資を学校から支給された。それにともなう義務として，卒業後5年間は府知事県令が指定する小学校に勤務する義務があった。その後さらに5年間，教員として奉職する義務があった。

　高等師範学校は中等教員の養成を目的としていた。入学資格は尋常師範学校を卒業した者である。高等師範学校の生徒も学資を学校から支給された。それにともなう義務として，卒業後3年間は文部省が指定する場所に勤務する義務があった。それからさらに7年間，教員として奉職する義務があった。

　尋常師範学校も高等師範学校も，学資が支給されたので，貧しい家庭出身の優秀な生徒が集まることになった。卒業生は，定められた期間，教員になることが義務づけられており，教員という専門職の養成学校であった。

　中学校は「実業ニ就カント欲シ又ハ高等ノ学校ニ入ラント欲スルモノニ須要

ナル教育ヲ為ス所」（1886年「中学校令」第一条）であった。しかし，教育制度における中学校の位置づけはあいまいであった。

中学校は尋常中学校と高等中学校からなっていた。尋常中学校への受験資格は，「品行端正身体健康年齢満十二年以上ニシテ中学予備ノ小学校」（1886年「中学校ノ学科及其程度」第六条）の学力を有する者とされた。修業年限は5年であった。

中学校の「実業ニ就カント欲シ又ハ高等ノ学校ニ入ラント欲スルモノニ須要ナル教育ヲ為ス所」という性格づけは，尋常中学校にも高等中学校にもあてはまるはずであった。しかし尋常中学校が「実業ニ就カント欲」する生徒に実業教育を実施することは無理であった。

第一に，尋常中学校の学科は，「倫理国語漢文第一外国語第二外国語農業地理歴史数学博物物理化学習字図画唱歌及体操」（1886年「文部省令第14号」第一条）とされており，明らかに普通教育を目的としていた。唯一の実業科目である「農業」は，第4年生と第5年生にとって第二外国語（ドイツ語またはフランス語）との選択科目にすぎなかった。

第二に，尋常中学校は各府県がそれぞれ1校だけ設置するものであった。各府県に1校しかないにもかかわらず，当初は学力水準が低く，落第・中退がきわめて多かった。しかし，1899（明治32）年の「中学校令改正」の頃には，尋常中学校が上級学校への進学の正系となった（国立教育研究所［1974］317-320，1062-1067）。尋常中学校は，高等教育への通り道となるか，あるいは地域の中堅的な人材を供給することになった。

尋常中学校が府県立であるのにたいして，高等中学校は文部大臣が管轄する官立学校であった。「中学校令」は全国を5区にわけ，それぞれに高等中学校を1校ずつ設置することを規定していた。それにもとづいて，第一高等中学校から第五高等中学校まで全国に5校の高等中学校が設置された。そのほかに，多額の寄付金つきで管理を文部省にゆだねることにした山口中学校と鹿児島県立中学造士館が，文部省の許可を得て，それぞれ山口高等中学校と鹿児島高等中学造士館となった。高等中学校へ入学できるものは「品行端正身体健康年齢

満十七年以上ニシテ尋常中学校ヲ卒業シタル者」(1886年「文部省令第十六号」第六条)とされた。修業年限は2年であった。

　高等中学校はたしかに「実業ニ就カント欲シ又ハ高等ノ学校ニ入ラント欲スルモノニ須要ナル教育ヲ為ス所」であった。「高等中学校ハ法科医科工科文科理科農業商業等ノ分科ヲ設クルヲ得」(1886年「中学校令」第三条)とされ，実際に，山口高等中学校と鹿児島高等中学造士館を除き，第一高等中学校から第五高等中学校の5校に医学部が付置された。しかし高等中学校の本科は「帝国大学」へ進学する者への基礎教育機関として機能し，医学部はあくまでも付置にとどまった。

　1894 (明治27) 年「高等学校令」によって第一高等中学校から第五高等中学校の5校は高等学校となり，中学校のカテゴリーではなくなった。高等中学校に付置された医学部は高等学校の医学部となったが，高等学校にとって異質なものであったため，5つの医学部は1901 (明治34) 年に高等学校から分離独立し，千葉，仙台，岡山，金沢，長崎の医学専門学校となった。

　中等教育において実業教育 (工業, 商業, 農業など) が本格的に発展するのは1899 (明治32) 年の「実業学校令」以後である。「文官試験試補及見習規則」や「文官任用令」が制定された時点では，実業中等教育は未整備であった。

（2） 大学と「専門学校」

　「文官試験試補及見習規則」の発布時点で，大学は1校しか存在していなかった。その大学は「帝国大学」という名前であった。「帝国大学」は，「文官試験試補及見習規則」発布の前年1886年に「帝国大学令」にもとづいて設置された。「帝国大学」は，文部省管轄の「東京大学」が司法省の「法学校」と工部省の「工部大学校」を吸収する形で成立した。「帝国大学」は法科大学，医科大学，工科大学，文科大学，理科大学という5つの分科から構成され，「国家ノ須要ニ応スル学術技芸ヲ教授シ及其蘊奥ヲ攻究スル」(「帝国大学令」第一条) ことを目的としていた。この「帝国大学」は，1897 (明治30) 年に「京都帝国大学」が創設されるにともなって，「東京帝国大学」と改称された。それ

とともに，帝国大学という言葉は固有名詞から普通名詞になった。

「文官試験試補及見習規則」の発布当時，小学校→尋常中学校→高等中学校→「帝国大学」という進学ルートが正系の進学ルートであった。しかし尋常中学校は各府県に1校で，高等中学校は全国で7校，そして大学は1校のみであった。数少ない正系の官立学校を補うものが「専門学校」と「各種学校」であった。

「専門学校」は日本独特の学校であった（天野［1993］16）。1873（明治6）年に文部省が「専門学校」という学校種別を作って以来，1903（明治36）年「専門学校令」が「専門学校」に一応の定義を与えるまで，「専門学校」と呼ばれていた学校の実態は，多種多様であった。

1873（明治6）年，文部省は「学制二編追加」を布達した。その第百九十章は，「外国教師ニテ教授スル高尚ナル学校（法学校理学校諸芸学校等ノ類）之ヲ汎称シテ専門学校ト云フ　但此学校ハ師範学校同様ノモノニシテ其学術ヲ得シモノハ後来我邦語ヲ以テ我邦人ニ教授スル目的ノモノトス」としていた。「専門学校」は，外国人を教師として，日本語で高等教育をおこなう日本人教員を養成する学校であった。当然，「高尚ナル学校」であった。『文部省第二年報明治七年』（2頁）には「専門学校」として「東京開成学校」と「東京医学校」の2校が報告されていた。

ところが，「学制二編追加」による「専門学校」の定義を守るべき文部省が，「外国教師ニテ教授スル高尚ナル学校」ではない学校をも「専門学校」と呼ぶようになった。すなわち，『文部省第3年報明治8年』（611頁）の「専門学校一覧表」は，「東京開成学校」と「東京医学校」のほかに6校を「専門学校」として記載している。「東京開成学校」は「外国教員」19名，「教員」21名であり，「東京医学校」は「外国教員」10名，「教員」19名であった。この2校は，「外国教師ニテ教授スル高尚ナル学校」という定義に合致していた。しかし残りの6校には「外国教員」が皆無であり，日本人教員が3人いる学校が2校，1人しかいない学校が4校であった。生徒数はもっとも多い学校で35名，もっとも少ない学校で9名であった。この6校は，「外国教師ニテ教授スル」学校

でないことはもちろん,「高尚ナル学校」でもなかったと見て間違いないだろう。そもそもこの6校は,教員数や生徒数の少なさから判断すれば,「学校」というよりは私塾と呼ぶべきものであった。6校の設立年は1873（明治6）年が2校, 1874年が1校, 1875年が3校なので, いずれも明治維新以後の設立であった。なぜこの6校が「専門学校」とされたのかについて,『文部省第3年報明治8年』は何も記述していない。

付言しておけば,「外国教師ニテ教授スル高尚ナル学校」であっても,『文部省第3年報明治8年』によって「専門学校」とされていない学校があった。技術官僚を養成する工部省の「工学寮」（→「工部大学校」）, 司法官を養成する司法省の「明法寮」（→「法学校」）である。文部省の管轄下にはないこれらの学校は,『文部省年報』には記載されていない。

「専門学校」の概念は, 1877（明治10）年に「東京開成学校」と「東京医学校」が合併して「東京大学」という名前の大学になったことによって, さらに変わることになった。すなわち1879（明治12）年「教育令」第七条は,「専門学校ハ専門一科ノ学術ヲ授クル所トス」と規定した。外国教師による授業という規定も, 高尚な学校という規定も削除された。「専門一科ノ学術」がどのような水準の学術なのか,「教育令」はなにも規定していないため,「専門学校」の概念は不明確であった。

水準を問わず「専門一科ノ学術ヲ授クル所」を「専門学校」としたため, その数が増え,「文官試験試補及見習規則」の発布直前の1886年には, 官立2校, 府県立43校, 町村立3校, 私立43校となった。官立2校は,「東京商業学校」（現・一橋大学）と「東京職工学校」（現・東京工業大学）で, その水準は高等教育機関にふさわしいものであった。しかし, ほとんどの私立専門学校の水準は低く,「数年前ニ在リテハ教科完カラス管理整ハスシテ往々人ヲシテ名実相〇ハサルカ如キノ感アラシメタリシ」（『文部省第14年報〔明治19年分〕』36）という状態であった。

こうして,「専門学校」は,「文官試験試補及見習規則」の発布直前において, 上は高等教育機関の内実をそなえた学校から, 下は中等程度あるいはそれ以下

の学校を多層的に包括する学校種別となっていた（天野 [1993] 30）。

（3）「各種学校」

「専門学校」は，さまざまな教育レベルの学校を含む学校種別であった。しかし「専門学校」以上に雑多な学校を汎称する学校種別があった。「各種学校」である。

「各種学校」という学校種別は，1879（明治12）年「教育令」第二条「学校ハ小学校中学校大学校師範学校専門学校其他各種ノ学校トス」の規定にもとづいている。つまり「小学校中学校大学校師範学校専門学校」ではない学校をすべて包括する学校種別であった。『文部省第8年報明治13年』（24頁）は，「各種学校」について次のように報告している。

「従来各地方ニ設置セル学校或ハ家塾ノ類ニシテ其学規及ヒ教授科目等ノ全ク小学中学若クハ専門学校ノ資格ニ適合セサルモノ公立ニ四百三十三箇私立ニ一千五百八十三箇計二千一十六箇アリ今其学校ノ等位及ヒ種質ヲ概挙スレハ或ハ洋籍ヲ用ヒテ青年ノ子弟ニ文学若クハ高等普通学ノ二三科ヲ教授シ或ハ学齢外ノ童子ヲ集メテ経史等ヲ講読セシメ或ハ単ニ習字算術ノミヲ教授スル学校及ヒ家塾等ナリ而シテ従前ノ統計法ニ拠レハ此等ノ学校ハ各其主眼トスル所ノ学科目若クハ其課程ノ高低ニ由リテ仮ニ之ヲ小学若クハ中学ノ部類ニ編入セシモノナリ。然レトモ今ヤ学校ノ分類種別一ニ皆教育令ノ本旨ニ遵依シテ学科不完備ノ学校ハ其程度ノ如何ニ拘ハラス悉ク之ヲ純然完備ノ学校ト甄別（けんべつ）セスンハアル可カラス」。

「各種学校」は，「程度ノ如何」に関係なく「学科不完備」と判断された学校のことであった。

3　女子の学校制度

（1）　小学校

初等，中等，高等のそれぞれの段階における男子の学校制度が整備されたの

補論2　近代初期の学校制度

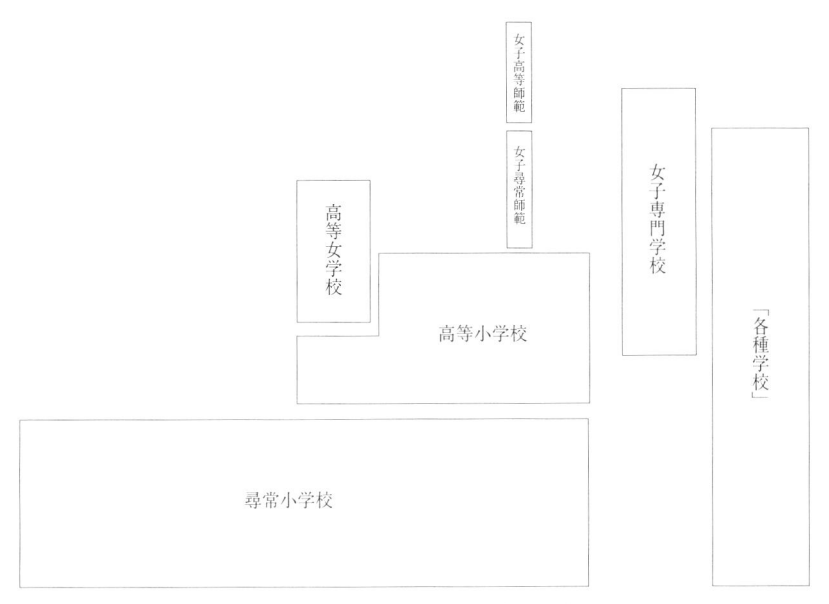

図補2-2　女子の学校制度（1887年）

は，1900（明治33）年前後である。「文官試験試補及見習規則」が制定された1887（明治20）年には，男子の学校制度は整備の途上であった。この時期，男尊女卑の思想は自明のこととされていた。男子の学校が整備の途上であった以上，女子の学校制度は貧弱としか言いようのない状態であった。イメージとして図示すると，図補2-2のごとくになる。

尋常小学校，高等小学校については，基本的に男子と女子に差がなかった。1886（明治19）年の文部省令第8号「小学校ノ学科及其程度」によれば，尋常小学校においては男子と女子で学科，授業時間に違いはなかった。高等小学校では，女子にだけ週2時間から6時間の「裁縫」時間をもうけた。男子には男子に特有の学科を設けていないため，この「文部省令第8号」は，女子にだけ追加的に「裁縫」学科を教えるものであった。

小学校の学科，授業時間については，男子と女子の違いはほとんどなかった。しかし，そもそも学校に行くかどうかにおいて大きな違いがあった。1887（明治20）年において学齢男子の就学率（修学者／（修学者＋不修学者））は60.3％で

あったのにたいして，学齢女子の就学率は28.3％にすぎなかった（『文部省第15年報〔明治20年分〕』38）。たしかにこの当時，日本社会は貧しく，就学猶予届では不就学の理由として貧困や病気をあげる者が多かった（土方 [1994] 149-151）。しかし，貧困や病気が本当の理由であるとすれば，男子と女子の間で就学率が大きく異なるなずがない。

　男子に比べて女子の就学率が顕著に低かった理由の一つは，女子に学校教育は不要であるという考えが強かったためである。江戸時代に「学問」に最も熱心であったのは武士であったが，その武士の家でも，「女は平仮名で手紙のやり取りができれば十分」（山川 [1983] 37）とされていたのであるから，それ以外の社会階層において女子の教育がなおざりにされたのは当然ともいえる。

　大門（[2000] 29-35）は，日露戦争後の東京府田無町の史料をもとに，当時の家族は，経済的条件，家族労働，家族の世話，親の学校教育観などを基準として，尋常小学校高学年の女子を小学校に通わせないという判断をした，と指摘している。この指摘は小学校制度ができて以来，学齢男子・女子のほとんどすべてが就学する第1次大戦期まで妥当するであろう。

（2）「高等女学校」

　1887（明治20）年「文官試験試補及見習規則」が発布された時，「高等女学校」について法的規定がなかった。法的規程はなかったが，「高等女学校」という名前の学校は存在していた。

　1882（明治15）年に官立の「東京女子師範学校附属高等女学校」が設立されていた。この学校が高等女学校を名乗った最初の学校であった。文部卿は，この学校の設立にあたって，「本校附属高等女学校ハ，高等ノ普通学科ヲ授ケ，優良ナル婦女ヲ養成スル所トス」と布達した。入学資格は小学校6年間を卒業した者で，修業年限は下等科3年・上等科2年，計5年であった。下等科の学科は，修身，読書，作文，習字，算術，地理，本邦歴史，博物，物理，図画，裁縫，礼節，音楽，体操であり，上等科の学科は，修身，読書，作文，習字，図画，裁縫，礼節，音楽，体操，化学，家政，育児とされた（東京女子高等師範

学校附属高等女学校［1932］3）。すなわち，下等科にも上等科にも外国語の授業がなかった。そして，裁縫・家政・育児という女子特有の学科が重視されていた。「高等女学校」は男子の中学校とは性格を異にしていた。

官立の「東京女子師範学校附属高等女学校」を設立したことに続けて，文部省は，『文部省第10年報明治15年』から，学校種別として「高等女学校」について報告するようになった。それは次のように，「高等女学校」はその数が少なく，かつ教育内容もさまざまである，という内容であった。

「女子教育ノ振ハサルハ本邦従来ノ弊風ニシテ其甚キニ至リテハ措テ問ハサルモノアリ近時文運ノ旺昇スルニ随ヒ小学女生徒漸次ニ増加シ加フルニ女子師範学校ノ設アリト雖モ其高等普通学科ヲ教フルモノニ至リテハ僅ニ数地方ニ過キス啻ニ其数ノ少ナキノミナラス之カ教育ヲ施ス者多クハ其教旨ヲ誤リ男子中学科ト同一ノ課程ヲ践マシメントスルモノアルニ至ル夫レ女子ノ最モ急ニスヘキ所ノモノハ修身ノ道ナリ坐作進退ノ節ナリ家事経済ノ要ナリ子女養育ノ法ナリ是等ノ事皆一ヲ闕クヲ得ス而シテ其他猶ホ裁縫，手芸等ノ要件アリ（中略）目下稍々完備ノ学科ヲ設ケ以テ女子ヲ教養スルモノハ京都，群馬，山梨，岐阜，徳島ノ一府四県ニ過キス」（『文部省第10年報明治15年』29-30）。

ここで注目すべきは，文部省は「高等女学校」になんの概念規定を与えていないにもかかわらず，「多クハ其教旨ヲ誤リ男子中学科ト同一ノ課程ヲ践マシメントスルモノアルニ至ル」，として，「高等女学校」は男子の中学校と同一の課程を教えてはならない，としていることである。

「文官試験試補及見習規則」の制定の前年1886年において，「高等女学校」は7校，生徒総数898名，卒業生総数33名（『文部省第14年報〔明治19年分〕』40）にすぎなかった。男子の尋常中学校57校，生徒総数10,300名（『文部省第14年報〔明治19年分〕』29）と比較すればいかに少ないかがわかる。もちろん，「高等女学校」の法的規定がないのであるから，文部省年報の報告では「高等女学校」の学力程度はわからない。男子の中学校は，入学資格や教育すべき学科目などが法律や条例で決められていた。「高等女学校」については，それらの規定がなかった。そのこと自体，「高等女学校」にきちんとした学力が求められてい

なかったことを物語っている。

　文部省は,「高等女学校」についてなんのイメージも持っていなかったわけではない。文部省直轄の「東京高等女学校」(「東京女子師範学校附属高等女学校」が改称) にたいして文部省は, 1888 (明治21) 年,「東京高等女学校生徒教導方要項」を文達した。その中で文部省は, 次のように教科内容を指示していた。

　「先ヅ女子生涯ノ職分ノ基トナルベキ普通学科ヲ教ヘ, 尋デ一家ノ責任ヲ負担スルニ切要ナル学科及芸能ヲ習ハシメ, 最後凡一年間ハ, 夫妻ノ関係, 舅姑ニ対スル心得, 育児法, 家事整理法, 婢僕ニ対スル心得, 朋友親戚等ニ接スル心得, 及交際動作ノ心得等ヲ講究セシムル事」(東京女子高等師範学校附属高等女学校［1932］9)。

　つまり「東京高等女学校」は, 普通教育と女子に特有の教育を合わせて教えるものであった。とはいえ, 最後の一年間はもっぱら女子特有の授業に特化するのであるから, 普通教育よりも女子に特有の科目に重点がおかれていたといえる。授業内容に「婢僕ニ対スル心得」が含まれており, 女子生徒の出身家庭を裕福な中流以上の家庭と想定していた。

　「高等女学校」のはじめての法的規定は, 1891 (明治24) 年「改正中学校令」であった。しかし「改正中学校令」の規定は,「第十四条　高等女学校ハ女子ニ須要ナル高等普通教育ヲ施ス所ニシテ尋常中学校ノ種類トス」という, ごく簡単なものにすぎなかった。入学資格も授業科目も規定していなかった。それから4年後, 1895 (明治28) 年「高等女学校規定」が, 入学資格は尋常小学校卒, 修業年限は6年とし, 家事や裁縫を含む科目も規定した。次いで1899 (明治32) 年「高等女学校令」は, 高等女学校の目的を「女子ニ須要ナル高等普通教育ヲ為ス」こととした。入学資格は高等小学校第2学年の課程を卒業したもの, 修業年限は4年, ただし土地の情況により1カ年を伸縮することができる, とした。したがって, 修業年限は4年を標準としつつも, 3年あるいは5年も可能であった。男子が通う中学校は, 修業年限が5年に固定されていた。修業年限が固定していないということは, 高等女学校が一定の学力水準を求められていなかったことを意味している。

（3） 女子師範学校

　1872（明治5）年の「学制」は，全国を8大学区に，各大学区を32中学区に，そして各中学区を210小学区に区分し，大学区ごとに1大学，中学区ごとに1中学校，小学区ごとに1小学校，合計で8大学，256中学校，53,760小学校を設立する，と謳った。いうまでもなく，これだけの学校を一挙に創設するという構想は，財政的にも人的にも，実現不可能であった。しかし，この構想自体は不可能だとしても，これから小学校が急増することは明らかであり，そのためには小学校の教師の養成が不可欠であった。

　文部省は，「学制」頒布に先だつ1872（明治5）年4月，小学校の教師を養成するため，「小学教師教導場ヲ建立スルノ伺」を，国家の最高機関であった「正院」に提出した。「正院」からただちに允許の回答があった。その結果，東京の湯島にあった昌平学校の講堂を教場とする小学校教師養成所が文部省の直轄学校として同年9月に開校された。この学校は「師範学校」と名づけられた。「師範学校」開校の時点では，「師範学校」は固有名詞であった。「師範学校」と名づけられたこの学校は，翌1873年7月に「東京師範学校」と改称され，それ以後，師範学校という言葉は，小学校教師を養成する学校という意味の普通名詞になった。

　固有名詞としての「師範学校」は，教師一人（アメリカ人）生徒54名で発足した。教師と生徒の意思疎通のために「通弁」がいた。『自第一学年至第六学年東京師範学校沿革一覧』（1880年）も『東京高等師範学校沿革略志』（1911年）も54名の生徒の性別を記していない。けれども，開校から8カ月たった1873年5月に旧昌平黌の寮舎を充用して生徒全員を寄宿舎に収容したという事実から，生徒はすべて男子であったとみなして間違いない。男子生徒と女子生徒が同じ寄宿舎に入るなどということは考えられないからである。

　男子の「師範学校」の開校から3年後の1875（明治8）年，「女子師範学校」が開校された。すぐに「東京女子師範学校」と改称されるようになるこの「女子師範学校」は，創立された時点では，女子教育がないがしろにされてきた当時の事情を反映して，学力に大きな問題をかかえていた。募集対象はおおよそ

14歳以上20歳以下とし，試験科目は「習字と近易の書の講読」であった。「近易の書」とは，「地学事始，物理階梯，国史覧要等の書」のことである。100名募集にたいして193名の応募があった。試験成績が悪かったため，合格者は74名にとどまった。「合格したる者も学力甚だ低く，十中八九は辛うじて小学読本或は物理階梯如き近易の書籍を素読し得るに止まり，数学に至りては単に亜剌比亜(ラビア)数字を知るに過ざる者大多数を占め，予期の入学試験程度を以てしては殆んど一人も入学を許可し難き程なり」（東京女子高等師範学校［1915］8-9）という状況であった。

やがて小学校教育が普及しはじめ，小学校の課程を修了した女子が「東京女子師範学校」に入学するようになると，府県立学校や私立学校にたいする官立学校の優越的地位を背景として，「東京女子師範学校」は優秀な生徒を集めるようになった。そして「東京高等師範学校女子部」となって，女子師範学校よりも一段と高いランクになった時，事実上，日本で唯一の女子の高等教育機関となった。そのため，教職を求める者のほかに，学問研究や他の専門職を志す生徒も集まるようになり，この学校のアカデミズム志向が進んだ（お茶の水女子大学百年史刊行委員会［1984］61-62）。

創立からしばらくのあいだ，「東京女子師範学校」は，同じく師範学校という名称であったとはいえ，男子の「東京師範学校」と異なっていた。最大の違いは，卒業後の就職についてであった。男子の「東京師範学校」においては，創立時の校則に「入校の節成業の上必ず教育に従事すべき証書を出すべき事」と明記されていた。事実，開校から6年間で小学師範科の卒業生は228名，そのうち「教員及学務吏員等に奉職」は215名であった（『自第一学年至第六学年東京師範学校沿革一覧』26）。それにたいして「東京女子師範学校」の生徒には，当初，教職への奉職義務がなかった。そのため1879（明治12）年の第1回卒業生から1885（明治18）年までの卒業生計195名のうち，就職した者は74名にすぎなかった。ただ就職先はほとんどが教職であった（お茶の水女子大学百年史刊行委員会［1984］50-51）。

「東京女子師範学校」は1885（明治18）年に「東京師範学校」に併合され，

「東京師範学校女子部」となった。翌86年の「師範学校令」によって,「東京師範学校」は中等学校教員を養成する「東京高等師範学校」となった。それにともない,女子部も中等学校教員を養成する場となった。1887（明治20）年,校則が改定され,女子部についても,卒業してからの教職への奉職義務が課せられるようになった。奉職義務は,男子は10年間,女子は5年間で,そのうち男子は3年間,女子は2年間,文部省から指定された場所と俸給額で奉職する旨の誓書を差し出すことになった。

小学校教員の養成は,もちろん官立の「東京女子師範学校」だけでは間に合わなかった。そのため,1875（明治8）年の石川県の女子師範学校を嚆矢として,各府県が女子師範学校を設立しはじめた。しかし,女子師範学校が次々と増えていったわけではなかった。女子教育の軽視,厳しい財政事情などの理由によって,女子師範学校の数は男子師範学校よりも少なかった。1884（明治17）年に,男子師範学校47校,女子師範学校14校で,それに加えて「男女生徒ヲ兼テ教フル」師範学校が4校あった（『文部省第12年報〔明治17年分〕』24）。「男女生徒ヲ兼テ教フル」師範学校が,男女別クラスで教えていたのか,同じクラスで教えていたのかは,わからない（橋本 [1992] 88）。

1885（明治18）年,文部省は「達九号」において,府県にたいし,「従来特ニ女子師範学校ヲ設置シ居候向ハ師範学校ニ合併スヘク且向後女教員ヲ養成候節ハ師範学校ニ於テスヘキ儀ト心得ヘシ」と布達した。これによって女子師範学校は廃止されるか,師範学校の女子部になった。1887（明治20）年には,文部省達のとおりに1府県1師範学校となり,計45校のうち男子生徒のみの師範学校が27校,女子生徒も在籍している師範学校が18校であった。そして在籍生徒は合計で,男子生徒4,157名,女子生徒597名であった（『文部省第15年報〔明治20年分〕』52-53）。1900（明治33）年以後,文部省の方針変更にともない,独立の女子師範学校が少しずつ設置されるようになった。

(4) 「専門学校」

女子の学校種別にも「専門学校」があった。1886（明治19）年に「専門学校」

表補2-1 女子生徒の在籍する「専門学校」(1886年)

学科			数学	医学	画学
学校	官公立				1
	私立		20	2	
教員	官公立	内国人			4
		外国人			
	私立	内国人	34	14	
		外国人			
生徒	官公立	男			81
		女			4
	私立	男	1,366	525	
		女	94	14	

出典:『文部省第14年報明治19年分』37頁から作成。

に在籍した女子は、『文部省第14年報（明治19年分）』によれば、全部で112名であった。官公立の「画学」学校1校に4名、私立の「医学」学校2校に14名、「数学」学校20校に94名であった（表補2-1）。

　女子生徒を受け入れた唯一の官公立学校は、『文部省年報』には学校名が記されていないが、「京都府画学校」（現・京都市立芸術大学）である。「京都府画学校」が女子生徒を受け入れていたことは、『京都府第6回勧業統計報告』（1889年、99頁）によって確認される。この学校がなぜ女子を受け入れたのかは、不明である。ただ、女子が無事に卒業することは困難であったと思われる。この学校は、1891（明治24）年に「京都市美術学校」、1894（明治27）年に「京都市美術工芸学校」、1901（明治34）年に「京都市立美術工芸学校」と名称を改めた。『京都市立美術工芸学校一覧　明治41年7月』(70-81頁)は、第1回卒業生を出した1879年から1908年までの卒業者の名前を列挙している。その中で、女性と思われる名前は2名のみである。名前からの判断なのでいちじるしく正確さを欠いているが、女性の卒業者がきわめて少なかったことは間違いない。1886（明治19）年に教職員8名、生徒数85名、経常費34万円と記録されているので私立専門学校よりも格段にめぐまれた学習環境であったが、女子生徒にとって学び続けることは容易ではなかった。

補論2　近代初期の学校制度

　医学の私立専門学校2校に計14名の女子生徒がいた。誤解の生じないように付け加えておくと，前出表補2－1は，2校の私立医学専門学校に合計14名の女子生徒が在籍していたことを示しているのではない。表が示しているのは，私立医学専門学校は2校あった，私立医学専門学校に14名の女子生徒が在籍していた，ということである。14名の女子生徒が，2校に分かれて在籍していたのか，それとも1校に集中していたのかは，わからない。確実なことは，医学専門学校「済生学舎」に女子生徒が在籍していたことである。

　「済生学舎」は最大の私立医学校であった。1876（明治9）年に創立，1903（明治36）年に廃校となった。その間に教育した生徒の数は2万1000名，医術開業試験の合格者数は1万2000名近くであった。野口英世も「済生学舎」で学び，医術開業試験に合格して医師免状を手に入れた。入学資格は問われず，月謝を払いさえすればだれでも生徒になることができた。教師は全員が非常勤で，東京大学医学部の助手が主力であった。カリキュラムはなく，したがって学年制も進級制もなかった。試験もなかった。授業は朝5時から夜の9時までぶっ通しで，どれだけ聴講してもかまわなかった（天野［1983］153-154）。

　1900（明治33）年に「東京女医学校」（現・東京女子医科大学）を創立して女子医学教育の先駆者となった吉岡彌生は，1889（明治22）年に「済生学舎」に入学した。1892（明治25）年に医術開業試験に合格して，日本で27番目の女性医師となった。吉岡の回想によれば，「済生学舎」の女子生徒は，たえずハラスメントに直面していた。

　「講義の始まっている処へ行くと，婦人席というのがありました。其所には15，6人の婦人がいたが，男子も平気でその場所に割り込んでいます。そして私が行くと，大声で「小錦！」と呼ぶもあれば拍手するもある。そうした光景で行くから先ず度胆を抜かれて仕舞います」（吉岡［1980］846）。

　ここで言われている「小錦」とは，当時人気のあった相撲取りの名前である。このようなハラスメントは，「済生学舎」におけるハラスメントとしては軽いものであった。刑事問題となった「学生間の風紀に関する問題」は深刻であった。

「当時の男学生は随分乱暴でして，女学生を或は途に要撃し，或は校舎の一隅に追迫して強て意に従わしめんとし，或は甲は乙のために，乙は丙のためにそれぞれ異性を紹介すべく努めたもので，その遣り方は如何にも粗野にして稚気に満ちたものでした。併し気の弱いものは怖じ恐れて，中には廃学する者もあれば，病気に罹る者も出来，現に私の所で世話していた二人の女学生の如きも非常に心配し，その一人は可なり強い神経衰弱にかかりました」（吉岡［1980］849）。

こういう深刻な状況が重要な理由の一つとなって，1900（明治33）年，「済生学舎」は女子生徒の入学を拒否するとともに，在学中の70名の女子生徒に退学を強要した。このままでは女性医師の根が絶たれてしまう，と危機感を持った吉岡彌生は，自ら「東京女医学校」を創立した（吉岡［1980］849-850）。

女子生徒が一番多かったのは「数学」の「専門学校」であるが，その実態はわからない。私立の数学専門学校として名が通っていた学校に，東京の「攻玉社」があった。少し後の時代になるが，1897（明治30）年刊行の『東京諸学校入学便覧』（56-59頁）は，この「攻玉社」を「主として高等なる数理学を教ふるを以て名ある学校にして今は又兼て幼年青年の男子女子の為めに普通科を置き又海軍兵学校の予備をも授け専門学としては数学の外に土木のことをも教ふるを以て専修数学科，専修土木科，幼年科，青年科，予備科，女子科の6学科を設く」と紹介している。そして「女子科」は，「女子に必要なる普通高等の学科を教え，徳育体育兼ね全ふせしめんと期す，修業年限4ヶ年にして之を本科予科に分つ，学科は左の如し，修身，和漢文，英語，算術，地理，歴史，博物，物理，裁縫，礼式，家政，習字，図画，唱歌，体操」というものであった。このような女子科に在籍した女子生徒は，数学専門学校の生徒とはいえ，数学を学んでいたとはいえない。また，女子生徒が女子科以外に在籍していたか，不明である。

なお，男子には最高学校として「帝国大学」（固有名詞）があった。しかし女子には「帝国大学」の入学資格がなかった。また，男子の官立高等教育機関に相当する女子の官立高等教育機関は，「東京女子高等師範」を除いて，存在し

（5）「各種学校」

「各種学校」にも女子生徒は少なかった。1887（明治20）年に，省庁府県立の「各種学校」に，盲唖52名，産婆30名の計82名が在籍していた。町村立の「各種学校」には，計764名が在籍し，生徒の多い学科は，和漢学427名，手芸194名，職工77名であった。私立の「各種学校」には計13,475名が在籍し，生徒の多い学科は，手芸4,405名，和漢学4,347名，英学2,275名，習字1,628名で，この4つの学科で94％を占めていた（『文部省第15年報〔明治20年分〕』61-62頁）。

男女を区別することなく「各種学校」全体について，『文部省第15年報〔明治20年分〕』（60頁）は，一部に高い水準の学校があることを認めながらも，「多数ノモノハ学校ノ編制管理ノ方法未タ宜ヲ得ス且ツ資力ノ不十分ナル等ニ由リ存廃常ナキ」と記している。

補論 3
逓信省の「雇」

　官庁には，委任契約や雇用契約で働く人たちがいる。近代の官庁組織が形成され始めたころ，その人たちをどのように呼ぶのか，一定していなかった。本書第3章では逓信省の判任官を取り上げたので，逓信省についてまとめておこう。逓信省は内閣制度の発足にともなって，1885（明治18）年に創設された。そして1886（明治19）年度『逓信省第一年報』を皮切りとして，毎年，年報を発表するようになった。その年報において，委任契約や雇用契約で働く人たちがどのように呼ばれていたのかを整理すると，次のようになる。ただし，「傭外国人」は除いてある。

1 『逓信省年報』における呼称

　第一年報（1886年度）から第八年報（1893年度）まで，「第一篇　総務」あるいは「第一篇　大臣官房」に「職員」の項目があった。そこには，官吏である高等官（親任官，勅任官，奏任官）と判任官のほかに，官吏ではない身分の者の人数が報告されていた。
　第一年報（1886年度）から第三年報（1888年度）までは，「傭」と表記されていた。第四年報（1889年度）では「傭」という用語に代わって，「傭員」と表記された。第五年報（1890年度）と第六年報（1891年度）では「傭」という用語と「傭員」という用語が併存していた。内容から見て，「傭」＝「傭員」であった。第七年報（1892年度）と第八年報（1893年度）では「傭員」と表記されていた。つまり，1886（明治19）年度から1893（明治26）年度までの8年間は，「傭」ま

たは「傭員」と呼ばれる委任契約や雇用契約で働く人たちが報告されていた。

ところが，第九年報（1894年度）では，それまでの「職員」という項目が「職員及使用人」と変更になり，「傭員」と並んで，「使用人」というグループが登場した。その年度末において「傭員」は974人，「使用人」は859人で，ほぼ同数であった。「傭員」の人数を照合すると，前年度までの「傭員」が今年度から「傭員」と「使用人」に分割されたのではないことがわかる。「使用人」はこれまでも存在したが，年報はその存在を報告してこなかった。それが今年度から新たに報告されるようになったのである。「逓信省所属使用人」は具体的には「巡視」「給仕」「小使」で，「小使」が565名ともっとも多く，「使用人」全体の65.8％を占めていた。

第十年報（1895年度）は，前年と同じく「傭員」「使用人」について記している。しかし，「逓信省所属使用人」は，前年の「巡視」「給仕」「小使」に加え，「職工，集配及逓送人等」を含むようになった。「職工，集配及逓送人等」は「巡視」「給仕」「小使」に比べて圧倒的に多く，「逓信省所属使用人」計14,947名のうち14,016名とそのほとんどを占めていた。

第十一年報（1896年度）の記述はほぼ前年と同じであるが，前年の「職工，集配及逓送人等」という表現が，「集配人逓送人諸職工等」となっていた。第十二年報（1897年度）は，第十一年報と同じ表現であった。

第十三年報（1898年度）では，「傭員」の表記が消え，代わりに「雇員」が報告されている。前年度の「傭員」数と，今年度の「雇員」数とを照合すると，「雇員」は前年度の「傭員」であることがわかる。名称が変更されたのである。また，「逓信省所属使用人」の内訳は，「給仕」「小使」「その他使用人」とされるようになった。

第十四年報（1899年度）には，「雇員」の表記がなく，「雇」の数が報告されていた。人数を照合すると，「雇」は前年度の「雇員」であることがわかる。そして「使用人」については，「使用人」の内訳はなく，総数のみが記されていた。

第十五年報（1900年度）では「雇」の表記が前年に引き続いて用いられてい

た。大きな変更は，「使用人」という表記が消えたことである。そしてあらたに「傭人」というカテゴリーが報告されるようになった。人数を照合すると，「使用人」と「傭人」はほぼ等しい。厳密にいえば，わずかの違いがある。わずかな違いがなぜ生じているのか，理由は不明である。ごくわずかの違いがあるものの，「傭人」はほぼ「使用人」と等しいといってよいであろう。

　第十六年報（1901年度）では，「雇」の表記が消え，「雇員」という表記が復活した。「傭人」という表記は前年と同じである。これ以後，「雇員」と「傭人」という表現が続くことになる。

2　推測できるいくつかのこと

　戦前の雇員と傭人について，日本公務員制度史研究会（[1989] 54-55）は，次のように簡潔に説明している。

　「これらの職員（雇員と傭人——野村）は，国との間に公法関係は設定されずに，民法上の委任契約又は雇用契約を通じて国に使用されていた。例としては，諸官庁の筆生，使丁，郵便集配人，電話交換手，職工，看護婦，官立学校の講師等があげられる。雇員と傭人との区別は，必ずしも明確ではないが，前者が，一般の行政官庁において通常の行政事務を担当する者であり，後者は，肉体的単純作業に従事する者といえる。なお，雇員については，地方官官制第11条等，設置根拠が定められている場合があるとともに，「文官任用令」が判任官の任用資格として「五年（後四年）以上雇員タル者」を掲げていることから，身分的には官吏に近いものと観念されていたといえる」。

　先に検討した『通信省年報』からわかった事実をもとに，以上の説明を補足しておこう。

　① 「雇員」「傭人」という名称が継続的に使われるようになったのは，20世紀になってからのことである。『通信省年報』では，第十六年報（1901年度）からである。第十六年報は1903年3月に刊行されているので，1902年に「雇員」「傭人」という表記が最終的に固まったものと思われる。

表記は固まったものの，それぞれを何と読むかは，はっきりしなかった。「雇員」は，当時の新聞や本のルビを見ると，「やといいん」または「こいん」と読まれていた。「傭人」は，「やといにん」または「ようじん」と読まれていた。どちらが正式の呼び名なのか，わからない。

　②　最終的には「雇員」と呼ばれるようになるグループは，1900年以前には「傭」「傭員」「雇」と表記された。「傭」も「雇」も「やとい」と発音されていたと思われる。「傭員」は「やといいん」と発音されていたのであろう。「雇員」は，20世紀初頭には「やといいん」と読まれていたことが新聞記事のルビからわかっている。最終的には「雇員」と呼ばれるようになるグループは，早くから逓信省内において，あるいはもっと広く官吏のあいだで「やとい」と呼ばれており，それが公式の年報に記載されるときに，「傭」「傭員」「雇」という漢字をあてられたのであろう。

　③　逓信省において「職員」として意識されていたのは，官吏と「雇員」であった。そのことは，第一年報から第八年報の「職員」の項目に記載されていたのが官吏と「雇員」だけであったことから判明する。もちろん，年報執筆者は，官吏と「雇員」以外に逓信省で働く者がいたことを承知している。第一年報は，「郵便局及電信分局」の項目において，「郵便集配人及逓送集配請負人表」を掲載し，「逓送請負人」2,008名，「集配人」1,560名，「集配請負人」3,972名と記していた。しかしこれらの人々は，「職員」の項目には含まれておらず，「職員」とはみなされていなかった。

　第九年報から第十四年報まで「職員及使用人」という項目をたてていた。第十五年報からは再び「職員」という項目になり，それ以後ずっと「職員」という項目で官吏，雇員，傭人の数が記載された。しかし，そのことは傭人と雇員との差が縮小したことを意味していなかった。職員統計は，「勅任」「奏任」「判任」「雇員」「傭外国人」のそれぞれの人数を記し，「以上合計」を表示したうえで，それとは別に「傭人」の人数を記載した。明らかに，雇員を官吏と近しい身分ととらえ，傭人とは区別する記載方法であった。

　④　第一年報から第八年報まで「職員」という項目があった。第九年報から

それは「職員及使用人」に変わった。しかしもともと逓信省には「使用人」というカテゴリーはなかったものと思われる。そう判断するのは，次の理由からである。

第九年報の「職員及使用人」の項目に「使用人」として記載されたのは「巡視」「給仕」「小使」のみであった。翌第十年報においては，使用人は「巡視」「給仕」「小使」だけでなく，「職工，集配及逓送人等」も含むようになった。逓信省において「使用人」というカテゴリーが確立していたならば，「使用人」というカテゴリーをはじめて表記した第九年報が，「職工，集配及逓送人等」を含んだ数字が記載されていたはずである。

注目されるのは，第九年報（70頁）における「逓信省所属使用人」の表に付せられた次のただし書きである。

「今年度末ニ於ケル逓信省所属ノ使用人ハ左ノ如シ但シ職工水火夫等ノ如キ者ハ各関係局所ノ部ニノミ登載ス」。

ただし書きにおける「職工水火夫等ノ如キ者」という表現は，差別的なニュアンスを含んでいる。ここに引用した文章は，あからさまに表現すれば，次のようになるであろう。「職工水火夫等ノ如キ者」は，「使用人」といえばいえなくもないが，「巡視」「給仕」「小使」と同じ身分ともいえない。したがって，「巡視」「給仕」「小使」と同列に記述することはできないので，「各関係局所ノ部」に記述することとする。

しかし「職工水火夫等ノ如キ者」と「巡視」「給仕」「小使」とのあいだに画然たる区別があるわけではない。そこで翌第十年報は，「職工水火夫等ノ如キ者」を「巡視」「給仕」「小使」と並列して「使用人」として記載した。この事実は，逓信省において「使用人」という概念が明確なものではなかったことを示している。

なお，1921年度の『逓信省第三十六年報』では，大正デモクラシーの影響であろうか，それぞれの身分の英語表記が併記された。

　　親任　Shinnin Rank
　　勅任　Chokunin Rank

奏任　Sonin Rank
　　判任　Hannin Rank
　　判任待遇　Ranking as a Hannin Official
　　雇員　Employee（high class）
　　傭人　Employee（low class）
　この英語表記の「雇員　Employee（high class）」「傭人　Employee（low class）」は明快でわかりやすい。しかし，親任・勅任などはたんなるローマ字表記で，とても英語表記とはいえない。「判任待遇　Ranking as a Hannin Official」にいたっては，混乱を招くだけであろう。

第4章
文官高等試験と女性

　女性の官吏任用というテーマは，これまで一貫して無視されてきた。男性の官吏任用については，学歴主義あるいは立身出世主義の成立という文脈で，教育社会学が着目してきた。また，当然のことながら，政治史の分野が官吏任用について言及してきた。しかし，女性の官吏任用については，なにも触れなかった。他方，理由は不明であるが，ジェンダー研究は，女性官吏に関心を払わなかった。官吏制度において女性がどのように位置づけられているのか，そもそも女性が高等官になるための高等試験を受験することができたのか，研究がないまま放置されてきた。本章は，女性が高等試験を受験することができたのかどうかを検討する。

　女性と高等試験との関係について簡単ではあれともかくも言及したのは，秦郁彦である。秦は，戦前期の官僚にかんする基礎資料『戦前期日本官僚制の制度・組織・人事』（東京大学出版会，1981年）を公刊した。そのバイプロダクトとして秦は，『官僚の研究』（秦［1983］）をまとめ，1909（明治42）年から文官高等試験は女子にも門戸開放された，と主張した。

　女子と高等試験との関係については他に研究がないため，秦の主張が今日でも通用している。便利なハンドブックとして利用されている『事典昭和戦前期の日本』は，「女子の高等試験受験資格は，明治42年に認められ」と記述し，その文献的根拠として秦［1983］を注記している（百瀬［1990］86）。

　しかし，1909（明治42）年から文官高等試験は女性にも門戸開放された，という秦の主張は，1909年「文官試験規則」改正を誤って理解している。この改正は，文官高等試験を女性に門戸開放したものではない。女性が高等試験を受

験できる可能性が生じたのは1918（大正7）年「高等試験令」によってである。そして1923（大正12）年に同志社大学法学部が女性に門戸開放したことによって，その可能性が現実性に転化した。そして実際に女性の受験が認められたのは1930（昭和5）年であった。1938（昭和13）年に高等試験司法科で3名の女性の高等試験合格者がでた。しかし大日本帝国は女性を司法の高等官に任用するつもりはなく，彼女たちは弁護士となった。戦前においては，女性は高等試験の受験資格を認められたものの，たんなる受験資格にとどまり，試験に合格しても高等官に任用される見込はまったくなかった。官吏任用という意味では，実質的に，女性は文官高等試験から排除されていた。

1　秦［1983］の主張の論拠

　まずはじめに，秦が，1909（明治42）年の改正によって女性も高文試験を受験できるようになった，と主張している部分を引用しよう。

　「では女子はどうか。明治44年に出版された市村光恵『行政法原理』では「官吏は男子たることを要すと言うは例外を許さざる絶対の原則にあらず」と煮え切らぬ解説になっているが，高文受験については明治42年の改正で「二十歳以上の男子」という条項を削り，女子にも門戸を開いていた。しかし合格者はなかなか現われず，昭和13年やっと三人の女子（中田正子，武藤嘉子，久米愛）がそろって司法科の難関を突破した」（秦［1983］103）。

　引用した文章のうち，「昭和13年やっと三人の女子（中田正子，武藤嘉子，久米愛）がそろって司法科の難関を突破した」という部分は正しい。しかしその他の部分については，問題がある。

　第一に，市村光恵（当時，京都帝国大学法科大学教授）の「官吏は男子たることを要すと言うは例外を許さざる絶対の原則にあらず」という主張を，具体的に検討することなく，「煮え切らぬ解説になっている」と切って捨てたことにある。市村は，女性が官吏の被任資格を有するか否かについて，法律と官吏任用の実態に目をくばった検討をおこない，「官吏は男子たることを要すと言う

は例外を許さざる絶対の原則にあらず」という結論を出した。「煮え切らぬ」のは，市村ではなく，日本の官僚制の現実であった。秦は市村の考察を「煮え切らぬ解説」とあっさり切り捨てることによって，官僚制と女性との関係を丁寧に検討する作業を放棄した。市村の考察については，本章の結論部分で検討する。

　第二に，それよりも大きな問題は，1909年「文官試験規則」改正をどう理解するかにある。この改正によって，高等試験受験資格としての「二十歳以上の男子」という文言が削除された。秦は，この事実からただちに，文官高等試験は女子にも門戸を開いた，と結論づけた。しかし文官高等試験の受験資格を規定していたのは，「二十歳以上の男子」という条項のみではなかった。「文官試験規則」は，予備試験の受験資格として，たとえば「中学校ヲ卒業シタル者」など，「二十歳以上の男子」という条項以外の受験資格も明記していた。「二十歳以上の男子」という条項が削除されても，学歴などの受験資格が女性を排除しているならば，文官高等試験が女性に門戸開放されたとはいえない。たとえば「中学校ヲ卒業シタル者」という受験資格は，女性の受験資格を明示的には否認していないが，戦前の中学校に入学を許されたのは男子のみであるため，実際には女性の受験を排除するものであった。文官高等試験が女性にも門戸開放した，と主張するためには，「二十歳以上の男子」という条項の廃止だけでなく，学歴などの具体的な受験資格も女性を排除していないことを論証しなければならない。しかし秦は，その検討をおこなうことなく，「二十歳以上の男子」という条項が削除されたという事実のみから，文官高等試験は1909年から女性にも門戸を開いていた，と主張した。

2　試験規則の変遷

　官吏任用に試験制度をはじめて導入した1887（明治20）年の「文官試験試補及見習規則」は，その第7条において，高等試験の受験資格として「丁年（満20歳――野村）以上ノ男子」と明記していた。女性に高等試験の受験資格はな

かった。

　1893（明治26）年に「文官試験試補及見習規則」は廃止され，あらたに「文官任用令」が制定された。「文官任用令」は，試験の細則は閣令によって定められる，とした。それにもとづいて同年，「文官試験規則」（勅令第197号）が制定された。それによれば，文官試験の受験資格は，次のとおりであった。

「第四条　年齢満二十年以上ノ男子ニシテ左ノ諸項ノ一ニ該当セサル者ハ文官試験ヲ受クルコトヲ得
　　一　重罪ヲ犯シタル者但国事犯ニシテ復権シタル者ハ此ノ限ニアラス
　　二　定役ニ服スヘキ軽罪ヲ犯シタル者
　　三　破産若クハ家資分散ノ宣告ヲ受ケ復権セサル者又ハ身代限ノ処分ヲ受ケ債務ノ弁償ヲ終ヘサル者」。

　受験資格は「年齢満二十年以上ノ男子」と明記されており，女性に受験資格はなかった。

　その後，「文官試験規則」は数回にわたって改正された。第1回目の改正は，1901（明治34）年で，ごくマイナーな改正であった。予備試験を免除される学校に「学習院大学科四学年ノ課程ヲ卒業シタル者」を追加しただけで，女性の受験資格にかかわるものではなかった。

　第2回目の1905（明治38）年の改正は，受験資格として「年齢満二十年以上ノ男子」という文言を含む第四条をそのままにした上で，第八条「文官高等試験ハ毎年一回東京ニ於テ文官高等試験委員之ヲ行フ」に，あらたに次の「第八条ノ二」を付け加えた。

「第八条ノ二　左ノ各号ノ一ニ該当スル者ニ非サレハ文官高等試験ヲ受クルコトヲ得ス
　　一　中学校ヲ卒業シタル者
　　二　専門学校令ニ基キ一般ノ専門学校入学ニ関シ試験検定合格証書ヲ有シ又ハ無試験検定ヲ受クル資格ヲ有スル者
　　三　文官高等試験委員ニ於テ普通教育ニ関シ中学校ト同等以上ト認ムル外国ノ学校ヲ卒業シタル者

明治三十八年以前ニ於テ中学校卒業以上ノ学力ヲ有スル者ヲ以テ入学程度トスル官立公立学校ノ入学試験ニ合格シ又ハ其ノ予備科ヲ卒業シタル者ハ前項第二号ニ準ス」。

すなわち，高等試験の受験資格は，満20歳以上の男子であることを前提とした上で，①中学校卒業者，②「専門学校入学者検定」（通称，専検）の試験検定合格者，または専検の無試験検定を受ける資格を有する者，③文官高等試験委員が中学校と同等以上と認める外国の学校を卒業した者，④1905年以前に中学校卒業以上の学力をもつものを入学条件とする官立または公立学校の入学試験に合格した者，またはその予備科を卒業した者，のいずれかに該当することが必要となった。

第3回目の1909（明治42）年の改正は，それまで「年齢満二十年以上ノ男子」という文言を含んでいた第四条を次のように改正した。

「第四条　左ノ各号ノ一ニ該当スル者ハ文官試験ヲ受クルコトヲ得ス
　一　禁固以上ノ刑ニ処セラレタル者
　二　破産若クハ家資分散ノ宣告ヲ受ケ復権セサル者又ハ身代限ノ処分ヲ受ケ債務ノ弁償ヲ終ヘサル者」。

1909年の主要な改正はこの第四条の改正にあり，それまでの「年齢満二十年以上ノ男子ニシテ」という文言を削除したことにある。しかし1909年改正は，第八条についても改正していた。

「第八条　文官高等試験ハ毎年一回東京ニ於テ文官高等試験委員之ヲ行フ
　第八条ノ二　左ノ各号ノ一ニ該当スル者ニ非サレハ文官高等試験ヲ受クルコトヲ得ス
　一　中学校ヲ卒業シタル者
　二　専門学校令ニ基キ一般ノ専門学校入学ニ関シ試験検定合格証書ヲ有シ又ハ無試験検定ヲ受クル資格ヲ有スル者
　三　中学校卒業以上ノ学力ヲ以テ入学程度トスル官立公立学校ニ入学シタル者又ハ其ノ予備科ヲ卒業シタル者ハ前項第二号ニ準ス
　四　文官高等試験委員ニ於テ普通教育ニ関シ中学校ト同等以上ト認ムル外

国ノ学校ヲ卒業シタル者」。

すでに引用したように，秦は，この1909（明治42）年の改正において「年齢満二十年以上ノ男子ニシテ」という文言が削除されたことを理由に，高等試験は女性に門戸開放された，と主張した。そのさい秦は，受験資格要件としての学歴を規定した「第八条ノ二」の意味を検討しなかった。

「第八条ノ二」に規定された受験資格としての学歴を正確に理解するためには，①中学校と高等女学校の違い，②「専門学校入学者検定」（専検）の実態，を知らなければならない。

3　中学校と高等女学校

1907（明治40）年の「小学校令」改正によって，尋常小学校の修業年限が6年に延長されるとともに，尋常小学校6年間が義務教育となった。それ以前は尋常小学校の修業年限は4年であり，その4年間が義務教育であった。尋常小学校が4年制であった時も，6年制に延長されてからも，尋常小学校における男子と女子の教育内容はほとんど同じであった。6年制に延長されてからの違いは，第5学年と第6学年において，図画の学習時間が男子は週2時間，女子は1時間とされた点にあった。それ以外の男女の違いとして，女子には女子特有の科目として裁縫の授業があった。第3学年で1時間，第4学年で2時間，第5学年と第6学年でそれぞれ3時間であった。一般科目の授業時間では男子と女子の違いがなかったが，女子特有の裁縫時間のため，女子の授業時間数は男子よりも多かった（文部省 [1972] 332）。

男子と女子の教育内容は，中等普通教育において大きく分かれた。中等普通教育は，男子は中学校で，女子は高等女学校でおこなわれた。入学資格は，中学校も高等女学校も，尋常小学校卒とされた。しかし，修業年限と教育内容は，中学校と高等女学校とでは大きく異なっていた。

中学校の修業年限は，1886（明治19）年の「中学校令」以後，アジア太平洋戦争の激化にともなって4年間に短縮される1943年まで，一貫して5年間で

あった。

　高等女学校の修業年限は，一律には決まってはいなかった。1899（明治32）年の「高等女学校令」は，4年を本則としつつも，土地の情況により3年あるいは5年も可能であるとした。1907年には4年または5年とされ，そして1920年には，4年または5年，土地の情況により3年でもよい，とされた。高等女学校の修業年限が固定していなかったことは，国家が高等女学校の教育水準をほとんど気にしていないことを意味していた。高等女学校の関係者にとって，修業年限を中学校と同じ一律5年にするかどうかは，高等女学校の教育水準の問題と密接に関連して，重要な問題でありつづけた。しかし，修業年限の一律化はついに実現しなかった（水野 [2009] 第1章第3節）。

　高等女学校の修業年限は一律ではなかったが，1899年の「高等女学校令」は4年を本則としていたので，中学校と4年制高等女学校との授業内容を比較すると，中学5年，高等女学校4年と，高等女学校の修業年限が中学校より1年短いうえに，女子特有の科目が課せられていたため，高等女学校の一般科目授業時間数は中学校よりもはるかに少なかった。1901年の「中学校令施行規則」と1899年の「高等女学校令施行規則」に規定されている授業時間数によれば，高等女学校には，女子特有の科目である裁縫が4年間で週16時間分，家事が週4時間分あった。こうした女子特有の科目と1年短い修業年限のため，外国語は，中学校34時間，高等女学校12時間，数学は，中学校20時間，高等女学校8時間と大きな差がついた。

　教育政策においては，中学校と高等女学校は等しく中等普通教育とされていた。しかし中学校と高等女学校とでは学ぶ科目や科目内容に大きな違いがあり，一般科目，とりわけ外国語と数学については，高等女学校の水準は中学校より明白に低かった。中学校と高等女学校は，同じく中等普通教育とはいえ，卒業に必要な標準的学力において大きな違いがあった。

4 「専門学校入学者検定」(専検)

「専門学校入学者検定」は，中学校や高等女学校に進学できなかった，あるいは，中学校や高等女学校を卒業できなかった人たちに高等教育への進学機会を与える制度であり，1903（明治36）年にはじまった。この制度は，通常は専検という略称で呼ばれていた。専検は，戦後教育改革にともなって，1948年に「新制大学入学資格認定試験」に改組された。それはさらに，1951年から「大学入学資格検定」（大検）に，そして2005年から「高等学校卒業程度認定試験」（高認）へと改編され，今日にいたっている。

戦前には高等教育への進学機会のバイパスとして，専検のほかに，「高等学校高等科入学資格試験」（高検）と「実業学校卒業程度検定」（実検）があった。

高検は，1918年から実施されるようになった。男子の専検が中学校（修業年限は5年）卒業程度の学力を検定するのにたいして，高検は中学4年修了程度の学力を検定するものであった。これは，1918年「高等学校令」によって，高等学校受験が中学4年修了で可能となったためにおこなわれるようになった試験である。専検合格と違って高検合格は，高等学校高等科への入学資格を得るのみであった。また，高等学校は男子の学校であったので，女子は高検と無関係であった。男子の専検と高検の試験合格水準はほとんど変わらなかった。しかし，専検合格は中学校卒業と同等の社会的評価を得るのにたいして，高検は高等学校高等科の入学資格を得るのみなので，戦前の独学指導書はみな，高検合格をめざすほどの若者ならば，高検ではなく専検を受験すべきだ，とアドバイスした（たとえば杉山[1923] 229）。高検は文官高等試験とは無関係であった。

「実業学校卒業程度検定」（実検）は1925年からはじまり，尋常小学校卒業を入学資格とする修業年限5年の実業学校卒業程度の学力を検定した。尋常小学校卒業を入学資格とする実業学校の修業年限は，1920年改正「実業学校令」およびそれにもとづく1921年の実業学校諸規定によって，土地の情況などに応じて3年から5年とされていた。したがって実検は，実業学校の中でもっとも修

業年限の長い学校の卒業程度の学力を要求していた。実業学校には女子の実業学校も存在したが，女子実業学校に修業年限5年の学校はなかった。また，試験科目は明らかに男子実業学校の授業科目と同じであり，試験場所も男子実業学校であった（「受験と学生」編輯部［1939］31-43）。このことから判断すれば，実検は男子実業学校卒業程度を検定する試験であった。実検合格者は高等試験予備試験の受験資格を得た。

男子の専検，高検，実検の中では，男子の専検がもっとも高い資格であり，それゆえもっともむずかしかった。

専検の正式名称は「専門学校入学者検定」である。専検の合格証書は，高等教育機関への入学資格を付与するという以上のものであった。合格証書は，男子については中学校卒業と，女子については修業年限4年の高等女学校卒業と同等の学力を証明するものであった。したがって，就職に際しては，中学校卒業生あるいは4年制高等女学校卒業生と同等に扱われた。

専検には，無試験検定と試験検定とがあった。いずれの検定であっても，男子の合格者は「文官試験規則」第八条ノ二第二号にもとづいて，文官高等試験の予備試験受験資格を付与された。

まず専検の無試験検定から説明しよう。

（1） 専検の無試験検定

1903年「専門学校入学者検定規定」にもとづく無試験検定には，その第三条によるものと，第八条によるものとがあった。無試験検定では，試験はおこなわれず，たとえば出身校での成績とか素行とか，試験以外の方法で合否を検定した。

第三条は，「無試験検定ハ当該専門学校ニ於テ生徒入学ノ際之ヲ行フ」としていた。この第三条にもとづいて，それぞれの専門学校が独自に無試験検定をおこなうことができた。たとえば，「小樽高等商業学校規則」は，次のように，特定の中学校あるいは甲種商業学校の成績上位者に無試験検定の資格を与えていた。

「第十一条　本校ニ於テ適当ト認メタル中学校又ハ甲種商業学校ヲ卒業シタル入学志願者ニシテ最後ノ三学年間其ノ学年級ノ及第者全数ノ三分ノ一以上ノ席次ニ在リ卒業試験ニ於テハ当該学年ニ於ケル卒業者全数ノ五分ノ一以上ノ席次ニ在ル者ニ限リ無試験検定ニ依リ入学ヲ許可スルコトアルヘシ

　第九条ノ卒業見込者ニシテ最後ノ三学年中前二学年ノ成績前項ノ規定ニ該当スル者ハ無試験検定ヲ出願スルコトヲ得但シ卒業期ニ於テ前項規定ノ成績ヲ得サリシトキハ右出願ノ効力ヲ失フモノトス」（『小樽高等商業学校一覧自大正六年至大正七年』39-40）。

「専門学校入学者検定規定」にもとづく無試験検定を規定したもう一つの方法である第八条は，次の条項に該当する者に無試験検定の資格を付与した。

「第八条　左ニ掲クル者ハ無試験検定ヲ受クルコトヲ得

　一　文部大臣ニ於テ専門学校ノ入学ニ関シ中学校若ハ修業年限四箇年ノ高等女学校ノ卒業者ト同等以上ノ学力ヲ有スルモノト指定シタル者

　二　明治三十五年文部省告示第八十二号ニ依リ高等学校入学ノ予備試験ニ合格シタル者」。

この第八条第二号の「高等学校入学ノ予備試験ニ合格シタル者」は，高等学校は男子の学校なので，男子のみである。

女子も関係する無試験検定は，第八条第一号である。第八条第一号で文部大臣が「中学校若ハ修業年限四箇年ノ高等女学校ノ卒業者ト同等以上ノ学力ヲ有スルモノト指定シタル者」には，2種類があった。

一つはそれぞれの専門学校に無試験検定を出願することのできる中等学校卒業者を文部大臣が指定することである。たとえば盛岡高等農林学校については甲種農業学校卒業者，仙台高等工業学校については工業学校卒業者，東京外国語学校については甲種商業学校卒業者，というようにである。

もう一つは，文部大臣が指定する中等学校卒業者に，すべての専門学校に無試験検定を出願できる資格を与えることである。1907年11月現在で32校の卒業生がそれに指定された。学習院中等学科および尋常中学科卒業者，台湾総督府国語学校元中学部卒業者，陸軍中央幼年学校本科卒業者，師範学校元尋常師範

学校および元師範学校高等師範学校卒業者などであり，私立学校では，明治学院普通部卒業者，慶応義塾普通部卒業者などであった。指定された32校の卒業生のうち，女子は，府県立の女子師範学校卒業者と台湾総督府国語学校元第三付属高等女学校卒業者であった（文部大臣官房文書課 [1907] 613-616）。

1905年の「文官試験規則」の改正で付加された「第八条ノ二」に記された受験資格，すなわち「専門学校令ニ基キ一般ノ専門学校入学ニ関シ試験検定合格証書ヲ有シ又ハ無試験検定ヲ受クル資格ヲ有スル者」のうち，「無試験検定ヲ受クル資格ヲ有スル者」は，すべての専門学校に無試験検定を出願できる資格を有する者であると考えられる。個別の専門学校が実施する無試験検定資格や，特定の専門学校にしか出願できない無試験検定資格では，国としての公平が欠如するからである。

（2）　専検の試験検定

専検の無試験検定は，中等学校を卒業した者に，男子であれば中学校，女子であれば四年制高等女学校と同等の学力を認定したものであった。それに対して試験検定は，中等学校卒業の学歴を持たない人たちのものであり，独学者にとって最高の目標であった。専検の試験検定合格をめざす少年少女のための受験雑誌『専検』も発行され，専検を目指して勉強する者が相当数いたことを物語っている。

専検の試験検定制度は，1924年に大幅改正された。したがって試験検定制度は大きく2期に区分される。1903年の発足から1924年までが第1期，それ以後が第2期となる。他方，文官高等試験は1918年に大きく改正され，予備試験の受験資格を与えるものとしてあらたに「高等試験資格試験」（高資）が導入された。高資の実施によって，高等試験予備試験にとって専検の地位は低下した。したがって，高等試験予備試験にとって専検の試験検定制度がある程度の比重をもっていた専検制度の第1期についてくわしく述べることにする。

第1期における専検は次のように実施された。

①　試験科目，試験内容は，男子と女子とではまったく異なっていた。つま

り，専検は一つの制度というよりも，男子専検と女子専検というふたつの異なるものから構成されていた。中学校と高等女学校の授業科目，授業内容が異なっていた以上，専検が男子専検と女子専検にわかれるのは，当然であった。

② 試験は官立公立の中学校または高等女学校でおこなわれた。中学校でおこなわれる試験については，試験実施校は，若干の例外はあるが，ほとんどは1府県1校であった。試験期日は府県によって異なっていたので，受験生は，同じ年に別の府県で試験を受けることができた（大日本国民中学会編［1917］104-108, 115, 123）。

③ 試験の実施は，道府県にゆだねられていた。寺本伊勢松編［1923］『専門学校高等学校入学検定独学受験法』は，12道府県の規程を収録している。それらの規定を見ると，試験会場として中学校および高等女学校の双方を指定したのは5府県のみであった。東京府は不明で，残り6道県は中学校のみを試験会場としていた。中学校のみを試験会場としている道県では，試験科目は男子の試験科目であった。また，神奈川県では，受験生は出願書類を「男子ニアリテハ神奈川県立第一横浜中学校，女子ニアリテハ神奈川県立高等女学校ニ差出スヘシ」（寺本編［1923］136）と規程していた。この規定から推測して，全国で，男子は中学校で，女子は高等女学校で受験することになっていたと思われる。したがって試験会場が中学校のみの道府県では，男子の試験のみがおこなわれ，女子の試験はおこなわれなかった，と思われる。それだけでなく，男子の試験も女子の試験も，試験担当の中学校あるいは高等女学校が実施するかどうかを自由に決めていた（教育史編纂会［1939］357）。

④ 試験科目とその程度は，「中学校若ハ修業年限四箇年ノ高等女学校ノ各学科目及其ノ卒業ノ程度トス但中学校若ハ高等女学校ニ於テ加除シ又ハ課セサルコトヲ得ル学科目ハ之ヲ省ク」（1903年「専門学校入学者検定規定」第四条）とされた。この規定と，1901年の「中学校令施行規則」および1899年の「高等女学校ノ学科及其程度ニ関スル規則」とを照合すると，男子の試験科目は，修身，国語及漢文，外国語，歴史，地理，数学，博物，物理及化学，図画，体操であった。女子の試験科目は修身，国語，歴史，地理，数学，理科，家事，裁縫，

194

習字，図画，音楽，体操であった。つまり女子の試験科目には外国語，漢文がなく，その代わりに男子の試験科目にはない家事，裁縫，習字，音楽があった。また男子では博物，物理，化学と3科目に分化していたものが，女子ではそれら3科目が理科として1科目にまとめられていた。問題や解答時間は，それぞれの道府県で異なっていた。たとえば男子の国語・漢文関連の試験は，東京では「国語及漢文」4時間，愛媛県では「国語」1時間30分「漢文」1時間20分，愛知県では「国語作文漢文」3時間であった（寺本編 [1923] 132, 152, 161）。

　第1期においてはそれぞれの学校が試験をおこなっていたこともあり，専検の受験者数と合格者数について文部省としての統計はなかった。断片的な資料によれば，男女別は不明だが，福岡県では1915年から1920年までの6年間に累計受験者93人，合格者7人（合格率7.5％），佐賀県では1913年から1920年までの8年間に累計受験者47人，合格者6人（12.8％）であった（菅原 [1989] 39）。受験者数は少なく，かつ，合格率も低かった。「此試験は畢竟禁止試験に外ならぬといふ不平の起こるのも，全く無理ならぬ次第」（教育史編纂会 [1939] 357）であった。

　第1期において専検受験者が少なかったのは，一回の試験で全科目を受験・合格する必要があったためである。一科目でも不合格となると，次回に再び全科目を受験しなければならなかった。受験者にとってあまりに重い負担であった。

　専検の試験検定の第2期は，1924年からである。1924年における主要な改正は，二つあった。一つは，試験は国家試験として文部省が統一的に毎年少なくとも一回は実施することになったことである。もう一つは，いわゆる科目合格制が導入されたことである。科目ごとに採点し，合格した科目は次回からは受験する必要がなくなった。この改正によって，受験者数が飛躍的に増大した。しかし合格率は第1期と同じく，低かった。1924年から1933年までの10年間を平均すると，毎年，男子は延べで8,880名出願，合格証書交付者438名，合格率4.9％，女子は延べで1,165名出願，合格証書交付者125名，合格率10.7％であった（菅原 [1989] 41）。1924年は年1回の試験，1925年以後1943年までは年

2回の試験であった。

（3） 高資の導入

1918年の文官高等試験の大幅改正にともない，あらたに，高等試験予備試験の受験資格を与えるものとして，「高等試験資格試験」（高資）が導入された。高資の実施によって，中学校卒業などのような正規の学歴を持たないで高等試験を受験しようとする者にとって，専検の重要性は減じた。1918年「高等試験令」は，次のように規定した。

「第七条　予備試験ヲ受ケムトスル者ハ中学校ヲ卒業シタル者，文部大臣ニ於テ普通教育ニ関シ同等以上ノ学歴ヲ有スト定メタル者及高等試験委員ニ於テ普通教育ニ関シ中学校ト同等以上ト認ムル外国ノ学校ヲ卒業シタル者ヲ除クノ外文部大臣ノ定ムル所ニ依リ国語，漢文，歴史，地理，数学，物理及化学の七科目ニ就キ中学校卒業ノ程度ニ於テ行フ試験ニ合格シタル者ナルコトヲ要ス」。

ここで言及されている「文部大臣ノ定ムル所ニ依リ国語，漢文，歴史，地理，数学，物理及化学の七科目ニ就キ中学校卒業ノ程度ニ於テ行フ試験」が高資であった。試験科目に外国語が課されていないのは，高等試験予備試験で外国語試験がおこなわれるからである。1935年当時，高資の試験問題は男子専検の試験問題と同一であり，男子専検と同日，同時刻，同一場所でおこなわれていた（「受験と学生」編輯部［1939］28）。

5　文官高等試験予備試験の受験資格
―― 1905年改正と1909年改正の意味 ――

以上，中学校と高等女学校の違い，それに専検の実態を説明した。1905年「文官試験規則」の改正の意味を理解するには，それらの知識が必要である。

本章の課題は，1909（明治42）年の改正によって女性も高等試験を受験できるようになった，という見解を吟味することである。

1909（明治42）年の規則改正に先立っていたのは，1905（明治38）年の「文官

第4章　文官高等試験と女性

試験規則」改正である。1905年の「文官試験規則」改正は，受験資格を満20歳以上の男子に限るというそれ以前の第四条をそのまま維持したうえで，「第八条ノ二」を付加した。それは，①「中学校ヲ卒業シタル者」，②「専門学校令ニ基キ一般ノ専門学校入学ニ関シ試験検定合格証書ヲ有シ又ハ無試験検定ヲ受クル資格ヲ有スル者」，および③「文官高等試験委員ニ於テ普通教育ニ関シ中学校ト同等以上ト認ムル外国ノ学校ヲ卒業シタル者」だけに受験資格を与えた。

以上3種類の受験資格者のうち，②は専検合格者を指している。受験資格を満20歳以上の男子に限るという第四条があるので，②の専検合格者は，当然，男子の合格者を意味している。専検の無試験検定の資格を持つ者も男子の学校を卒業した者に限られていた。

1905年の改正の次が，問題の1909年の改正である。たしかに，1909年の改正によって，受験資格は満20歳以上の男子に限るという条件が消去された。しかし，1905年の改正によって付加された「第八条ノ二」は，ほぼそのまま継続していた。秦［1983］は，受験資格は満20歳以上の男子に限るという条件が消去されたことに着目し，高等試験は女性に門戸開放された，と主張した。そのさい秦は，「第八条ノ二」がほぼそのまま継続していたことを無視した。

1909年改正における「第八条ノ二」は，次の者に受験資格を与えていた。①「中学校ヲ卒業シタル者」，②「専門学校令ニ基キ一般ノ専門学校入学ニ関シ試験検定合格証書ヲ有シ又ハ無試験検定ヲ受クル資格ヲ有スル者」，③「中学校卒業以上ノ学力ヲ以テ入学程度トスル官立公立学校ニ入学シタル者又ハ其ノ予備科ヲ卒業シタル者」および④「文官高等試験委員ニ於テ普通教育ニ関シ中学校ト同等以上ト認ムル外国ノ学校ヲ卒業シタル者」。

以上の4種の受験資格のうち，①と③に該当するのは，もちろん男子のみである。

それでは，「第八条ノ二」第二号における専検の試験検定合格者と無試験検定有資格者は女性を含むようになったのであろうか。論理的に考えるならば，女性は含まれていないはずである。

「第八条ノ二」第一号は「中学校ヲ卒業シタル者」であり，いうまでもなく，

中学校卒業程度の学力保持者である。第三号「文官高等試験委員ニ於テ普通教育ニ関シ中学校ト同等以上ト認ムル外国ノ学校ヲ卒業シタル者」も、中学校卒業程度の学力保持者である。したがって、第二号「専門学校令ニ基キ一般ノ専門学校入学ニ関シ試験検定合格証書ヲ有シ又ハ無試験検定ヲ受クル資格ヲ有スル者」も中学校卒業程度の学力保持者を意味したはずである。つまり、男子専検の試験検定に合格した者、あるいは中学校と同じ学力水準の男子学校を卒業した無試験検定有資格者を意味していたはずである。

　もし第二号が女子を含んでいるとするならば、女子専検の試験検定は修業年限4年の高等女学校の学力を試すものであり、第二号に該当する女子は中学校卒業の学力よりも低くてよいことになる。第一号と第三号で中学校卒業の学力を要求しておきながら、第二号で4年制高等女学校卒業生と同じ学力でかまわない、と解釈することは、法律条文の整合性を欠いた解釈である。

　また、もし第二号が女子を含んでいるとするならば、府県立の女子師範学校卒業者と台湾総督府国語学校元第三付属高等女学校卒業者は専検の無試験検定の資格を有していたので、高等試験予備試験の受験資格があったことになる。しかし、「第八条ノ二」第一号と第三号は中学校卒業の学力を要求しており、高等女学校卒業者には予備試験の受験資格を認めていない。そうだとすると、府県立の女子師範学校卒業者と台湾総督府国語学校元第三付属高等女学校卒業者には予備試験の受験資格が認められ、通常の高等女学校の卒業者には受験資格が認められない、ということになる。これは矛盾である。「第八条ノ二」第二号「専門学校令ニ基キ一般ノ専門学校入学ニ関シ試験検定合格証書ヲ有シ又ハ無試験検定ヲ受クル資格ヲ有スル者」に女子は含まれていない、と解釈しなければならない。

　なお、「第八条ノ二」第四号は、「文官高等試験委員ニ於テ普通教育ニ関シ中学校ト同等以上ト認ムル外国ノ学校ヲ卒業シタル者」に高等試験予備試験の受験資格を認めていた。この第三号によれば、女子であっても、中学校と同等以上の外国の学校を卒業すれば、予備試験の受験資格が認められることになる。しかし、戦前において、女子が高等試験を受験して高等官になろうとして海外

留学することは，およそ考えられなかった。「第八条ノ二」第四号は，あきらかに男子を念頭においたものであった。

したがって，1909年「文官試験規則」改正によって女性の高等試験が可能となったという秦［1983］の指摘は，誤っている。

6　戦前の法律における性差別

秦［1983］が1909年から高等試験が女性に門戸開放されたと誤った主張をしたのは，1909年の「文官試験規則」改正において第四条の改正にのみ注目し，受験資格を規定したもう一つの条項「第八条ノ二」の意味を考えなかったことにある。

秦が誤ったもう一つの理由は，戦前の法律が徹底して性差別主義であったことを秦が無視したことにある。戦前の法律における性差別のもとでは，文言の上から男子という限定が消去されても，それはただちに女性が男性と等しく取り扱われることを意味しなかった。

1877（明治10）年に「東京開成学校」と「東京医学校」が合併して「東京大学」という最初の大学が成立して以来，大学という高等教育機関は男子だけのものであった。しかし1913年，東北帝国大学理科大学は女性に門戸を開放した。同大学は，聴講生や選科生のような非正規生徒としてではなく，正規の学生である本科生として3人の女性の入学を許可した。この「事件」は当時，大きな話題となった。沢柳政太郎東北帝大総長は，「帝国大学令」も「東北帝国大学理科大学学則」も女性の入学を禁止していないことを，女性の入学を許可する根拠とした。沢柳は文部次官を経験した大物文部官僚であった。文部省は，女性の東北帝大入学に反対であったが，最終的には沢柳の試みを認めた。3人の女性の東北帝国大学理科大学入学が決まった後で，高等教育を所轄する文部省専門学務局長松浦鎮次郎は，次のように述べた。

「今回東北大学に女子を入学せしめたるを見て各大学にも出願せば皆女子を入学せしむるもの丶如く解するは早計なり各大学の学則には別に女子を拒絶す

るの明文はなけれど其の制定の精神は男子を目標とし特に女子たる事を明記せざるものは悉く男子を意味するものなればもし新に女子を入学せしめんと欲せば特に其の意を明らかにするの必要あらん東北大学の学則の如きも女子を拒絶するものと解するが正解ならずやとも思はれるされど今回の志願者は皆教員なれば是等の女子が男子と競争して勉強せんとするは教育の為め喜ばしき事にて毫も非難すべき理由を見ず，たゞ一般の女子が最高学府の門に向ふに於ては利害得失深く研究を要す」（湯川［2003］59-60）。

「特に女子たる事を明記せざるものは悉く男子を意味する」という松浦の言明は，戦前の法律解釈においては正しいものであった。1909年の「文官試験規則」改正は，たしかに満20歳以上の男子という規定を削除した。しかし，女子に門戸開放する意図で満20歳以上の男子という規定を削除したのではなかった。1909年の「文官試験規則」改正は，社会的に，なんの反響も呼ばなかった。女子に門戸開放するものではなかったので，当然のことであった。

7　1918年「高等試験令」

　高等試験は1918年の「高等試験令」によって大きく変更された。女性の高等試験受験資格については，この「高等試験令」こそが検討されなければならない。

（1）予備試験免除の特権と女性

　1893年「文官試験規則」による文官高等試験も，1918年「高等試験令」による高等試験も，予備試験と本試験からなっていた。予備試験に合格した者が本試験を受験できると規定されていた。予備試験の受験資格は次のごとくであった。

「第七条　予備試験ヲ受ケムトスル者ハ中学校ヲ卒業シタル者，文部大臣ニ於テ普通教育ニ関シ同等以上ノ学歴ヲ有スト定メタル者及高等試験委員ニ於テ普通教育ニ関シ中学校ト同等以上ト認ムル外国ノ学校ヲ卒業シタル者ヲ除クノ

外文部大臣ノ定ムル所ニ依リ国語，漢文，歴史，地理，数学，物理及化学の七科目ニ就キ中学校卒業ノ程度ニ於テ行フ試験ニ合格シタル者ナルコトヲ要ス」。

　このうち，「中学校ヲ卒業シタル者」と「文部大臣ニ於テ普通教育ニ関シ同等以上ノ学歴ヲ有スト定メタル者」は男子である。「文部大臣ノ定ムル所ニ依リ国語，漢文，歴史，地理，数学，物理及化学の七科目ニ就キ中学校卒業ノ程度ニ於テ行フ試験ニ合格シタル者」は，すでに説明したように，「高等試験資格試験」(高資)に合格した者である。高資は男子の専検と同一の問題を同日，同時刻，同一場所でおこなうものであり，明らかに女子の受験を想定していない。したがって，1918年「高等試験令」によっても，女性は予備試験を受験できなかった。

　しかし，1918年「高等試験令」以前から，予備試験を免除される特権的グループが存在していた。1893年「文官試験規則」第12条は，「帝国大学法科大学，旧東京大学法学部，文学部及司法省法学校正則部ノ卒業証書ヲ有スル者ハ予備試験ヲ免ス」としていた。ここに指定された学校は，もちろん男子の学校であった。

　官吏任用試験制度を大幅に変更した1918年「高等試験令」は，予備試験免除の特権を，帝国大学卒業生以外にも拡大した。すなわち，第八条で「高等学校大学予科又ハ文部大臣ニ於テ之ト同等以上ト認ムル学校ヲ卒業シタル者ハ予備試験ヲ免ス」とした。この第八条を根拠として，中央大学，明治大学，早稲田大学など，有力な私立大学も予備試験免除の特権を得た。学歴主義の研究においては，この条項によって帝国大学独自の特権が失われた，と強調されてきた。しかし，第八条は，別の意義も有していた。第八条によって，女性が高等試験を受験できる可能性が生まれたのである。

　公式的には，女性の高等教育機関は女子高等師範学校と女子の専門学校だけであった。しかし女子高等師範学校と女子の専門学校に高等試験の予備試験免除の資格は付与されなかった。予備試験免除の特権を持つ「高等学校大学予科又ハ文部大臣ニ於テ之ト同等以上ト認ムル学校」には，男子のみが入学できるはずであった。ところが一部の大学が，女子に門戸を開放しはじめた。そのこ

とは，大学や大学予科を卒業した女子が高等試験の予備試験免除の特権を得て，予備試験を飛び越して本試験を受験する可能性を生じさせた。もちろん，立法者が想定していなかった事態なので，大学の女子への門戸開放が，ただちに女子が高等試験の本試験を受験できることを意味してはいなかった。あくまでも可能性であった。

女子に門戸開放した最初の大学は東北帝国大学理科大学で，1913年のことであった。女子3名の入学を許可した。しかしこの先駆的な試みは単発的に終わった。大学が女子を本科生として継続的に受け入れはじめたのは1923年からで，同志社大学と東北帝国大学理学部および法文学部が先駆けとなった（湯川［2003］第2章第4節）。

いかに少数の女子とはいえ，男子の高等教育機関が女子を受け入れはじめたことは，「高等試験令」第八条にもとづいて，女子が予備試験免除の特権を得て高等試験本試験を受験する可能性が現実性に転化することを意味した。そして実際，高等試験司法科と行政科を受験する女性が現れた。

（2） 高等試験司法科と女性

女性の高等試験司法科受験のために最初に動きはじめたのは，明治大学である。まだ女性に門戸開放する前の1924年2月，明治大学本科は他の私立学校本科とともに，高等学校・大学予科と同等以上の学校と認定され，予備試験免除の資格を得た。つづいて同年5月，他の私立学校専門部とともに，明治大学専門部も高等学校高等科・大学予科と同等以上の学校と認定された。

戦前，多くの私立大学は，学部のほかに専門部を持っていた。専門部は1903年「専門学校令」の支配下にあり，学部よりも教育水準は低かった。学部の維持運営はコストがかかり，私立学校は経営に困難をかかえていた。私学経営を経済的にささえていたのは，学部よりもはるかに多くの生徒数をかかえる専門部であった（天野［2009b］372-373）。

女性の高等試験司法科受験にとって大きな要因となったのは，弁護士資格をめぐる動きであった。

第 4 章 文官高等試験と女性

　弁護士資格は，1893（明治26）年「弁護士法」第二条第一「日本臣民ニシテ民法上ノ能力ヲ有スル成年以上ノ男子タルコト」によって，男子に限定されていた。1926年，婦人参政同盟は，女子の弁護士を認めよ，と衆議院に請願した。政府はこの請願を認める方針をとった。女子弁護士の誕生のためには，弁護士法の改正にとどまらず，女子の法学教育を整備することが必要であった。女子の法学教育がなければ，女子弁護士は誕生しないからである。

　文部省は，明治大学に女子法科専門部の設置を働きかけた。明治大学内部からもそれに応じる声があり，1929年に明治大学専門部女子部が設置された。明治大学は文部省に対して，明治大学専門部は高等試験予備試験を免除されているので，専門部女子部も予備試験を免除されていると理解してよいか，と問い合わせた。ところが明治大学にとって不可解なことに，文部省は，専門部女子部は予備試験免除の対象とはならない，と回答した。明治大学は，専門部女子部の予備試験免除を引き続き要望するとともに，専門部女子部卒業生に明治大学の学部への入学資格を付与したい，と申請した。専門部女子部卒業生の学部への入学資格は，1931年に認可された。高等試験予備試験の免除の対象は，1932年に，「大学学部ニ学生トシテ入学シ現ニ在学スル者又ハ卒業シ学士試験ニ合格シタル者」に拡大された。それによって，明治大学専門部女子部卒業生で明治大学の学部へ進学した女子は，形式的には，高等試験予備試験を免除され，本試験を受験できることになった（湯川［2003］479-485）。

　他方，「弁護士法」は1933年に改正された。弁護士の要件を「日本臣民ニシテ民法上ノ能力ヲ有スル成年以上ノ男子タルコト」と規定していた第二条は，「帝国臣民ニシテ成年者タルコト」と改正された。資格要件から男子という言葉を削除した点では，1909年「文官試験規則」の改正と同じであるようにみえる。しかし，男子という言葉は削除したが実際には男子のみを受験資格としていた1909年「文官試験規則」の改正とは異なって，「弁護士法」の改正は，女子に弁護士資格を与えることを目的として，男子という言葉を削除した。改正弁護士法案を提出した時の司法大臣は，提案理由の一つとして，次のように述べた。

「従来弁護士たる者は男子のみに限られて居ったのでありましたが本案に於いては婦人も男子と同等なる条件の下に弁護士たることを得ることに致したのであります。近年女子の教育の進歩に鑑みまして特に婦人に対し弁護士の門戸を閉し置く必要がなきのみならず寧ろ婦人に関する特種事件の如きは其の必要あることが認識せられるのでありますから此の際改正を行ったのであります」（金子［1934］90）。

　1933年改正「弁護士法」は1936年4月1日から施行された。したがって，女子が実際に弁護士試験を受験できるようになったのは，1936年4月1日からである。すでに述べたように，1932年に，高等試験予備試験の免除の対象が大学学部生に拡大されたので，明治大学法学部へ進学した女子は，高等試験本試験を受験できることになった。

　高等試験が女子に門戸開放されて2年後の1938年に，明治大学出身の3人が女子としてはじめて高等試験司法科に合格した。

　しかし，このことによって，男子よりも半世紀遅れて女子が男子と同じように高等官という立身出世の道を歩きはじめたのではない。大日本帝国は，高等試験に合格した女子を高等官に任用しなかったからである。

　高等試験の合格は，高等官への任用を保証するものではない。各官庁は，高等試験の合格者の中から適当と思われる人物を選んで高等官に任用した。そして官庁は，女子を，女子であるという理由で，高等官に任用しなかった。

　高等試験司法科に最初に合格した3人の女子のうち，三淵（旧姓武藤）嘉子は，戦後，裁判官に任官した。彼女が裁判官になりたいと思った理由は，1938年に高等試験司法科を受験した時に感じた怒りにあった。司法科試験の受験者控室に掲示してあった司法官試補採用の告示は，「日本帝国男子に限る」と告げていた。同じ試験に合格しながら，なぜ女性が除外されるのか，と怒りを感じたのである（三淵［1983］11）。高等試験司法科に合格した女性は，弁護士になることはできたが，司法高等官に任用されることはなかった。

（3） 高等試験行政科と女性

　女性の高等試験行政科の受験は，司法科受験とは別の形をとった。弁護士法が改正される前の1930年，一人の女性が行政科の受験を申請し，受理された。申請したのは，同志社大学法学部法律科を卒業した田辺繁子（1903-86年）である。

　同志社大学は，女性に大学を開放したパイオニアであった。同志社大学は，文部省の了解をとって学則を改定し，1923年から，同志社女学校専門学部英文科卒業者を学部（文学部と法学部）の正規の学生として受け入れることを可能にした。そして実際，1924年に一人の女性が正規の法学部生となった。その後も，ほぼ毎年継続して女子が法学部に入学した（同志社大学の女子への門戸開放については，湯川［2003］190-196）。

　田辺は同志社女学校専門学部英文科を卒業した後，同志社大学法学部法律科で法律をまなんだ。ちなみに，田辺は戦後，岩波文庫から『マヌの法典』を翻訳刊行した。また専修大学法学部教授となり，法律専門家として女性の権利を守る運動に活躍した。

　田辺は，同志社大学法学部法律科を卒業した後，高等試験の受験を申請した。この申請に内閣の高等試験係は当惑し，法制局の意見を求めた。結局，田辺の受験申請は受理された。そのことはニュースになり，「法制局金森参事官」は，法制局の見解を次のように述べた。なお，この「金森参事官」は，金森徳次郎（1934年に岡田啓介内閣の法制局長官，戦後，吉田茂内閣の憲法担当国務大臣，国立国会図書館初代館長）のことと思われる。

　「行政学者中には女は高等試験は受けられないと解釈してゐるがこれは大正７年同令が改正されたことを知らないのではないかと思ふ，同令には受験者を男とも女とも制限してない，司法科試験にも男女の区別はないのだが弁護士の試験にはっきりと男と制限してあるので，これは女は受けられないと解釈されよう，任用令にもやはり男女の性別を制限してないから任用する道は開けてゐるわけであるが，ただ実際問題としては相当疑問もあらう，今度の受験者は学部を出てゐて資格も備へてゐるので受理した訳である」（「女性の高文試験初めて

受理さる」『朝日新聞』1930年6月13日夕刊)。

この新聞報道はさらに,「夫人(夫は建築家で東京工業大学教授田辺平学——野村)はかねて在学中から弁護士になる積りで高等試験課に問ひ合はせたところ司法科の方は任用資格に考究を要するが行政科の方は別に何等の障りもないといふので今度試して見ることになった」と報じている。

それでは,行政科については,1930年から女性も受験ができるようになった,といえるのであろうか。たしかに,受験はできるようになった。しかし,金森参事官は,「任用令にもやはり男女の性別を制限してないから任用する道は開けてゐるわけであるが,ただ実際問題としては相当疑問もあらう」と述べていた。この官僚的な表現をわかりやすい言葉でいえば,たとえ女性が高等試験に合格しても,大日本帝国は,女性を官吏に任用しない,ということであった。

高等試験行政科にはじめて合格した女性は,渡辺美恵であった。渡辺はその年の春に明治大学法学部を卒業しており,合格発表の時には厚生省労働局に「雇」として勤務していた。合格して4カ月後に労務監督官補(判任官)に昇格した。渡辺は秘書課長と交渉したが,高等官に昇格する見込みがないと判断し,1942年9月に辞職,労働科学研究所に移った(秦 [1983] 103-104)。

大日本帝国は,高等試験に合格した女子を高等官として任用するつもりはなかった。そのことは,三淵嘉子が司法高等官になることができなかったこと,渡辺美恵も行政高等官になることができなかったことで立証された。

8　女性の高等官への任用を否定する論理

大日本帝国は,高等試験に合格した女性を高等官に任用しなかった。なぜ任用しなかったのであろうか。

本章の冒頭の部分で引用したように,秦([1983] 103)は,「官吏は男子たることを要すと言うは例外を許さざる絶対の原則にあらず」という市村光恵『行政法原理』の主張を,「煮え切らぬ解説」と簡単に切り捨てた。しかし,市村の主張は,検討に値するものである。市村の中心的な主張は,以下のごとくで

ある。

「抑モ女子ハ原則トシテ夫権ノ下ニ立ツヘキモノニシテ（未婚女子ハ別論ナリ）其身体ニ羈絆（きはん）ヲ受クヘキ行為ヲナスニハ夫ノ許可ヲ要スヘキモノナリ（民法十四条ノ精神ヨリスルモ）而シテ官吏ハ其身分上大ナル自由ノ制限ヲ受ク故ニ女子ヲ官吏ニ任スルニハ勢ヒ夫ノ許可ヲ要ス然ラハ斯カル不独立ノ地位ニ在ル女子ヲ登用スルハ啻（ただ）ニ国務施行ノ上ニ於テ不便アルノミナラス仮令（たとえ）強テ任官セシムルコトヲ得トスルモ之レカ為メニ個人ノ家庭ノ秩序ヲ打破スル結果ヲ生セム是レ国家ノ側ヨリ見テモ望マシキコトニ非ス且ツ女子ハ妊娠中職務ヲ執ルニ不便ニシテ産後ハ又一定ノ期間職務ニ就ク能ハス又其能力ニ於テモ特種ノ技能ニ関スルモノノ外（例ヘハ電話交換ノ事務）一般ニ男子ニ劣ルカ故ニ現在ノ如ク男子ノ志望者ヲ以テ適当ナル官吏を得ラレ得ヘキニ強テ女子ヲ登用スル必要ナシ唯上来述フル如ク女子ヲ官吏トセサルハ原則タルニ過キスシテ法カ例外ヲ認ムルコト及ヒ禁止ノ規定ナキ場合ニ任官スルコトヲ妨ケサルカ故ニ現在或部分ニ於テハ女子ノ官吏ヲ見ルコトアリ例ヘハ東京音楽学校女子高等師範学校ニ於ケル女子職員逓信省ニ於ケル女子判任官ノ如シ故ニ官吏ハ男子タルコトヲ要ストニフハ例外ヲ許ササル絶対ノ原則ニアラス」（市村［1913］376-378）。

　市村の主張において，女子の能力が一般に男子よりも劣っている，というような考えは，いうまでもなく偏見である。しかしそうした偏見は市村個人の偏見ではなく，戦前日本の男子の大半がいだいていた偏見であった。そうした偏見も含めて，市村の見解は，大日本帝国の見解であった。女子は夫権の下にあって独立的ではないので，官吏たるにふさわしくない。一般的に女子の能力は男子に比べて劣っている。出産や子育てで職務を遂行できない時期がある。男子の官吏志望者の中から十分な質と量の官吏を任用できる。したがって，女子を官吏に任用する理由も必要もない。とはいえ，現実には官立学校や逓信省に女子官吏が存在している。したがって，官吏は男子であることが原則であるが，例外を許さない絶対の原則というわけではない。以上のような市村の見解は，大日本帝国の見解を正確に表明したものであった。

　戦後，三淵嘉子は裁判官になった。戦前に女性が司法官に任用されなかった

ことに怒りを感じていた三淵は，法務省の役人に，戦前に女性を高等官に任用しなかった根拠を質問した。「法律上女性不採用の規定はなかったが，民法上女性は婚姻によって法律上無能力になる，すなわち夫の同意がなければ重要な法律行為ができないので，無能力になるような者に国の仕事は委せられないというのが運用上の理由づけであったのであろうという答えであった」(三淵[1983] 12)。三淵は，この回答について，「理由としては何とも薄弱であるが，当時としてはそれ以上の理由は必要なかったのである」と記している。しかし，「理由としては何とも薄弱である」とはいえない。法が体系として女性差別的であるところにおいて，官吏の任用において男女平等であるはずがない。法務省の役人は，戦前の法の精神を正確に答えたのである。

9　小　　括

　女性の高等試験受験資格は1909年「文官試験規則」の改正によって認められた，という見解が現在まで流布している。しかし以上の検討結果から，この見解は支持されない。
　女性の高等試験の受験資格については，1918年「高等試験令」第八条によって，女性が高等試験を受験できる可能性が生まれた。そして，同志社大学法学部が女性を受け入れはじめたことで，この可能性が現実性に転化した。1930年，同志社大学法学部を卒業した田辺繁子が受験を申請し受理されたことによって，現実のものとなった。
　しかし戦前における女性の高等試験受験資格は，所詮，形式的なものにすぎなかった。大日本帝国は女性を高等官として任用するつもりがなかったからである。
　戦後，1947年の国家公務員法によって，戦前の官吏制度から国家公務員へと移行した。第１回の国家公務員採用試験は1949年１月におこなわれた。国家公務員の幹部候補たる上級職の試験に，女性は受験資格を有することになっていた。しかし，すでにみたように，すでに1930年に女性の高等試験の受験資格は

認められていた。重要なのは，女性が実際に上級職として採用されることであった。

　上級職として最初に採用されたのは，労働省に採用された森山真弓（のちに婦人少年局長，小泉内閣の法務大臣）であった。1950年である。労働省は，1951年に1人，1953年に2人採用し，それ以後，毎年1人または2人の女性上級職を継続して採用した。労働省が女性上級職の採用を続けたのは，婦人少年局長が女性ポストであり，さらに婦人少年局内に二つの女性課長ポストがあったためである。労働省以外では，厚生省が1958年，文部省と通産省が1962年，それ以外のところはさらにずっと後のことである（赤松［2003］4）。

　したがって，女性が，合格すれば採用される可能性もあるという本当の意味で上級国家公務員試験の受験資格を得たのは，労働省が女性を採用した1950年というべきである。しかし，労働省は婦人少年局に女性のためのポストを持っていたため例外的に女性を上級職として採用した，と考えるならば，女性が本当の意味での受験資格を得たのは，厚生省が女性をはじめて採用した1958年というべきかもしれない。

第5章
自営業の衰退がもたらしたもの

1　自営業への注目

　日本が格差社会であるという認識は，橘木俊詔（[1998] 35）が，「1980年代後半や1990年代前半で見ると，わが国は先進諸国の中でも最高の不平等度である。資本主義国の中で最も貧富の差が大きいイメージでとらえられているアメリカの所得分配不平等度よりも，当初所得で見てわが国のジニ係数の方が高いという事実は，にわかに信じ難いほどの不平等度である」，と指摘したことから広まった。この指摘は，格差論争の発端となった（論争については「中央公論」編集部編 [2001]）。この論争の過程で，そしてさらに教育を通じた世代間格差についての論争がおこなわれる中で，それまでの「一億総中流」に代わって，「不平等社会日本」「格差社会日本」というイメージが，日本社会の中に根づくようになった。さまざまな格差の中で，正規雇用と非正規雇用との格差が中心的な格差としてクローズアップされるようになった。

　しかし，日本が明治以来ずっと貧しい格差社会であったことは，長い間，日本の常識であった。「日本人が貧乏で，明治以来ひさしく，低い生活水準のまゝで留まって来たことは，日本人自身がいちばんよく知っている。原因はもちろん，「低賃銀」にあり，またこれを「低賃銀」として感じない低い意識のうちにあった」。大河内一男がこう記したのは，1959年のことであった（大河内 [1959a] 26）。

　1970年代と80年代には，「一億総中流意識」がさかんに喧伝された。その根

拠は，総理府（現・内閣府）の「国民生活に関する世論調査」における質問項目「お宅の生活程度は，世間一般からみて，この中のどれに入ると思いますか（ア）上，（イ）中の上，（ウ）中の中，（エ）中の下，（オ）下」にたいして，（イ）中の上，（ウ）中の中，（エ）中の下，のいずれかに該当すると答えた人が圧倒的に多いという事実にあった。そしてその事実から，日本は平等な社会だというイメージがつくられた。しかし，こうした質問項目はじつにトリッキーであった。「中の上」，「中の中」，「中の下」がどの程度の差を意味しているのかを問うことなく，一括して「中」としてくくり，「中と回答する人が多い」→「みんな中流意識を持っている」→「みんな中流だ」→「みんな中流ということは，みんな同じくらいということだ」→「日本は平等な社会だ」といった連想によって，あたかも日本が平等な社会であるかのように思われただけであった（神林[2012] 71）。

　日本は一貫して格差社会であった。しかしそのことは，格差の内容が一貫して同じであったことを意味していない。1990年代に格差社会日本は，格差の内容を変えるようになった。

　格差社会の中で，下層に位置する社会層は何であろうか。結論を先取りしてしまえば，長い間，日本の下層を形成してきたのは，自営業であった。

　日本の就業構造を長期的観点から見れば，自営業（自営業主＋家族従業者）の決定的重要性は明白である。戦前の日本においては，自営業は就業者の7割近くを占めていた。すなわち1920年に69.3％，1930年に67.6％，軍需産業化が本格化していた1940年においてもなお58.0％を占めていた（石崎[1957]）。

　国際比較のためOECD（経済協力開発機構）の統計を用いると，就業者に占める自営業の割合は，高度成長がはじまった1955年の日本が56.5％，同じ年のアメリカは18.0％，1957年の西ドイツは24.3％であった。日本における自営業の比率は就業者の過半を占め，アメリカや西ドイツと比較して顕著に高かった。

　しかし戦後日本経済は，高度成長，安定成長，バブル景気，失われた20年と推移し，自営業も一直線に衰退していった（図5-1）。OECD統計によれば，2010年現在，就業者に占める自営業の割合は，ドイツ11.6％，アメリカ7.0％

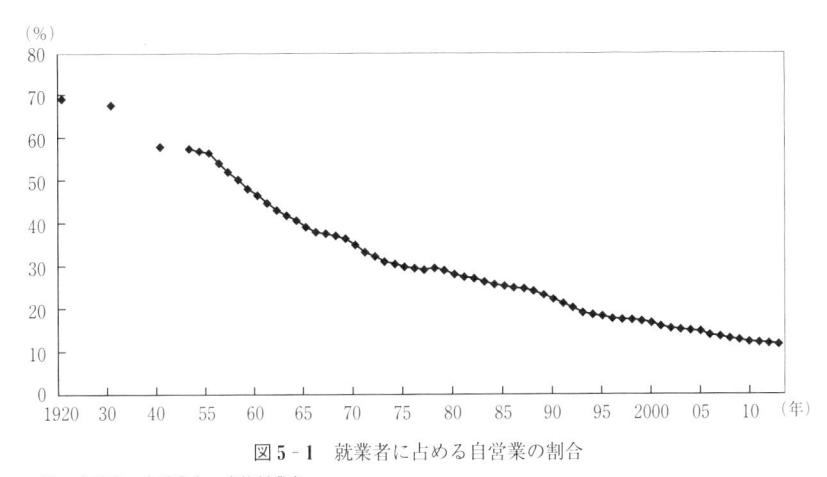

第5章　自営業の衰退がもたらしたもの

図5-1　就業者に占める自営業の割合

注：自営業＝自営業主＋家族従業者。
出典：1920年，1930年，1940年は石崎［1957］から，1953年以降は労働力調査から作成。

にたいして日本は12.3％と，ほぼ同じ数値となった。日本はいわば普通の先進国になった。

　自営業の世界は，その内部において収入，学歴，政治的志向，文化的志向においてさまざまな差異を含みつつも，会社・官庁という組織に雇用されている雇用者の世界とは明確に異なっている。自営業は，生産手段，資格，技能，ノウハウあるいは体力をもとに，自分の仕事を自分で決めており，組織に従属あるいは所属している雇用者とは異なっている。自営業が衰退したことは，日本社会にとって政治的，経済的，社会的に大きな意義を有したはずである。しかしその点について，これまでの研究はほとんどないに等しい。

　たとえば，高度成長を多面的にとらえた大門正克他編『シリーズ高度成長の時代』全3巻（2010/11年，大月書店）においても，自営業の衰退というテーマは取り上げられていない。大門が執筆したこのシリーズのイントロダクションは，次のように記している。

　「高度成長の時代に政府と企業社会が大きな役割を果たしたことは疑いを入れない。だが従来の研究では，政府と企業社会に多くの説明を任せすぎたように思われる。政府と企業社会の果たした歴史的役割を十分にふまえたうえで相

対化すること，これが第一の点である。たとえば市場と競争をめぐっては，企業間競争や政府の産業政策だけでなく，東アジアの冷戦とのかかわりで理解する必要があり，生活保障については仕組みだけでなく，時間の重層的認識に基づく歴史的視点の重要性を提起した。長い歴史的視点を設定することで，生活保障のパターンには，企業社会にくわえて，地域社会と在日朝鮮人・沖縄の三つがみえてくる」（大門［2010］48)。

大門が指摘するように，「従来の研究では，政府と企業社会に多くの説明を任せすぎた」。したがって「政府と企業社会の果たした歴史的役割を十分にふまえたうえで相対化すること」が必要である。そして「東アジアの冷戦」と「生活保障」を新たに分析視角に加えることが必要であることも，その通りである。しかし，たとえば「生活保障」にしても，雇用者と自営業とでは「生活保障」が大きく異なることは明らかである。「生活保障」について，企業社会にくわえて論じなければならないのは，「地域社会と在日朝鮮人・沖縄の三つ」だけでなく，自営業の存在であったはずである。しかし，自営業の存在は，多くの研究者を集めて多面的なアプローチを試みたこの包括的な研究においても，看過されてしまった。

本章は，都市雑業層論と二重構造論を検討して，日本における自営業の重要性と，それにもかかわらず自営業の意義が無視されてきたことを論じる。そして自営業が衰退したことによってもたらされた1990年代における格差社会の変容を指摘する。

2　都市雑業層論

自営業に関連する研究論文の中で，もっとも引用されるのは「都市雑業層」論である。「都市雑業層」という用語は，隅谷三喜男によって提唱された。現在，この用語は広く受け入れられている。しかし，隅谷の「都市雑業層」論は，これまで正確に理解されてきたとはいえない。隅谷は農村にも雑業層が存在することを認めていた。それにもかかわらず，隅谷はなぜ都市の雑業層のみを論

じたのであろうか。農村雑業層は都市雑業層と同じような存在形態であろうか。隅谷の「雑業層」論の最大の問題は，なぜ農村の雑業層を含めた「雑業層」論ではなく，都市に限定した「都市雑業層」論なのかにある。

結論的にいってしまえば，隅谷が「雑業層」論ではなく「都市雑業層」論を提起した理由は，隅谷が大河内一男の出稼型論と並木正吉の人口移動論とを統一しようとしたからである。したがって，隅谷の「都市雑業層」論を正確に理解するためには，大河内の出稼型論と並木の人口移動論を見ておかなければならない。

（1） 大河内一男の出稼型論

出稼型論は，大河内一男［1950］「賃労働における封建的なるもの」においてはじめて展開された。大河内は出稼型論を岩波新書『黎明期の日本労働運動』（大河内［1952］）で再論した。この本は，新書という性格から広く読まれ，それとともに出稼型論も普及した。

大河内は，次のような問題意識から出発する。

「日本の労働組合や労働運動が，何故今日在るような形をとって登場しているのか，また労働階級の闘争やそれを左右している戦術などが，何故正常な形をとり得ないで，著しく戦闘的であるかと思えばまた意外に退嬰的であったりするのは，どうしたことであるのか，そうしてさらに，日本の労働運動全体の担っている思想に，安定したものがみられないというのは，いかなる理由に根差すことなのであろうか。日本の労働問題の根もとに横たわっているこの秘密は何であるか，この点を明かにしておくことが何よりも大切なことである」（大河内［1952］2）。

労働運動が社会的関心をひきつけない今日では，大河内のこの問題意識は理解するに困難であろう。大河内は回顧談『社会政策四十年――追憶と意見』（大河内［1970］）において，この問題意識を持った背景を解説している。

大河内の考えでは，日本の労働組合運動は同じようなパターンを繰り返している。最初は穏健な運動としてはじまるものの，次第に反体制運動や革命運動

に左旋回し，官憲と対決して壊滅してしまう。次の時代の運動はゼロからはじめなければならない。労働組合期成会も友愛会もそうであった。戦後になると，そのサイクルが短くなって同じパターンを繰り返している。産別会議がそうであり，総評もそうである。日本では「過去の運動があとの時代の蓄積になっていない（中略）運動がある点まで進展すると，そこで中断，あるいはすべてご破算になって，次の時代の労働運動は改めて第一ページから出直しをするという，いってみるなら，一種のサイクルを反復するような特徴がある」（大河内 [1970] 324）。

　大河内は，労働運動がこのような特徴を持つ理由を，日本に特殊な「労働力」の型に求めた。「出稼型」という「労働力」の型が労働運動に上述のような特徴を生んでいる，というのである。大河内の「出稼型」論は，次の引用文に集約されている。大河内の「出稼型」論は，一時期は「通説」と見なされるほど普及したにもかかわらず，今日では忘れ去られている。そのため，長くなるが，エッセンスの部分を引用しておく。

　「いま日本における賃労働の型を便宜上「出稼型」と称んでおこう。これは言葉の狭い意味での出稼人を意味するものではなく，賃労働の提供者が，全体として，農家経済と結びついた出稼労働者的性格をもっている，ということである。出稼型労働といったが，その点を少し具体的に説明してみよう。日本の賃銀労働者の圧倒的部分を占める女子労働者＝「工女」たちが，何れも例外なしに，農村，それも条件のわるい農村地帯の貧農の娘たちであり，彼女たちはみな親元の農家の窮迫した家計を補充する意味で，二年または三年の年期をもって，多くは前借制度などに縛られながら，嫁入りまでの一定期間を，遠隔の工場へ，それも主として綿糸紡績，織物，生糸工場などへ，出稼労働者として流出する。もちろん，工場労働が彼女たちの終生の職業なのではなく，定められた契約期間が満了すれば，彼女たちは例外なしに郷里へもどり，そこで結婚し，農家の主婦としての生活がはじまる。そこからが彼女たちにとっては，ほんとうの生涯なのである。男子労働者はどうか。明治から大正へかけては，男子労働者の数は女子のそれに遙か及ばないが，彼らもまた，女子の場合と同

様に，その本質において，出稼型であるといってよい。農閑期における農民の炭坑への出稼か，北洋漁撈労働や僻地の建設作業や土建労働への出稼など，狭い意味での出稼はしばらく別として，男子労働者の中心である工場，鉱山，交通，その他の賃労働についていえば，彼らの大部分は農村における過剰人口の流出部分からなっており，所謂「次三男」がその中枢を占めている。農村は彼らに生活できるだけの土地を与えることができないから，彼らは好景気の時は農村から流出して工場地帯や鉱山に職を求め，不況に遭遇して職場を喪って再び農村に帰還する。ひとはしばしば帰農とこれを称んでいるが，彼らの場合には農民として農に還るのではなく，ただ工場地帯の職場を喪って，村へ帰るだけのことであり，一時父兄の家計に寄生しながら，景気の回復に対して待期の姿勢でいる。彼らは，だから，農民として農村にいるのではなく失業者として農村に寄食するのである。このように，景気の上昇下降につれて，次三男によって表現される農村の過剰人口は，不断に流出流入を繰りかえすのであって，この点では，日本の農村は，過剰人口や失業人口に対する無限の深さをもつ貯水池のような役割をつくして来たといってよい。もちろん，男子労働者の場合は，農家からの「出稼工女」の場合と異って，やがては賃銀労働者としての生活から足を洗い，農民としての生活に最終的に這入るというようなことはなく，彼らの流動的な生活をどこかの時点でうち切って，工場地帯で比較的安定した雇傭のチャンスを掴まえようとするものであり，彼らの中の幸運な部類は比較的早く目的地のどこかへ橋頭堡を築き，一家を構え，都会居住者としての生活をはじめるのであるが，それでも劇しい恐慌や長期の不況に見舞われると，彼らは再び出身の農村に似而非的な「帰農」を行い，貯水池の中へ還流してゆくのである」（大河内［1952］4-5）。

以上の大河内説を図示すると，図5-2のごとくになる。

大河内はさらに，日華事変以後における戦時経済の急速な発展も，出稼型という労働力の型を揚棄しなかった，と主張する。すなわち，戦時経済とともに，巨大工場が農村地域に展開するようになった。労働力は工場の周辺農村から，通勤工として調達された。主として近隣農村の次三男や娘たちが，また場合に

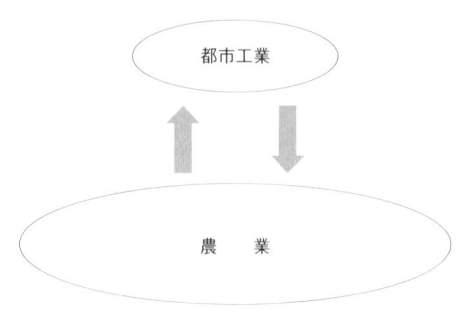

図5-2 大河内「出稼型」論

よっては長男や耕作担当者までもが通勤工として労働者となった。彼らは「半農半工」あるいは「職工農家」と呼ばれた。彼らは一面では近代的な賃労働の提供者であったが，彼らの賃金労働者としての再生産は農家経済から切りはなされていなかった。「「半農半工」と称ばれるものも，本来の出稼型労働の一亜種であり，とりわけその戦時型である」（大河内 [1952] 6）。

労働力の型が出稼型であるため，「農村における家族生活，家族構成の封建的実態とそこを支配する身分的生活関係とは，またそこでの〈エートス〉は出稼労働者を通して工場地帯にもち込まれ，工場における労働関係を封建的に身分的なものに形成する」（大河内 [1950] 11）。そのため，農村の工場においてはもちろんのこと，都市の工場においても近代的な労働者意識は成立しない。

（2） 出稼型論が広まった理由

大河内の出稼型論は1950年代には出稼型論は「通説」と見なされるほど普及した。出稼型論が有力な理論と見なされた理由として，次の3点が考えられる。

第一に，出稼型論が提唱された1950年代初頭という時代である。それに先立つ1940年代は，激動の時代であった。総動員体制，敗戦，占領，復員，復興という出来事の中で，就業構造も激しく変動した。農業就業者は，総動員体制の中で減少した。国勢調査によれば，1940年に1,336万人であった農業就業者は，1944年には1,127万人と209万人減少した。ところが敗戦後の1947年には，1,662万人となり，1944年に比べて535万人も増大した。軍需工場の閉鎖あるい

は大幅縮小，復員者，海外からの引き揚げ者などが農業に復帰あるいは就業したからである（石崎［1957］666）。農業就業者の激減・激増を目の当たりにした同時代の人々にとっては，「農村は，過剰人口や失業人口に対する無限の深さをもつ貯水池のような役割」をはたす，という大河内の主張は，実感として納得できるものであった。

　第二の理由は，出稼型論が講座派理論の労働研究における具体化であると理解されたことである。出稼型論が発表されたこの時期，講座派理論は大きな影響力を持っていた。講座派理論は正しい，よって出稼型論は正しい，とするような考えが強かった。実際には，大河内出稼型論と講座派理論，とりわけ山田盛太郎『日本資本主義分析』との間には食い違いがあった。大河内出稼型論は，講座派理論の一面を過度に強調したものであった。しかし，この点を論じることは本章のテーマではないため，指摘するにとどめておく。

　第三に，大河内のネームバリューがあった。大河内は，『独逸社会政策思想史』（大河内［1936］）および『社会政策の基本問題』（大河内［1940］）の公刊によって，社会政策論の第一人者としての地位を確立した。出稼型論は，大河内の名声を背景に，「通説」とみなされるようになった。

（3）　出稼型論の問題点

　大河内の出稼型論は，1950年代には「通説」と見なされた。しかし，出稼型論には，発表の当初から批判があった。あまりにも宿命論である，労働運動など労働者の主体的な運動が客観的条件に及ぼす影響が無視されている，というような批判であった。

　しかし大河内にとって，それらは無意味な批判にすぎなかった。なぜならば，大河内にとって，なぜ日本の労働運動は，「運動がある点まで進展すると，そこで中断，あるいはすべてご破算になって，次の時代の労働運動は改めて第一ページから出直しをするという，いってみるなら，一種のサイクルを反復するような特徴」を有しているのかを説明することこそが重要であった。労働者の主体性を重視せよ，というような批判は，大河内から見れば，ナンセンスな批

判であった。労働者の主体性がないからこそ，労働運動は「一種のサイクルを反復」しているのである。出稼型論は宿命論である，という批判も，大河内にとっては，批判とは呼べないものであった。大河内は，「出稼型労働は，日本資本主義が己の胎内から生み出した特殊な労働者型であって，それは良かれ悪しかれ，日本経済にとっては宿命として負わされたものであり，一切の労働問題を根本的に制約するものであった」(大河内 [1952] 7) と明記し，自らの考えを，宿命論だと表明していたからである。

大河内の出稼型論の最大の問題点は，宿命論であるとか労働者の主体性無視という点にあるのではない。問題は実証的根拠であった。大河内は，すでに引用した文章に，根拠となる文献やデータをまったく付していない。上述の引用文は岩波新書からのものであり，新書という性格から実証的根拠となる資料・文献や統計を挙げなかった，ということではない。大河内は岩波新書を書き上げる前に，学術論文の発表の場とされていた東京大学『経済学論集』に「賃労働における封建的なるもの」と題する論文を発表している。この論文は，大河内が出稼型論を発表した最初の論文である。この論文の中に，上述の引用文とほぼ同じ内容の文章がある（大河内 [1950] 9-13）。しかしこの論文においても大河内は，実証的根拠をまったく挙げていない。

（4） 並木正吉による出稼型論批判

出稼型論への本格的な実証的批判は，二村一夫と並木正吉によっておこなわれた。二村 [1959] の主たる批判は，労働力の型が労使関係と労働者意識を決定する，としている点に向けられた。生産過程において資本は労働者を陶冶する。労使関係と労働者意識はそれによって大きく影響される。二村は，1907年の足尾暴動が起きた理由を実証的に分析することによって，出稼型論の一面的な誤りを立証した。しかし，二村のこの点の指摘は隅谷の都市雑業層論とは関連していないので，ここではこれ以上は言及しない。

並木（[1955] [1956] [1957]）は，1920年から1940年までの農家戸数，農業就業者，農業人口を5年きざみで検討し，農家戸数はほぼ550万戸，農業就業者

第5章 自営業の衰退がもたらしたもの

```
     ┌──────────┐
     │  都市工業  │
     └──────────┘
        ↑    ↑
┌─────────────────────────────┐
│          農  業              │
│ 農家戸数550万戸，農業就業者1,400万人，│
│ 農家人口3,000万人              │
└─────────────────────────────┘
```

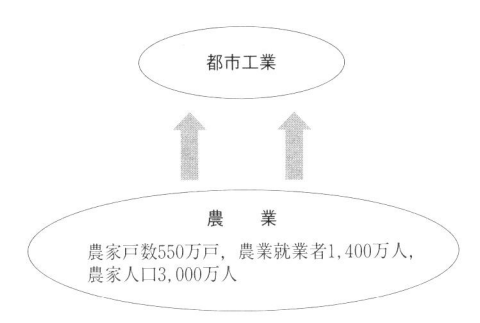

図5-3 並木正吉による「出稼型」論批判

はほぼ1,400万人，農家人口は3,000万人で安定していた事実を見いだした。そこから並木は，「農家人口が，ほぼその自然増加にひとしい部分を流出し，それは景気の繁閑によって著しい変化をうけることなくつづけられてきた」（並木[1955] 31）と結論づけた。この事実発見をもとに並木は，出稼型論を次のように批判した。

「わが国の農家人口の移動を出稼ぎ型と規定する見地のあることは周知のとおりである。この内容を正確に理解することは困難であるが，それが，農家人口を産業予備軍として理解し，あるいは過剰人口のプールとして理解する考え方と結びついていることは明らかである。しかし，すでにみたように農家人口は産業労働力の供給源ではあっても，過剰人口のプール（この考え方は，農家人口が労働力の供給源であるだけでなく，景気変動による需要変動に対してクッションの役割を果していることをふくむのである）とはいえず，したがって産業予備軍という景気変動と結びつく労働力の存在形態をとっていなかったのである。したがって，出稼ぎ型と規定することにも問題がある」（並木[1956] 30）。

並木は，農家の内部に人口を一定に維持する要因が作用しており，それを上回る人口を余剰労働力として排出していることを強調した。したがって，次三男の移動のうち，帰村（帰農）した者は多くない（並木[1956] 30）。

以上の並木説を図示すると，図5-3のごとくになる。

並木による実証的批判は，出稼型論にとって致命的なものであった。しかし大河内は，並木による実証的批判になにも答えなかった。出稼型論を支持しつ

つ，並木の批判を受け入れたのが隅谷三喜男である。そのために隅谷は「都市雑業層」概念を提起した。

（5）「出稼女工」についての補足

並木は，農家戸数，農業就業者，農家人口について統計的に実証した。また，男子労働者についても，くわしく推計した。しかし並木は，女子労働者については簡単に触れているだけで，分析をおこなっていない。そのためここで女子労働者についてコメントしておく。

大河内は，先の引用文において，次のように主張していた。「日本の賃銀労働者の圧倒的部分を占める女子労働者＝「工女」たちが，何れも例外なしに，農村，それも条件のわるい農村地帯の貧農の娘たちであり，彼女たちはみな親元の農家の窮迫した家計を補充する意味で，二年または三年の年期をもって，多くは前借制度などに縛られながら，嫁入りまでの一定期間を，遠隔の工場へ，それも主として綿糸紡績，織物，生糸工場などへ，出稼労働者として流出する」。つまり大河内によれば，「工女」たちは「例外なしに」農村出身で，「遠隔の工場」で働いている。

しかし1901年の調査である『職工事情』によれば，無視できない数の通勤工女がいた。生糸女工について，「生糸工女に関し通勤者と寄留者との割合はここに統計を以てこれを示すことを得ずといえども，概して言えば大工場にあっては寄宿者多く小工場にあっては通勤者多し」（農商務省商工局 [1998] 上273）と報告されている。紡績女工については関西16工場の調査で，寄宿舎10,693名，指定下宿者754名，通勤者7,016名，社宅在住者2,742名と報告されている（農商務省商工局 [1998] 上194-195）。通勤者は紡績女工全体の33.1％を占めている。紡績繊維産業の女工すべてが農村から遠隔地への出稼とする大河内の主張は，『職工事情』によって否定されている。

また，大河内はいう，「定められた契約期間が満了すれば，彼女たちは例外なしに郷里へもどり，そこで結婚し，農家の主婦としての生活がはじまる」。つまり農村出身の女工は「例外なしに」帰村し，「農家の主婦」になるとされ

ている。これも事実と異なる。

衛生学者・石原修が引用している調査（石原は調査名を明記していない）によれば，出稼女工の大多数は故郷に戻ることなく，出稼先に定着した。石原は，次のように記している。「今回調査セシ一府（大阪府ハ一部分ニテ堺市ノミナリ）27県ヨリ（明治——野村）43年ニ出稼セシモノハ12万7千人ニ達シ中帰郷セシモノハ4万3千人ニシテ8万4千人ハ工場及都会ニ定着スルノ結果ヲ示セリ，（中略）三分ノ二ハ工場及都会ニ定着スルモノニシテ工業ノ能ク若キ女子ヲ都会ニ誘引シ而シテ故山ニ起伏スル能ハザル（或ハ忘レシムル）ニ至ラシムル力ノ大ナルニ驚カザルヲ得ズ」（石原［1914］10）。

1910年代前半に，農村出身の女工のほとんどは帰郷するものである，というイメージが存在していた。石原もそのイメージが正しいと信じていた。だからこそ石原は，3分の2もの女工が帰郷しなかった事実に「驚カザルヲ得」なかった。

戦間期においても，出稼女工と呼ばれていた女性たちの多くは，農村に戻らなかった。「帰郷するものは僅か二三ヶ月か半年の短期で帰り農村で結婚するが，就職三四年になったものは帰郷し農村で結婚するものは頗る少数であるといはれて居る。紡績会社の退場者理由調を見て見ると帰農といふのが多数を占めて居るが，実際は帰村者は極めて少数であつて，一旦帰村してもさらに都会の華やかさを追ふて終わりには料理家，カフエの女給，もつと女として恥づべき職業に堕落する者も少くないといふ」（福岡地方職業紹介事務局編［1928］47-48）。

たしかに，農村出身の女工のほとんどは帰郷・帰農するという強固なイメージが存在していた。大河内の出稼型論は，そうしたイメージに立脚していた。しかし，実態調査は，そのイメージを否定していた。出稼女工と呼ばれた女性たちの大半は，帰郷・帰農しなかった。

3　隅谷三喜男による「都市雑業層」概念の提起

大河内は並木の実証的批判にたいしてコメントしなかった。大河内が並木の

批判をどう受け止めたのかは不明である。そして大河内は，1959年の論文「日本的労使関係の特質とその変遷」（大河内 [1959b]）によって，唐突に，企業の労務管理が労使関係を規定するという観点を打ち出し，出稼型という賃労働の型が労使関係を決定するという出稼型論を，誤っていたと明言することなく，放棄した。

大河内は並木の批判を無視した。しかし，研究者として出発する時点で講座派の強い影響下にあった隅谷三喜男は，並木の出稼型論批判を深刻に受け止めた。隅谷は，一面では「賃労働の理論」を構想するように理論家であったが，しかし他面では『日本賃労働史論』（隅谷 [1955]）に見られるように実証研究も大事にしていた。隅谷は並木の実証的批判を無視することはできなかった。そこで隅谷は農家人口が一定であったという並木説を承認し，そのうえで，「大河内説と並木説との統一的把握」（隅谷 [1960] 100）をおこなおうとした。それが「雑業層」概念の導入である。

隅谷は「雑業層」概念によって，大河内説と並木説を次のように結びつける。

「大河内説と並木説との対立を結びつける環は，都市を中心に存在する雑業である，ということである。大河内説の場合には農村の過剰人口は都市に賃労働として流出し，不況になると賃労働需要が減ずるので，失業者は農村に還流する，と説明せられた。しかし，事実は還流するのは一部であり，しかも永く農家に滞留することはできず，大部分は雑業層の中に移行していくのである。それゆえ，過剰人口の貯水池は農村である以上に雑業層であるといわねばならない」（隅谷 [1960] 105）。

以上の隅谷説を図示すると，図5-4のごとくである。

隅谷がいう「雑業層」とは，①「零細工業，家内労働，零細小売商等雑多な営業を多数包含し，そこに本来的な賃労働のほかに零細企業労働者，家族労働者，家内労働者，人夫・日雇その他雑業等，雑多な生業」（隅谷 [1960] 100）である。別の箇所で隅谷は②「小工業や零細家内工業の労働者，小売商，サービス業の従業者，職人等の手伝，土建その他の人足，日雇等々」（隅谷 [1960] 101-102）とも表現している。

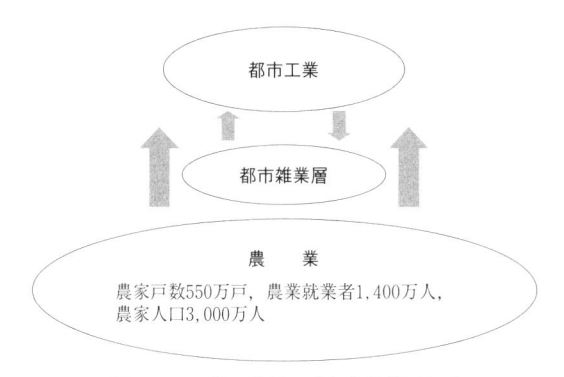

第 5 章 自営業の衰退がもたらしたもの

```
      ┌─────────┐
      │ 都市工業 │
      └─────────┘
       ↑   ↓ ↓   ↑
      ┌─────────┐
      │ 都市雑業層 │
      └─────────┘
      ↑           ↑
  ┌───────────────────────┐
  │       農    業         │
  │ 農家戸数550万戸，農業就業者1,400万人，│
  │ 農業人口3,000万人        │
  └───────────────────────┘
```

図5-4　隅谷三喜男の「都市雑業層」論

　厳密にいえば，この二つの文章によって隅谷が示しているものが同一であるかどうかは疑わしい。たとえば，②では「サービス業の従業者」が「雑業層」とされているのにたいして，①では言及されていない。また，①では「雑多な生業」が「雑業層」とされているのにたいして，②では言及されていない。こうした曖昧さは，隅谷が雑業層に明確な概念規定を与えなかったことに起因している。

　隅谷が「雑業層」に明確な概念規定を与えなかった理由は，隅谷の都市雑業層論の提起の仕方それ自体にある。隅谷は次のように発想した。農村の過剰人口は被用者として都市に流出する。並木説によれば，都市に流出した農村出身者は，不況になっても農村に戻らない。そうだとすると，彼らは被用者としては解雇されながらも，都会にとどまっていることになる。他方，昭和恐慌下においても，失業率は急増しなかった。ということは，彼らは何らかの職業に従事しているはずである。好条件の職業に就けるチャンスはほとんどないので，所得の低い悪条件の職業に従事しているはずである。そうした職業を「雑業層」と呼ぼう。彼らは都市にとどまっているので，都市雑業層である。

　このように考えて隅谷は，引き算をおこなった。都市の就業者全体の中から，まずはじめに本来の賃労働と思われる大企業の労働者を消去する。問題は中小企業の労働者である。中小企業の労働者を一括して本来の賃労働とするには無理がある。かといって，中小企業の労働者を一括して雑業層とするにも無理が

ある。そこで，中小企業の労働者は，本来の賃労働と雑業層との中間層とすることにした。「中小企業は明確に大企業と一線を画しながら，その労働者は雑業層と大企業労働者との中間に位置していた」（隅谷 [1960] 113）という文章が，以上のような考えを表明している。すなわち雑業層とは，就業者全体から大企業労働者と中小企業労働者を差し引いたものである。雑業層は次の等式で定義される。

　　　都市の総就業者－大企業労働者－中小企業労働者＝都市雑業層

　この定義によれば，雑業層にはじつにさまざまな職業が含まれることになる。隅谷が「小工業や零細家内工業の労働者，小売商，サービス業の従業者，職人等の手伝，土建その他の人足，日雇等々」といくつかの職業を列挙しただけでなく，さらに「等々」と記すことによって，雑業層がいかに多様な職業を含んでいるのかを表明したかったのである。

　隅谷にとって都市雑業層は，最悪の経済状況にもかかわらず庶民が懸命に働いてともかくも生計をたてている，というポジティブなイメージではなかった。隅谷にとって都市雑業層は，暗くよどんだ社会層であった。

　隅谷がはじめて都市雑業層を論じた論文は，「日本資本主義と労働市場」（隅谷 [1960]）であった。その論文で隅谷は，「雑業層」という用語と並んで，「沈澱層」という用語も使っていた。そして，「雑業層」という用語よりもむしろ「沈澱層」という用語を多用していた。「雑業層＝沈澱層」（隅谷 [1960] 102）とも記しているから，両者は同じものである。「沈澱層」という言葉に，ポジティブなイメージはまったくない。

　隅谷は，隅谷 [1960] の論文を単行本『日本の労働問題』（隅谷 [1964]）に収録するとき，若干の加筆をおこなった。隅谷は，「沈澱層」という言葉をすべて「雑業層」という言葉に書き換えた。たしかに，語感としては「都市沈澱層」よりも「都市雑業層」のほうが好ましく，「都市雑業層」という用語に統一したからこそ隅谷論文は研究史上に名を残した，とさえいえる。隅谷における「雑業層」という言葉は，下層社会のバイタリティを表現しているのではな

く，経済社会の「沈澱層」という負のイメージであった。

4　二重構造論

（1）「二重構造」という用語の創始者

「二重構造」という用語は，有澤廣巳が1957年の論文「日本における雇用問題の基本的考え方」（有澤 [1957]）ではじめて用いた。そして同じ年の『経済白書』が「二重構造」論を展開したので，「二重構造」という用語が広く普及した。定説ではこのように言われている。

たしかに，有澤（[1957] 14）は「二重構造」という用語を使っている。この有澤論文を含む日本生産性本部『日本の経済構造と雇用問題』の出版日付は，1957年6月10日である。その年の『経済白書』の発行日付は7月19日である。出版日付を信じるならば，有澤は，「二重構造」という用語のプライオリティをもっている。しかしたいていの書物の出版日付は正確ではない。

有澤自身は，回想において，「二重構造」という用語を思いついたのは，『経済白書』を執筆した後藤誉之助（当時，経済企画庁内国調査課長）であるかのように示唆している。

「例えば，"二重構造"という言葉は，一つは私が生産性本部で"二重構造"という言葉じゃなく"二重的階層"と言っていたと思うんだけど，そういう言葉で表現をして報告書も出しているんだけど，そういうことも彼（後藤——野村）はちゃんと僕の話から汲み取っていて，"二重構造"という言葉にして白書の中に書き込んでいる」（岸 [1999] 91）。

有澤は有澤 [1957] で「二重的階層」ではなく「二重構造」と明記しているのであるから，この部分は有澤の記憶違いである。しかし有澤は別の機会にも，後藤が「二重構造」という用語の創始者であるかのように語っている。

「二重構造は，後藤君が白書に書いたんだろう。白書をつくるときに，彼は構想を立てて僕のところにいつもくるんだよ。そのときに，あれは名文家だから，僕がしゃべったやつをちゃんと「二重構造」という形にして」（有澤

[1989］47-48)。

　以上の引用文からわかるように，有澤は，自分が「二重構造」という用語の創始者とは言っていない。有澤の回想を重視するならば，「二重構造」という用語のプライオリティは，有澤と後藤の二人にある，というべきであろう。

(2)　二つの「二重構造」論

　有澤と後藤は同時に「二重構造」という用語を使いはじめ，そのプライオリティも共有していた。しかし「二重構造」の内容については，二人のあいだに違いがあった。「二重構造」論にかんするこれまでの理解では，有澤の二重構造論と，後藤が執筆した経済白書の二重構造論とが，同一内容であるとされてきた。しかしその理解は誤っている。両者のあいだには内容的な違いがあった。その違いを理解できなかったことが，二重構造にかんする論争を混乱させた。

　まず，有澤の二重構造論を引用しよう。

　「わが国の雇用問題を考え，これを解決するにあたって問題となるのは，経済の二重構造の問題である。この二重構造が存在する限り，経済の成長がそのまま，就業構造の近代化を実現することを保証しないし，したがってほんとうの意味で雇用問題を解決することとならない。

　日本の経済構造は欧米先進国のように単一の同質の構造をもたない。いわゆる二種の階層的な構造から成立っている。すなわち近代化した分野と未だ近代化しない分野とに分かれ，この両分野との間にかなり大きな断層があるように考えられる。近代化している分野は，たしかに先進諸国の企業にくらべてそう劣らない分野であるが，これに対して近代化していない前期的な分野が——中小企業，小型経営——広汎に存在している。この近代化した分野は，どんどん前進しているが非近代的な分野は停滞的である。この近代的分野の停滞性が，就業者構造を停滞的たらしめている基盤ではなかろうか。

　このような二重経済構造は労働市場の二重性にもあらわれている。日本の労働市場は全国的統一市場となっていない。大企業のための労働市場と中小企業に対する労働市場とは実は労働市場としては違った市場であって，アメリカや

イギリスにある国民的な統一労働市場は存在していない。これらの事実については種々の実態調査からも言えるところである」(有澤 [1957] 14-15)。

つまり有澤にとって,「近代化した分野」＝「大企業」と「未だ近代化しない分野」＝「前期的な分野」＝「中小企業,小型経営」が二重構造であった。こうした経済構造に対応して労働市場も二重構造となる。すなわち,「大企業のための労働市場」と「中小企業に対する労働市場」という二重構造である。

以上のような有澤の二重構造論にたいして,後藤が執筆した1957年『経済白書』は,二重構造を次のように説明する。

「このようにわが国雇用構造においては一方に近代的大企業,他方に前近代的な労資関係に立つ小企業および家族経営による零細企業と農業が両極に対立し,中間の比重が著しく少ない。大企業を頂点とする近代的な部門では世界のどんな先進国にも劣らないような先進的設備が立ち並んでいる。そこではある特定の種類および品質の商品を生産するために,また,世界市場における競争に耐えぬくために,進んだ技術が必要とされるのであつて,資本に対する労働の必要量は技術の要求に基づいて決定され,賃金の高さは,大資本と強力な労働組合との間の交渉によつて左右される。近代部門からはみだした労働力は何らかの形で資本の乏しい農業,小企業に吸収されなければならない。必要労働が資本と技術によって決定される近代部門と異なつて,この部門では所得の低下を通じて資本と労働の組合わせが変化する。生きていくためにはどんなに所得が低くても一応就業の形をとるから,この部門では,失業の顕在化が少ない。完全雇用ではないが,いわゆる全部雇用である。賃金も労働力を再生産するだけよこさなければ働きにでないということはなく,いくらかでも家計の足しになれば稼ぎにいく。近代部門の高い所得水準と非近代部門の一人当りは低くとも頭数の多い購買力が単一の国内市場を形づくつて有効需要維持の支柱となる。有効需要がある高さに維持されるならば国民経済のある部面では所得水準がきわめて低くなつても需要と供給,あるいは物価と賃金の間に一種のバランスが成立する。かくして低い賃金においてのみ雇用されうる労働力が低い生産力を持つ用途に吸収されるのである。きわめて生産力の低い,しかしながら,労働

集約的な生産方法をもつ部門が近代部門と共存するのは，右のような理由に基づいているのである。いわば一国のうちに，先進国と後進国の二重構造が存在するのに等しい。わが国が世界の中進国だというのはこのような意味に解すべきであろう。労働市場も二重構造的封鎖性をもっている。すなわち，大企業で新しく労働力を求めるときは新規卒業者のなかから優先的にとり，急に雇用をふやさなければならないときには臨時工や社外工を採用する。大企業の労務者が解雇されて中小企業に流れることはあるが，中小企業の労務者が大企業に就職するときは臨時工の形をとる。中小企業と農業間にも特殊な均衡関係が存在する。農業の所得は農業およびそれ以外のものを含めると都市中小企業労務者の所得と世帯単位ではほぼ等しい。ところでほぼ等しい所得をうるためには約二倍の人数が働いているから，農業の生産性は中小企業にくらべても約半分である。しかし農家が土地を離れて非農業の仕事に移ることは，住宅問題や就業の不安定性など種々の困難を胎むうえに働きにでた人の一人当りの所得としては多くとも，家族全休の収入としてはかえって減少する。このために農村からの労働力の流出には限界がある」（1957年『経済白書』35-36）。

　つまり1957年『経済白書』は，「近代的大企業」と「前近代的な労資関係に立つ小企業および家族経営による零細企業と農業」が二重構造である，と主張している。

　有澤と1957年『経済白書』で共通しているのは，二重構造の上の部分が大企業である点である。しかし下の部分は，有澤では「中小企業，小型経営」であり，1957年『経済白書』では「小企業および家族経営による零細企業と農業」である。もちろん，有澤は「中小企業，小型経営」に零細企業を含めていたので，企業については，有澤と1957年『経済白書』の違いはない。

　しかし，1957年『経済白書』で指摘されていた「農業」については，有澤と『経済白書』とでは，決定的な違いがある。有澤は，農業には触れなかった。それにたいして『経済白書』は，農業も二重構造の底辺にあると考えていた。『経済白書』は，付随的に農業に言及したのではない。『経済白書』を執筆した後藤は，自著（後藤 [1959] 222）において，「二重構造がいちばんひどいのは，

第5章　自営業の衰退がもたらしたもの

有澤説　　　　　　　　　後藤説

　　大企業　　　　　　　　大企業

　中小企業，小型経営　　　小企業，零細企業，農業

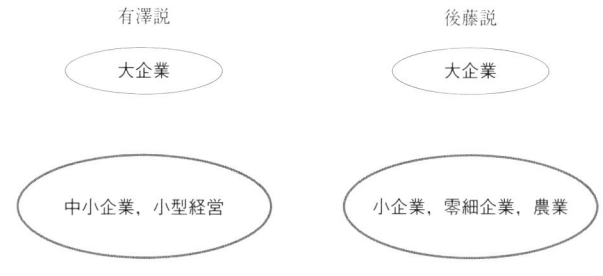

図5-5　二重構造論

農業部門であろう」と指摘していた。二重構造とは企業部門における二重構造であると理解していた有澤と，農業こそが二重構造の最大の問題であると考えていた後藤との差は，決定的に大きい。

　二重構造にかんする有澤説と後藤説を図示すると，図5-5のごとくである。「二重構造」という用語のプライオリティを共有する有澤と後藤とのあいだにおいて二重構造の内容理解が一致していなかったのであるから，それ以後の論者がさまざまな意味において「二重構造」という用語を用いるようになったのは，当然のなりゆきであった。工業における大企業と中小企業との格差（生産性，賃金），近代部門と前近代部門の並立，中小企業の低賃金を利用した大企業の資本蓄積，移植近代産業と停滞在来産業の並立，独占資本主義段階における独占資本の支配体制など，である。二重構造の定義が違うので，なぜ二重構造が成立しているのかについて，それぞれ異なった分析がなされることになった。

　二重構造論をめぐる議論はとりわけ1960年代前半に活発におこなわれた。しかし皮肉なことに，ちょうどその頃，労働市場がタイトになりはじめ，企業規模別賃金格差が縮小しはじめた。また，大企業とも小企業・零細企業とも呼べない中企業が育ちはじめ，急成長するようになった。こうした中企業が「中堅企業」（中村［1964］）として注目を集めるようになった。有澤と後藤は，二重構造の解消はきわめて困難である，という悲観的な認識で共通していた。しかし企業規模別賃金格差の縮小傾向や「中堅企業」の成長という事実は，多くの研究者をして，二重構造は解消に向かいつつあり，日本経済の中心問題ではな

くなるであろう，と思わせた。それとともに，二重構造の論争は下火になっていった。

　二重構造論をめぐる論争は，第二次石油危機後の1980年代に「新たな二重構造」論（高田［1989］）としてやや活発な議論になったものの，長続きすることなく，また消えていった。

5　自営業の理解

　隅谷の都市雑業層論，有澤の二重構造論，1957年『経済白書』の二重構造論において最下位に位置づけられる社会層は，それぞれ異なっていた。有澤の二重構造論においては「中小企業，小型経営」であった。経済白書の二重構造論においては「小企業および家族経営による零細企業と農業」であり，隅谷においては「雑業層」＝「沈澱層」であった。たしかに，「中小企業，小型経営」，「小企業および家族経営による零細企業と農業」，「雑業層」は，正確には同一ではない。しかしそれらはいずれもある社会層の重要性を示唆している。その社会層とは，自営業である。

　有澤のいう「小型経営」は自営業を含みうる。経済白書のいう「家族経営による零細企業」は，自営業であり，「農業」もまたそのほぼすべてが自営業である。隅谷のいう「都市雑業層」は，「零細工業，家内労働，零細小売商等雑多な営業を多数包含し，そこに本来的な賃労働のほかに零細企業労働者，家族労働者，家内労働者，人夫・日雇その他雑業等，雑多な生業」であった。隅谷が挙げている「都市雑業層」は，「人夫・日雇」をのぞけば，ほぼ自営業と重なる。

　有澤や隅谷は，「小型経営」「零細工業」「零細小売商」などと記し，自営業と書かなかった。自営業の独自性が把握できなかったためである。

（1）　マルクス主義の旧中間層論
　自営業が重視されなかった一つの理由は，「旧中間層」という概念にある。

旧中間層という概念は，いうまでもなく，新中間層という概念と対になっている。もともと中間層という考えの前提には，階級構造において，上は資本家が存在し，下に賃労働者が存在し，両者の階級的対立が先鋭化していく，という近代社会の理解があった。この2大階級の間にあって，そのどちらにも所属しないと見られる社会層が中間層，中間階級と呼ばれた。しかしながら，資本主義の発達とともに，資本家と賃労働者の間に立つ事務員，セールスマン，技術者や管理者という中間的な社会層が急速に増大した。彼らが新中間層とよばれるようになった。新中間層との対比で，資本主義以前から存在した中間層が旧中間層とよばれるようになった。

旧中間層は，「旧」というそのネーミングからも，資本主義と適合的でないと思われていた。そして決定的には，マルクス主義の旧中間層没落論が旧中間層のイメージを決定した。マルクス／エンゲルス『共産党宣言』（1848年刊行）は，「これまでの下層の中産階級，すなわち小工業者，商人および金利生活者，手工業者および農民，これらすべての階級はプロレタリア階級に転落する。それは，あるばあいにはかれらの小資本が大工業の経営には足りず，もっと大きな資本家との競争に負けるからであり，あるばあいにはかれらの熟練があたらしい生産様式によって価値を奪われるからである」（マルクス／エンゲルス [1971] 49-50）と宣言した。

たしかにマルクスは『資本論』において，旧中間層の没落論とは異なる見解も記していた（橋本 [1999] 41-43）。しかしマルクス主義者が旧中間層の没落論を支持していたことは明らかである。遅かれ早かれ没落するのであれば，本格的に論じるに値しないであろう（図5-6）。

マルクス主義による日本資本主義論としてきわめて大きな影響をもったのは，山田盛太郎 [1934]『日本資本主義分析』である。山田は，農業問題・農民問題を日本資本主義分析の「基柢」として分析している。しかし，都市自営業については，まったく何の言及もしなかった。『日本資本主義分析』のサブタイトルは，「日本資本主義における再生産過程把握」であった。山田にとって都市自営業は日本資本主義の「再生産過程」にとって論じるに値しないもので

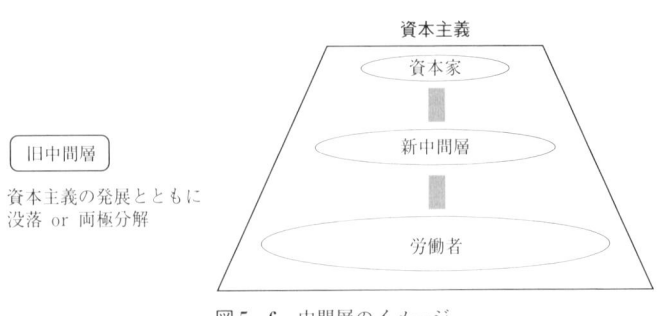

```
                        資本主義
            ┌─────────────────────────┐
            │        ┌─────┐          │
            │        │資本家│          │
            │        └─────┘          │
            │          ▲              │
            │      ┌───────┐          │
  ┌────┐    │      │ 新中間層 │         │
  │旧中間層│  │      └───────┘          │
  └────┘    │          ▲              │
資本主義の発展とともに │  ┌─────────┐         │
没落 or 両極分解  │    │ 労働者   │         │
            │    └─────────┘         │
            └─────────────────────────┘
```

図5-6　中間層のイメージ

あった。しかし，ある推計によれば，1920年において，非農林業の雇用者約737万人にたいして，非農林業の自営業主と家族従業者は合計で526万人であり，雇用者総数にくらべて遜色のないものであった（石崎 [1957] 690-694）。これだけの割合を占める都市自営業を無視して「日本資本主義における再生産過程把握」が可能であると山田が考えた理論的根拠は，マルクス主義の旧中間層没落論にあったと見てよいであろう。

（2）　中小企業研究における「零細企業」

　自営業が重視されなかったもう一つの理由は，中小企業研究における「零細企業」論にある。中小企業研究は，自営業を自営業としてとらえるのではなく，自営業を「零細企業」と理解してきた。その上で，「零細企業」の発展段階を，図5-7のように説明した（磯部 [1977] 7-9）。

　第1段階は，業主1人が生産に従事している場合で，居職，職人，行商のような雇用されない独立労働者である。少ないながらも自己の資本を所有し，危険負担を負っている。利益計算も存在する。その利益は，自己の労働にたいする報酬を含んでおり，賃金と利潤は明確に区別されない。資本と労働が未分離である。

　第2段階は，業主とその家族が生産に従事する場合である。業主の一部の時間は販売，注文取り，記帳など資本的機能をおこなうようになる。家族従業者には労働市場で成立する賃金率での賃金は支払われず，業主と家族従業者を含

第5章　自営業の衰退がもたらしたもの

```
                第1段階        第2段階        第3段階        第4段階
資
本
的  ┌─────┐       ┌─────┐      ┌─────┐      ┌─────┐
的  │ 業　主 │ 1人→  │ 業　主 │  →  │ 業　主 │  →  │ 業　主 │
機  └─────┘       └─────┘      └─────┘      └─────┘
能                   プラス         プラス         プラス
↕                家族従業者     家族従業者    各目的家族従業者
労                                 プラス         プラス
働                                賃労働者       賃労働者
的
機
能                         ←──── 零細企業 ────→
                    ←──── 零細経営 ────→
```

図5-7　零細企業の発展過程

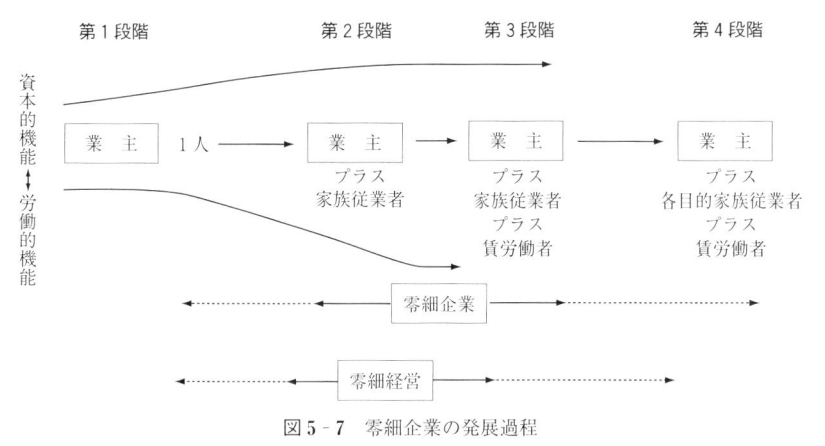

出典：磯部［1977］7。

めた労働費用は，生活費用という観念で意識される。

　第3段階は，家族の他に数名の労働者が雇用される。労働条件が家族従業者なみで，労働の場所と生活の場所が重なることも多い（住込）。労働者に支払われる賃金は，家族並みの待遇という名目で，労働市場で成立する賃金率よりも低い賃金が支払われることが多い。業主は生産工程に従事する時間が少なくなり，それだけ資本的機能を果たす時間が多くなる。

　第4段階は，家族従業者が事務的な管理面の仕事を担当するか，たんなる名目的な従業者となり，生産に従事するのは賃労働者だけとなる。業主は生産工程から分離し，資本的機能のみを果たす。労働者には，労働市場で成立する賃金率による賃金が支払われる。賃金と利潤の概念も明確に分離し，分配が問題となる。

　このような「零細企業」の発展段階論は，それ自体としてはすぐれている。しかし大きな問題を内包している。すなわち，こうした発展段階論においては，自営業は企業としての発達の最初の段階という位置づけになる。そのため，企業とは明確に異なる自営業の原理的特質が認識されない。自営業は企業ではない。自営業は，企業とは原理的に対極的な存在である。

（3） 自営業の生存原理

　以上のような「零細企業」の発展段階論は，自営業論の観点から読み替えることができる。

　業主1人が生産に従事する第1段階においては，賃金と利潤は明確に区別されず，資本と労働が未分離である。これは企業ではない。第2段階は業主とその家族が生産に従事する場合である。家族従業者には労働市場で成立する賃金率での賃金は支払われず，業主と家族従業者を含めた労働費用は，生活費用という観念で意識される。これもまた企業ではない。家族の他に数名の労働者が雇用される第3段階でも，労働者に支払われる賃金は，家族並みの待遇という名目で，労働市場で成立する賃金率よりも低い賃金が支払われる。賃金範疇はいまだ成立していない。企業の発達段階の端緒は，生産に従事するのが賃労働者だけとなる第4段階からである。つまり，企業発展の第1段階，第2段階，第3段階とされている状態は，企業の発展段階ではなく，自営業の特質である。

　自営業と会社との最大の違いは，会社は利潤を目的として活動するのに対し，自営業は利潤を目的とはしていないことにある。自営業の多くは生業として営まれ，その目的は家族の生活を成り立たせるための所得を得ることにある。自営業においては，家計と経営が分離していない。当然，営業用資産と個人資産が区分されていない。業主所得のうち，家計にあてる部分と経営に投資する部分とは，その時々の必要に応じて決められてゆく。また，経営労働と私的労働とが明確に分離していない。

　家族の他に数名の労働者が雇用される第3段階では，数名の雇用される労働者が登場するが，これらの労働者は資本・賃労働関係における労働者とは大きく異なっている。雇う側の自営業主は，いわば家族従業者の延長として労働者を雇っている。したがって多くの場合，住み込みであり，自営業主の家族と一緒に生活する。労働時間は長時間かつ不定である。休日も決まって取れるとは限らない。賃金額も賃上げの時期も自営業主が一方的に決定する。こうした賃金決定方式は当然のことながら，低賃金をもたらす。劣悪な労働条件は，頻繁な労働移動を引き起こす。

こうした労働者の職業的生涯は，大きく分けると二つになる。一つは，自営業主のもとで働いて技能を身につけ，やがて自身も独立開業する。たとえば商店で働き，商売のノウハウを学んだうえで独立開業する。あるいは，大工の親方に弟子入りし，やがて大工として独立する。もう一つの職業的生涯は，独立開業する見通しのないまま，自営業主の下で，あるいは「零細企業」で働き続ける。「零細企業」における劣悪な労働条件はたしかに問題ではあるが，その深刻さは，そこで働く労働者の職業的生涯の見通しによって異なる。やがて独立開業する見通しを持つことができる労働者は，劣悪な労働条件を耐え忍ぶであろう。そうした見通しを持つことができない労働者にとって，劣悪な労働条件は耐えがたいものになるであろう。

　企業は利潤を目的とする組織体である。それにたいして，自営業は利潤を目的としていない。自営業の目的は，家族の生活を成り立たせることである。したがって自営業は，利潤部分がなくても再生産可能である。生活水準の低下を覚悟すれば，収入の減少にかなりの期間まで耐えることができる。さらに，自営業は家族の再生産を目的としているので，たとえば親が自営業で収入が少なく，自営業からの収入だけでは生活に困難をかかえていても，子供が会社に勤め，その月収の一部を親の生活費にまわすなどして，家族の再生産を可能にする。家族メンバーの多就業による家族の再生産である。自営業は独自の生存能力を有している。いうまでもなく，いわば底辺的な自営業だけでなく，高度な法律知識や技術などにもとづく専門職自営業もある。

　自営業は，資本主義的な競争によって完全に消滅することはない。自営業は歴史貫通的カテゴリーである。事実，2010年現在（OECD 統計），就業者に占める自営業の割合は，ドイツ11.6％，アメリカ7.0％，日本12.3％であり，自営業は消滅していない。たしかに，自営業は前資本主義の時代に支配的な生産単位であった。資本主義の発展とともに自営業は衰退した。しかし資本主義の登場とともに自営業はただちに衰退したわけではない。ある時期まで，自営業は資本主義社会の中において，資本主義的再生産の一翼を担っていた。

　資本主義社会において自営業が存続しつづけるということは，資本主義社会

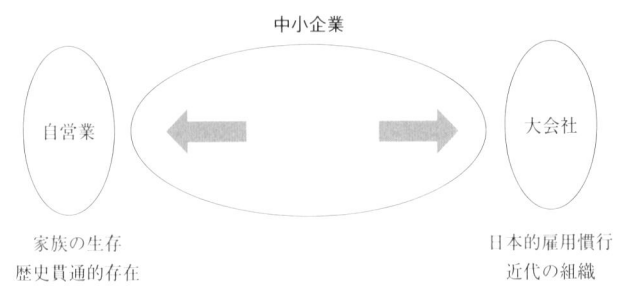

```
                        中小企業
    ┌─────┐    ←         →    ┌─────┐
    │自営業│                    │大会社│
    └─────┘                    └─────┘
   家族の生存                 日本的雇用慣行
   歴史貫通的存在             近代の組織
```

図 5-8　大会社と自営業の二極原理

の内部において，利潤を目的とする企業と，個人生活の存続を目的とする自営業とが併存することを意味している。

利潤を目的とし，組織体として官僚制が進行し，"going concern"としてもっとも安定しているのは，いうまでもなく，大企業である。日本の大企業は，経営秩序としていわゆる日本的雇用慣行を確立した。他方において生活の生存原理に立脚する自営業が存在する。

すなわち資本主義社会は，一方における大企業と，他方における自営業という二極の原理を内包している。そしていわゆる中小企業は，この二極の原理のはざまにあって，企業規模が小さければ小さいほど自営業の原理に近づき，企業規模が大きければ大きいほど大企業の原理に近づく。たとえば従業員規模が5人から10人程度の企業は，限りなく自営業の原理に近づくであろう。そして，自営業の原理にもとづいて企業を運営できるほど小さくもなく，かといって，大企業のような経営秩序にのっとって企業運営できるほど大きくもない中間的な企業は，経営者の個性によって，じつにさまざまな企業経営をおこなうであろう。中小企業研究において，中小企業は実にさまざまであり，中小企業研究の目的は中小企業を定義づけることである，といわれるのは，中小企業が原理的に二極のはざまにあって，独自の原理を有しないからである（図5-8参照）。

資本主義社会において大企業の原理と自営業の原理が二極をなす，といっても，資本主義の展開にともない，自営業の割合は減少してくる。自営業が経済社会において大きなウエートを持っている場合と，小さなウエートである場合，

何が変化するのであろうか。自営業が資本主義的再生産の重要な一部分であった時代と，自営業の意義がマイナーになった時代とでは，何がどう変化するのか，問われなければならない。

ここでは，自営業衰退について，二つの側面を取り上げる。一つは，資本主義的再生産の在り方についてであり，もう一つは学歴主義との関係である。

6 二重構造と経済発展

（1） ルッツの二重構造論

日本資本主義にとって自営業の衰退が持つ意味を考えるとき，近代的セクターと伝統的セクターの併存という視角からヨーロッパにおける資本主義の発展を説明しようとしたブルカルト・ルッツ（元ミュンヘン社会科学研究所 ISF 所長）の歴史論が注目される（Lutz [1984]，ルッツ [1987]）。

19世紀に資本主義は急成長した。しかし，20世紀前半のヨーロッパの高度工業国においてさえも，二重経済構造であった。近代的セクターとならんで，伝統的セクターがつねになお重要な意義を持って存在していた。伝統的セクターには，ほとんどの農業，大部分の手工業と小売業，そして多くのサービス業が属していた。

伝統的セクターでは，需要充足の原則が支配的である。そこでは，生産物やサービスは，生活の直接的必要に役立つ。伝統的セクターの支配的な組織形態は家族経営的な小経営である。伝統的セクターに雇用されている労働力の大部分は，家族従業者で，経営と家計とは未分離である。

近代的セクターと伝統的セクターとは，それぞれ独自の社会的経済的世界である。しかし，2つのセクターは，財，貨幣，労働力の相互関係という点で，きわめて強く「構造化」されている。

①伝統的セクターは，大規模な過剰人口をかかえていた。近代的セクターは，その発展の当初から，必要な追加的労働力の大部分を伝統的セクターから調達した。②近代的セクターの賃金労働者は，生活必需品をもっぱら伝統的セク

ターの財，サービスでまかなった。近代的セクターの企業によって支払われた賃金のほとんどが，まず農民的＝手工業的経営に流れた。③伝統的セクターに流入した貨幣は，もっぱら投資目的のために，近代的セクターの財，サービスの購入にあてられた。それは，個々の家族経営の設備改善であったり，しかるべき賦課や租税がインフラストラクチャーに投資されるという形をとっていた。こうして「繁栄のスパイラル」が実現した。

第1次大戦は，こうした「繁栄のスパイラル」を「不況のスパイラル」へと転換させた。ヨーロッパの工業国で，第1次大戦後にかつての世界市場での地位を再び取り戻した国は1つとしてない。第1次大戦後に，ロシア市場は閉鎖された。多くの農業国は負債にあえぎ，しかも工業化を開始したため，工業製品の世界貿易は，大戦前に比べていちじるしく縮小した。しかも，新興工業国，とりわけアメリカと日本が競争を激化させた。

「不況のスパイラル」は，「繁栄のスパイラル」の逆の論理になる。輸出の停滞のために工業は追加的労働力を必要としなくなる。近代的セクターにおいて支払われる賃金と俸給の総額は急速に減少する。それとともに，近代的セクターの財やサービスを購入する伝統的セクターの能力も急速に縮小した。かつては持続的な工業製品の世界市場の拡大という状況において，両セクターに利益をもたらした二重経済構造が，今や，経済成長を強く阻止するようになった。伝統的セクターの過剰人口圧力の強い国ほど，「不況のスパイラル」が厳しく作用する。ドイツやイタリアのように，「不況のスパイラル」がきわめて深刻になった国においては，ファシズムがほとんど不可避であった。

第2次大戦終了後，戦勝国と戦敗国とを問わず，ヨーロッパ諸国はすべて，1920年代や30年代よりもひどい状況に見えた。国外の販売市場や勢力圏は失われた。国内において，戦後直後，伝統的セクターは，一時的とはいえ，再び強固なものになった。そしてその経営＝家計には過剰人口が滞積した。それに加えて，復員兵，帰還した捕虜や外国人労働者，難民や故郷喪失者が労働市場にあふれていた。

ところが，福祉国家政策が「不況のスパイラル」を断ち切った。第一に，国

家介入と需要管理が国内経済の需要を安定化し,そのことによって国民経済レベルにおける賃金水準を安定させた。第二に,労働法による規制,社会保険制度,労働市場政策は,労働者がいちじるしく低い賃金でも仕事につかなければならないという状況を改善した。第三に,労働組合による団体交渉が広くおこなわれるようになった。それによって賃金が上がり,国内需要を高めた。

第2次大戦が終わった後の最初の数年間は,すべてのヨーロッパ工業国において伝統的セクターはいちじるしく強力であった。西ドイツはヨーロッパの中でもっとも発達した国の1つであったが,1950年ごろに,控え目に見積もっても確実に40％を下らない労働力が家族経営に拘束されていた。

しかし,戦間期アメリカのミドルクラスが発達させた「新しい生活様式」がヨーロッパに浸透するにつれて,伝統的セクターは解体をはじめた。「新しい生活様式」は資本主義的に生産され,流通される商品からなっていた。伝統的セクターの生産物やサービスは,ひとたび新しい生活様式が確立してしまうと,住民の圧倒的部分の日常的生活からはほぼ完全に排除された。

伝統的セクターが住民の日常的生活から排除されていくことと並行して進展したのは,それまで伝統的セクターに拘束されていた家族労働力の大部分が近代的セクターの賃労働者へと動員されたことであった。西ドイツについて言えば,50年代と60年代に動員されたのは,約700万人と推定される。この数字は,1950年の賃労働者の約50％にも相当する。この過程は,最初は,伝統的セクターから近代的セクターへの過剰人口の移動というもう何十年とおなじみのもののように見えたのであるが,急速に,伝統的セクターの根幹を揺るがしはじめた。「中核労働力」さえも移動をはじめたからである。

つまり,第1次大戦からはじまった「不況のスパイラル」は第2次大戦後の福祉国家政策によって断ち切られた。西ヨーロッパ,とりわけドイツは「繁栄のスパイラル」に立ち戻ったが,「新しい生活様式」の影響と高度成長の中で,伝統的セクターが解体してしまった。1973年の第1次石油危機以後の西ドイツは,伝統的セクターなき資本主義となったのである。

伝統的セクターなき資本主義は,資本主義の展開にとってどのような意味を

持つのであろうか。きわめて重要な結論は，第2次大戦後の約20年間の高度成長はまったく一時的な性格のものであるということである。第2次大戦後のような工業的＝資本主義的成長は，もはや起こらないであろう。

　また，伝統的セクターと近代的セクターとが共存していたことの大きなメリットは，資本主義的経済が再生産されていくために必須の前提条件が，伝統的セクターによって，最低のコストで，しかも確実に供給されていた。伝統的セクターの最終的な解体によってこの機能と資源とが消滅してしまった。その一つの例は，労働力の育成，教育，熟練養成の問題である。農民的＝手工業的家族は何十年にもわたって，資本主義的工業の将来の賃労働者のために，これらの分野を担当していた。もうひとつの例は，老人や病人の生活と看護の問題である。伝統的な家族は，老人や病人の生活と看護を家族内でおこなうことを自明のことと考えていた。さらに，生活基盤としての自然の管理，維持の問題である。それは，水利管理から始まって，景観，多様な遺伝資源の維持と増大までの広がりを持っている。これらは，伝統的セクターが伝統的生活様式，経済様式にとってまったく自明な，避けることのできない随伴的な仕事だと見なして引き受けてきた。伝統的セクターの解体とともに，それらのコストをどう負担していくのかが大きな問題となる。

（2）　日本の歴史的位置

　以上のようなドイツの経験からみた場合，日本はどのように位置づけられるのであろうか。ルッツのいう伝統的セクターは，自営業と置き換えることができるので，以下，自営業と表現する。

　日本はドイツよりもいっそう高い比重の自営業をかかえていた。農林水産業はほとんどが自営業に属している。1949年の日本において，農林水産業は全就業者の48％とほぼ半分を占めていた。これは，農林水産業の就業者が16％であった西ドイツの3倍になる。同じ年，日本において，農林業と非農林業の自営業（自営業主と家族従業者）は，就業者全体の65.6％に達していた（労働力調査）。

ドイツでは戦後の福祉国家政策が「不況のスパイラル」を断ち切り，高度成長に向かったが，日本には福祉国家政策はなかった。日本の戦後経済成長は，傾斜生産方式をはじめとする産業政策に主導された。

自営業における過剰人口は，発展途上国の過剰人口とは違って経済発展に大きなプラスの貢献をした。なによりも教育水準が高かった。識字率100％で最短でも9年間の義務教育を終えた若年労働力の供給は，途上国では存在しない労働市場条件である。さらに，日本の家庭，学校教育および地域共同体は若年者を規律ある労働力にした。しかもこうした若年労働力は，戦前からの過剰就業のもとで低い生活水準に慣れていた。都市の産業は，豊富に存在したこうした優秀な若年労働力を低い賃金で大量に採用することができた。

一方で産業政策に主導された経済復興があり，他方で低廉で優秀な若年労働力が存在した。この2つがかみ合ったとき，経済成長への道は拓かれた。対比的にいうならば，ドイツが福祉国家政策に主導された産業社会であったのにたいして，日本は産業政策に主導された産業社会であった。日本において，政府と産業界に対抗できる社会勢力が育たなかったのは，当然であった。

ドイツとの比較でいえば，日本は，さらにもう一つの特徴を持っている。日本は戦後発展をする前に，ドイツよりもはるかに膨大な自営業をかかえていた。日本においてもドイツのように，たしかに近代的セクターが自営業を吸収した。しかし自営業があまりにも膨大であったために，近代的セクターは西ドイツのように急速には自営業を吸収することができなかった。急速に伝統的セクターを吸収してしまった西ドイツの近代的セクターは，すでに1950年代末には，大量の外国人労働者を採用しなければ経済成長できなくなるという状況になった。しかし日本は，膨大な自営業の存在のために，高度成長期においても外国人労働者の採用を迫られることはなかった。とはいえ，自営業は急速に減少していった。

(3) 日本資本主義にとって自営業衰退の意味するもの

かつて氏原正治郎は，高度成長直前の労働市場について，有名な「模型」を

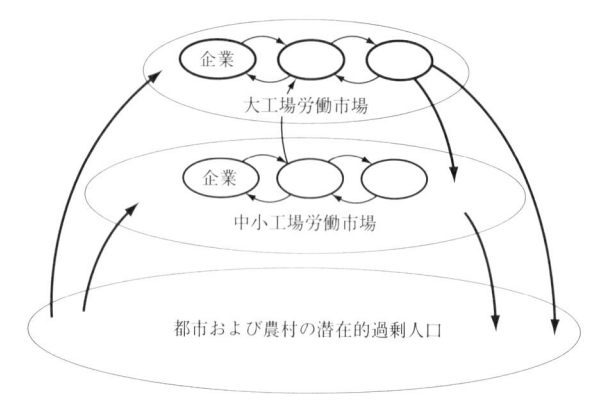

図 5-9　氏原正治郎の労働市場模型
注：1．円わくの太さは，それぞれの労働市場の封鎖性の程度を示す。
　　2．矢印は，労働移動の方向を示し，その太さは，流動量を示す。
出典：氏原［1966］424。

提示した（図5-9）。「模型」は京浜工業地帯を念頭に置いている。氏原の説明によれば，京浜工業地帯の労働市場の基底には，関東地方から東北地方・甲信越地方におよぶ広い範囲にわたる潜在的過剰人口が存在する。彼らは，雇用の機会を求めている不熟練労働力である。彼らの一部は，とくに選抜されて巨大企業の従業員として，その職業的生涯をはじめ，その企業の熟練労働力に養成される。彼らのうちの一部分は永年勤続して停年まで勤め上げるが，他の一部分は景気の消長や個人的事情によってその企業をやめる。巨大企業を去った労働者は，中小企業の労働者として生涯をおくるか，あるいはまた，もとの過剰労働力のプールの中に流れこんでしまう。そして，相当数のものが中小企業経営者になる。大工業の企業的労働市場，中小工業労働市場は，それぞれ相対的に独立した労働市場であって，それらの間の水平労働移動はかなりの程度妨げられている。ただ，この封鎖性には，業種によってかなりの差が存在している（氏原［1966］424-425）。

　氏原のこの「模型」は，対象をもっぱら製造業に限定している点において問題があるとはいえ，大筋においては説得的である。氏原はこの「模型」において，「都市および農村の潜在的過剰人口」を「基底」としている。氏原のいう

「都市および農村の潜在的過剰人口」は,「農業・商業・工業など,あらゆる産業部門にある自営業の家族労働力として,また実に種々な形の家内労働として,あるいはまた半プロレタリアとして,存在している」(氏原[1966]424)。

高度成長の進展とともに,「都市および農村の潜在的過剰人口」は減少していった。しかしそれによって産業予備軍が減少していたわけではなかった。1960年代から「パートタイマー」と呼ばれる女性が増えはじめた。そして1990年代以後,「契約社員」,「嘱託社員」,「出向社員」,「派遣労働者」,「臨時的雇用者」,「アルバイト」などという正確な定義の困難な非正規雇用が増大した。労働力調査詳細集計によれば,2013年に,「役員を除く雇用者」に占める「非正規の職員・従業員」は,男性では21.2%,女性では55.8%に達している。

しかし,同じく産業予備軍であっても,自営業と非正規雇用とでは,経済的社会的意義が大きく異なっている。

第一に,ルッツの二重構造論に見たように,自営業は経済の繁栄スパイラル,不況スパイラルという形で経済成長に大きくかかわってきた。しかし非正規雇用はそうしたメカニズムを内包していない。ほとんどの非正規雇用は賃金が低く,非正規雇用の増大は雇用社会全体の賃金を低く抑えるだけでなく,賃金のさらなる低下に向かって"race to the bottom"を惹起する。1990年のバブル崩壊以後の失われた20年は,非正規雇用の増大→賃金の低下→デフレ→非正規雇用の増大という悪循環を引き起こした。

第二に,全部雇用との関連がある。経済学における完全雇用は,仕事を求める人は全員なんらかの仕事についており,各人は最大限の生産性を上げ,それに応じた賃金を受け取っている状態を意味する。雇用にかんする理想的な状態である。それにたいして全部雇用は,仕事を求める人は全員なんらかの仕事についているものの,最大限の生産性を上げているわけではないし,賃金に満足しているわけでもない。

1990年のバブル崩壊以前,日本の失業率は国際比較から見ても,顕著に低かった。しかし日本の低失業率は,完全雇用ではなく,全部雇用であった(野村[1998])。自営業は家族従業者のフレキシブルな就労によって,全部雇用に

貢献してきた。しかし非正規雇用者は，パートタイマーを除いて，高齢で引退しない限り，労働市場にとどまり続ける。したがって失業率の上昇に寄与する。

　第三に，1980年代の「日本型福祉社会」政策は，雇用社会を前提とした上で，男女が家族を形成し，男性の稼ぎ，女性が家事・育児・介護を担当するという「男性稼ぎ主」型を推進した。1990年代以降，この「男性稼ぎ主」型がさらに強化された（大沢［2007］）。しかし，男性の非正規雇用の増大は，低賃金のために男性にとって家族形成が困難となった。厚生労働白書など政府文書によっても，男性の非正規雇用は結婚願望を低下させることが明らかとなっている。日本の生活保障システムが「男性稼ぎ主」型となっている現状では，非正規雇用の増大は生活保障システムを脅かすことになるであろう。

　第四に，自営業は自らにふさわしい勤労倫理を発展させた。通俗道徳である。非正規雇用は，そうした勤労倫理を展開することはなかったし，これからもないであろう。

7　自営業の衰退と学歴主義

　自営業の衰退が通俗道徳の衰弱につながっていくこと，そして通俗道徳の衰弱が学歴主義を強化していくことについては，すでに指摘した（本書106-107頁）。しかし，自営業の衰退は別の形でも学歴主義を強化する。

　学歴についても，自営業は大会社と対極的な位置にあった。大会社はすでに1920年代から，身分制という形で学歴別の人事管理を確立していた。そうした人事管理は戦後も職能資格制度という名前で継続した。高い学歴も持った者は事務技術員として，そうでない者は技能員として採用された（野村［2007］）。

　そうした大会社にたいして，自営業の世界では，弁護士や開業医のように高学歴の者と義務教育の学歴の者が，混在している。たしかに，統計的には自営業においても，高学歴者の所得は，低学歴者よりも高い（鄭［2002］60）。しかしそれは官庁や大会社とは違って，管理された所得格差ではない。自営業の世界は学歴によって整序された世界ではない（図5-10）。

第 5 章　自営業の衰退がもたらしたもの

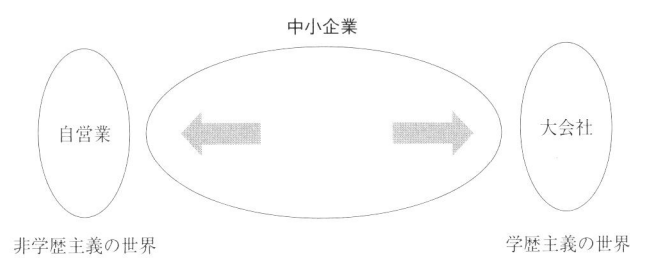

```
          中小企業
  自営業  ←――――→  大会社
非学歴主義の世界      学歴主義の世界
```

図 5 - 10　学歴主義の二極原理

　自営業の衰退は，雇用の世界が拡大することを意味する。自営業は就業者の中においてかなりの数を占めている場合，自営業の世界は大会社の世界の対極としての地位を有している。しかし自営業が衰退すると，自営業の世界が持っていた独自の価値観もまた衰退する。雇用の世界がドミナントになると，学歴・学校歴が労働力の配分においても，個々人の職業アスピレーションにおいても，決定的に重要になる。学歴社会の成立は，自営業の衰退を条件とする。

補論 4
菅山真次『「就社」社会の誕生』の検討

菅山真次 [2011]『「就社」社会の誕生』(以下,菅山 [2011] と略記) は「「就社」社会・日本の歴史的成り立ちを,これを特徴づける慣行や制度に注目して,「ホワイトカラーからブルーカラーへ」をキー・ワードとして解き明かす試み」(11頁) である。菅山 [2011] は,教育社会学と労働研究を架橋する意欲的な試みである。菅山 [2011] は,第1章から第5章までの本論と,序章および終章からなる。この補論では,まずはじめに菅山 [2011] の内容をごく簡単に要約し,ついで全体にかかわるコメントをおこなう。それから実証的に大きな問題のある第4章を検討する。

なお,この補論においては,菅山 [2011] からの引用はページ数のみを示す。

1　菅山 [2011] の内容

序章:日本における「就社」社会の成立過程の分析が菅山 [2011] の課題である。そのテーマに関係する研究史を検討した上で,菅山 [2011] の視点として,学歴主義への注目,企業と学校のリンケージへの注目,企業システムへの注目,の3点を打ち出す。

第1章:官営八幡製鉄所を事例として取り上げ,労働者の入社前・入社後の職業キャリアを検討する。また,配置転換の実態を解明する。後半部分では,事務職員と技術者の社会的出自,経歴を明らかにする。

第2章:学校から職業への「間断のない移動」が歴史的にどのように生成したのか,第1節は,官営八幡製鉄所の事例から,新規学卒者の定期採用の始ま

りと発展を詳述する。第2節は，鶴岡工業学校を事例として，学校がおこなった就職斡旋の実態を明らかにする。

　第3章：第1節は，日立製作所を事例として，身分制度が戦時体制と戦後「民主化」によってどのような変容をとげ，崩壊したのか，明らかにする。第2節は，経済同友会の活動の歴史的意義を検討する。

　第4章：1950年代前半に氏原正治郎を中心としておこなわれた京浜工業地帯調査の中から従業員個人調査を取り上げ，調査個票を再集計する。そして氏原の年功制論および労働市場の企業封鎖性論を批判し，調査時点ではまだ氏原の主張するような事実はなかった，と指摘する。

　第5章：学校から企業への「間断のない移動」の慣行・制度が普及する過程を分析する。第1節は，新規学卒者の職業紹介事業が戦前，戦中，戦後でどのように展開したのかを明らかにする。第2節は，1960年代後半に大企業の技能員採用が中卒から高卒へ移ったことによって，一方では職業安定所の活動が衰退し，就職斡旋の主役が行政から高校へと移り，他方では大企業が新規高卒者の定期一括採用方式をおこなうようになった。

　終章：第1章から第5章の事実発見と検討を踏まえ，以上の分析結果をもとに，日本的制度の特質と歴史的背景について総括する。

2　全体にかかわるコメント

（1）　男性のみの世界

　菅山［2011］を通読して強い違和感を覚えたのは，2011年に出版された本書が，女性職員・女性労働者を完全に無視していることであった。

　1980年代までといってよいであろうが，かつて，労働研究は女性職員・女性労働者を「女性労働論」「女子労働論」という狭い研究領域に閉じ込めてきた。「日本の労働者はこれこれである」という場合の「労働者」は，実際には男性労働者のみであるにもかかわらず，男性労働者と明記されることなく，「労働者」という普遍的な名前で語られていた。女性労働者が論じられるのは，「女

性労働論」「女子労働論」という研究分野であり，ほとんどの男性研究者は，その研究分野を，主として女性研究者によって研究されるマイナーな分野と見なしていた。しかし1990年代以後，フェミニズム研究の影響を受けながら，男性労働と女性労働を別個に論じてはならない，男性労働と女性労働がどのような関係にあるのかたえず意識しなければならない，性別を明記しないまま「労働者」という言葉を使ってはいけない，という認識が広まりはじめた。少なくとも私はそう信じていた。しかし，それは私の認識不足であった。

なぜ菅山は女性職員・女性労働者について何も論じなかったのであろうか。女性労働を男性労働と対等な研究対象としてとらえる雰囲気のなかった1980年代に研究者として自己形成した菅山は，それ以後も女性労働が視野に入らなかったのであろうか。それとも，女性職員，女性労働者を取り上げると，本書のタイトルである「就社社会の成立」を論じることができなくなるため，意図的に女性職員，女性労働者を検討対象から外したのであろうか。

菅山が主張するように，大会社の男性については高度成長期にホワイトカラーもブルーカラーも「就社社会」となった。しかし女性については現在もなお，「就社社会」とはなっていない。それはなぜなのか。女性が「就社社会」となっていないことが，男性の「就社社会」を成立させているのではないか。あるいは，男性の「就社社会」が成立したことが，女性の「就社社会」を困難にしているのではないか。男性にとっての「就社社会の成立」にかんする分析は，女性にとっての「就社社会の未成立」を論じない限り，完結しないのではないか。

（2） 間断のない移動

本書の功績の一つは，戦前の小学校卒業生と戦後の中学校卒業生について，学校から就職先への間断のない移動が職業紹介所の強力な行政的関与によって実現されたことを詳細に明らかにしたことにある。しかし菅山は，一方で間断のない移動の制度化プロセスを詳細に跡づけながら，他方で，間断のない移動が経済構造に対してどのような帰結をもたらしたのか，まったく触れていない。

職安行政が間断のない移動を制度化しようとした対象は，戦前では尋常・高等小学校卒であり，戦後では新制中学校卒であった。戦前の中学校や実業学校，さらにその上の高等教育機関は，行政による職業紹介の対象とはなっていなかった。戦後では高等学校と大学は行政による職業紹介の対象ではなかった。その理由について菅山は，これらの学校が行政によらない独自の就職ルートを確立していたためである，と示唆している（409-411頁）。しかしそれだけではないと思われる。

　戦前においては中学校や実業学校，さらに専門学校や大学，戦後においては新制高等学校と大学は，卒業生の大半を規模の大きな会社に送り出した。それにたいして，新制中学校は多くの卒業生を零細企業や自営業者に送り出した。その典型が集団就職であった。菅山［2011］372頁の表5-Ⅰ-11も，そのことを示している。つまり，職安行政は，求人力のない零細企業や自営業者にかわって求人を引き受けたのであり，したがって求人力のあるしかるべき規模の会社は職安行政を必要としなかったのではないか。

　そして，職安行政が，求人力のない零細企業や自営業者にかわって求人を引き受けたので，大都市の自営・零細企業は存続できた。つまり「間断のない移動」というそれ自体は経済構造に中立的に見える職安行政は，結果として，二重構造を強化，あるいは二重構造の存続を可能にしたのではないか。

　全体にかかわるコメントは以上の2点である。次に，問題の多い第4章を検討しよう。第4章は，通説批判で，1950年代はじめに，京浜工業地帯に職種別労働市場が存在したと主張し，それと関連して，氏原正治郎の年功制論が誤っていると論じている。しかし，第4章の主張には実証的根拠がない。

3　第4章における菅山の主張

　第4章は，東京大学社会科学研究所が1951年から54年にかけておこなった京浜工業地帯調査を再検討したものである。京浜工業地帯調査は，事業所調査，従業員個人調査，職場調査，住宅調査，職安調査，技能養成施設調査という一

補論4　菅山真次『「就社」社会の誕生』の検討

連の調査を総称したものである。京浜工業地帯調査は，労働研究史上において重要な位置を占めている。この調査をもとに，氏原正治郎は，日本における年功制の存在を指摘し，さらに，大企業の労働市場が企業的に封鎖されていることを主張した。京浜工業地帯調査は，年功制論の出発点であり，戦後労働市場論のスタートでもあった。

　菅山は，京浜工業地帯調査の中から，従業員個人調査と職場調査を選び，保存されていた調査票を再集計し，氏原の年功制論と労働市場論を批判する。従業員個人調査は，横浜・川崎両市の重工業従業員の約1割強にあたる86工場・22,318名を対象としていた。職場調査は，従業員個人調査の対象となった工場・労働者の中から，東日本重工（現・三菱重工業）横浜造船所の取付工12名・ディーゼルエンジン仕上組立工12名，日本鋼管（現・JFEスチール）川崎製鉄所の大型圧延工14名，味の素川崎工場の中製工・精製工13名を選び，聞き取り調査をおこなった（労働調査論研究会［1970］125-147）。

　菅山は，従業員個人調査の対象となった男性労働者の中から日本鋼管川崎製鉄所の労働者を取り出し，個票を再集計した。日本鋼管川崎製鉄所を選び出した理由については，述べられていない。

　再集計にあたって菅山は，菅山独自の視点を打ち出すために，労働者の中心となる「技能工，生産工程作業者」を「熟練労働者」「オペレーター」「プロセス・ワーカー」の3職種群に分ける。その上で菅山は，再集計の結果として，次の2点を指摘する。

　① 「熟練労働者については大工場・中小工場を問わず，地理的にも比較的広い範囲で職種別労働市場が成立していたと考えられる」（335頁）。

　② 「同一職種であっても，賃金の序列は勤続年数のそれと必ずしも一致していないのである。この分析結果は，既述のような氏原の見解に真っ向から対立するものといえる」（299頁）。

ここで菅山がいう「既述のような氏原の見解」というのは，菅山によって要約された氏原の次のような見解を指している。

「氏原は，「性格」（氏原正治郎［1966］『日本労働問題研究』に収録されている論文

253

「大工場労働者の性格」を指す——野村）のなかで，51名の労働者のインタビュー・ケースをもとに，大工場における役付工への昇進や賃金の序列は大体勤続年数の序列に一致すると述べていた」（296頁）。

以上が第4章における菅山説である。したがって，第4章における菅山説の検討課題は，次の3点になる。

① 「技能工，生産工程作業者」を「熟練労働者」「オペレーター」「プロセス・ワーカー」の3職種群に分ける基準は何なのか。

② 「熟練労働者」の「職種別労働市場」は成立していたのか。菅山はどのようなデータから「職種別労働市場」の成立を実証したのか。

③ 氏原の年功制論は否定されたのか。そもそも，氏原は年功制についてどのように論じていたのか。

（1） 「技能工，生産工程作業者」を3職種群に分ける基準

菅山が「技能工，生産工程作業者」を「プロセス・ワーカー」「オペレーター」「熟練労働者」の3職種群に分ける基準は不明確である。菅山は尾高煌之助 [1984]『労働市場分析』（224-228頁）の理論的考察を引用しながら「職種と熟練形成」を論じ，3つの職種群について説明している。しかし，菅山は尾高の主張を全面的に正しいとしているわけではないので，なぜ菅山が尾高の主張を引用しながら議論を進めるのか，理解できない。

3つの職種群について，菅山は次のように述べる。

① 「熟練労働者」：「鍛冶工や鋳物工，あるいは木工などの職種は，尾高がいうように，近世以来の伝統をもつ職人的色彩の濃い職業であり，個々人の仕事の範囲がかなりはっきりと定まっている職種であるといえる。それに比べて，機械産業の熟練労働力の太宗をなした旋盤工，仕上工，あるいは電気工などは，明治以降に生まれた新しい職種であるだけに職人的色彩はやや薄いが，それでも技能の形成がカンとコツをもとに行われ，銘柄が明確であるという点では変わらない。それゆえ，これらの「熟練労働者」では，外部労働市場が発達する余地も大きかったと予想されよう」（286頁）。

② 「オペレーター」:「起重機運転工や汽缶士に代表される「オペレーター」は，工場に据付けられた大型機械の運転工であって，プロセス・ワーカーと同様に機械設備との補完性が強い職種であるといえる。しかし，これらの職種は，操作する機械の規格がおおむね統一されているために，仕事の内容・範囲が明確で，外部市場が発達しやすい条件を備えているという点では，むしろ熟練労働者に共通する。ただし，熟練労働者に比べて仕事はより定型的で，手先の技能よりは，判断力や一般的知識，一定レベルの機械・電気などの専門知識が必要となるなど，総じて半熟練職種としての性格が強い。要するに，オペレーターは，プロセス・ワーカーと熟練労働者の中間にあって，両者の性格をあわせもつという，ユニークな位置を占めているのである」(286頁)。

③ 「プロセス・ワーカー」:「原料，製銑・製鋼，圧延・精整という一連の鉄精錬，鉄鋼材料品製造の中核的なプロセスに従事する労働者であって，これらはまさに銑鋼一貫工場の巨大な機械設備と協業するという性格が強い職種であると考えられる。このカテゴリーに分類される「職種」のうちには，たとえば混銑炉や造塊のように，職種名というよりはむしろ職場名を示すものがいくつか含まれているが，このような現象は，それ自体その仕事が設備と「補完的」な関係にあるという実情を，見事に映し出しているといえよう。ところで，尾高は，このような設備と補完的な職種について，「手先の技能よりはむしろ判断力や一般的知識(応用力)が必要とされる」と述べている。しかし，こうした性格づけは，むしろ後に述べるオペレーターによく当てはまるものであって，ここにあげたプロセス・ワーカーには必ずしも妥当しない。というのも，1950年代半ば以降に技術革新が進む以前の鉄鋼業は，たとえば圧延工など，高熱の危険な作業環境のなかで塩をなめて，水をかぶりながら作業するというように，何よりも「体力があること」，「頑丈であること」が要求される職場だったからである。事実，調査票をもとに行われた圧延工のインタビューでは，ある40代の伍長などは，「今の仕事は体だけで頭は要らない」と述べている」(284-285頁)。

以上の引用文から，次の点が判明する。第一に，「熟練労働者」について，

熟練労働あるいは熟練労働者の定義が示されていない。定義のないまま，「近世以来の伝統をもつ職人的色彩の濃い職業」として「鍛冶工や鋳物工，あるいは木工など」が例示されている。また，「明治以降に生まれた新しい職種」として，「機械産業の熟練労働力の太宗をなした旋盤工，仕上工，あるいは電気工など」が例示されている。

　第二に，「オペレーター」は「総じて半熟練職種としての性格が強い」と特徴づけられている。「総じて半熟練職種としての性格が強い」という規定と，端的に「半熟練」と規定する場合とでどのような違いがあるのかわからないが，「オペレーター」＝「半熟練」，と理解しよう。もともと「熟練」という概念はあいまいである。「半熟練」という概念は，もっとあいまいである。菅山は，「半熟練」についても定義を与えていないので，「半熟練」とはいかなるものか，わからない。しかし通常の日本語の語義からすれば，熟練の度合いにおいて，「半熟練職種」は「熟練職種」よりも低位にあると理解すべきであろう。

　第三に，「プロセス・ワーカー」について菅山は，「体だけで頭は要らない」というある伍長の言葉を素直にそのまま引用している。菅山は「プロセス・ワーカー」を「体だけで頭は要らない」職種と判断しているのであろう。「熟練」と「半熟練」という言葉を使っているのであるから，「体だけで頭は要らない」職種は不熟練と規定してしかるべきだと思われるが，菅山は「プロセス・ワーカー」を不熟練とは規定していない。菅山は別の個所で「荷扱運搬，雑役といった不熟練職種」(274頁) と書いているので，「プロセス・ワーカー」を不熟練と規定できなくなったのであろう。菅山によれば，「プロセス・ワーカー」は，熟練の度合いにおいて，「荷扱運搬，雑役といった不熟練職種」よりはやや上位にあり，「オペレーター」＝「半熟練」よりは下にある，というのであろう。

　したがって，菅山の考える熟練の度合いを基準とすると，上から下へ，「熟練労働者」→「オペレーター」→「プロセス・ワーカー」→「荷扱運搬，雑役」となるのであろう。しかし菅山は，「熟練」について，したがって「半熟練」と「不熟練」についても何の定義も与えていないので，「熟練」にかんする菅

山の考え自体を検討することはできない。そこで，菅山が例示している「熟練労働者」や「半熟練」職種などをもとに，菅山説を検討しよう。

菅山説では，熟練の度合いが，上から下へ，「熟練労働者」→「オペレーター」→「プロセス・ワーカー」→「荷扱運搬，雑役」となっている。しかし当時，日本鋼管は，菅山のようには考えていなかった。

京浜工業地帯調査の従業員個人調査がおこなわれた1951年当時，日本鋼管には，職務評価にもとづく「職種格付表」が存在していた。日本鋼管において職務評価がなされた経緯を，日本鋼管において一貫して労務担当だった折井日向が次のように記している。

「昭和23年1月，当時の混乱していた賃金体系の中に，職種給なる項目が一つ新設された。この職種給設定のいきさつは次のようなものであった。すなわち当時は戦後の混乱期の中で，日本経済の復興のために鉄鋼とか石炭という基礎物資の増産が緊急であるとして，いわゆる傾斜生産政策に従って，これらの産業の従事者には労務加配米が支給されていたが，当社の場合，この労務加配米を各人に配分するにあたってその基準を作らねばならないこととなった。そこで労務課が中心となり，各課から委員を出し，「筋肉労働の程度，技能経験，精神的緊張，環境条件」などの要素について各職種の評価を行ない，炉前の245点を最高とし，以下5点きざみに全職種の位置づけを行なったのである。そしてこの職種点に基づいて職種給を支給することとしたものである。すなわち加配米の配分基準を作らねばならぬということから，たいへん技術的には初歩的なものではあったが職務評価的な手法の部分的導入が行なわれていたということとなるわけである」（折井［1973］50）。

瀧本忠男（［1949］159-166）がこの日本鋼管の「職種格付表」を掲載している。瀧本はこの当時，労働省賃金調査課長であった。瀧本は，職務給に関心をいだき，職務給を導入している会社から資料を入手した。瀧本が会社名を特定しないで，「金属工業〇〇製鉄所」の事例として紹介している事例が日本鋼管の事例である。瀧本は，この会社の「職種給」が1948年1月に導入された，と記している。また，そのときの賃金体系も記している。そこから，「金属工業〇〇

製鉄所」が日本鋼管であると特定できる。

　「職種格付表」は会社によって作成されたものである。しかし1948年当時，日本鋼管の事業所ごとに組織された従業員組合は，労働条件の決定に強い発言権を持っていた。「職種格付表」は職種給という賃金項目の基礎となるものであった。「職種格付表」の評価点について，従業員組合も納得していたと考えて間違いない。つまり「職種格付表」の職務評価は，労使双方によって支持されていた。

　日本鋼管の「職種格付表」から，菅山が「熟練労働者」，「オペレーター」，「プロセス・ワーカー」として例示している職種に関連する部分を抜き出してまとめると，表補4-1のごとくである。「職種格付表」は，それぞれの職種を，「筋肉」，「技能」，「環境」，「緊張」の4要素で評価する。それぞれの要素の最高点と最低点は，「筋肉」100-50点，「技能」70-30点，「環境」40-5点，「緊張」40-10点である。それぞれ5点きざみで採点される。菅山のいう「熟練」は概念があいまいであるが，「職種格付表」における「技能」と同じものである，と理解してよいであろう。

　表の炉材課を見よう。ここには，菅山が「熟練労働者」と例示した「仕上」と「旋盤」の職がある。それぞれの技能点は，「仕上」55点，「旋盤」60点である。次に，菅山によって「総じて半熟練職種としての性格が強い」とされた起重機運転工の技能点を見ると，製鋼一課の「起重機」60点，製鋼二課の「一般起重機及び修理」60点となっている。菅山のいう「熟練労働者」と同じ技能点である。

　菅山によって「体だけで頭は要らない」職種とされた「プロセス・ワーカー」の技能点は，製鋼二課の「炉前」70点，「造塊」65点，「鍛延」60点である。「プロセス・ワーカー」の技能点は，菅山によって「熟練労働者」と例示された「仕上」と「旋盤」と同じか，それよりも高い。ただ，「プロセス・ワーカー」には技能点の低い職種もある。「炉前常昼」40点，「整理」50点などである。

　要するに，日本鋼管の「職種格付表」は，菅山による「熟練労働者」「プロ

補論4　菅山真次『「就社」社会の誕生』の検討

表補4-1　日本鋼管の「職種格付表」

製鋼一課

職種名	筋肉	技能	価環	境	服装	計
平炉運転	一〇〇	三五	三五	三〇	三〇	二〇〇
平炉修理材	八五	六〇	三五	三五	三〇	一八五
造塊	一〇〇	七〇	四〇	三五	三〇	二七五
造塊整備	九五	六五	三五	三〇	三〇	二五五
鋼塊整理	八五	五五	四五	三五	二〇	二四〇
取鍋附装入機	七〇	六〇	四〇	三〇	二五	二二五

製鋼二課

職種名	筋肉	技能	価	環境	服装	計
炉前材料	七〇	四五	三五	三五	一五	二〇〇
トーピード採取	八五	五五	三五	三〇	一五	二二〇
鞁鉄作業	九五	七〇	四〇	四〇	一五	二六〇
起重機	八〇	七五	三〇	三〇	一〇	二二五
流作及び焚入	九五	六五	三五	二〇	一〇	二二五
鋼塊整理	八五	六五	四〇	二五	一五	二三〇
介錯	八五	四五	一〇	一五	二〇	二一五
肥造材料	七五	六五	二〇	二〇	二五	一九五
トーピード	七〇	六五	三〇	三〇	一五	二一〇
一、六T起重機	七〇	六〇	三〇	三〇	一〇	一九五

炉材課

職種名						
工上	九〇	五〇	三〇	三五	一五	
成型工	八〇	五五	三五	三〇	一五	
仕上工	七五	五五	一五	三〇	一〇	一八五
熟成工	六五	六五	一五	二〇	一五	一八〇
旋盤工	六五	五〇	一〇	二〇	一〇	一五五
木型工	六五	六五	一〇	二〇	一〇	一七〇
電路工	六五	六五	一〇	三〇	一〇	一八〇
分析工	六五	七〇	一〇	三〇	一〇	一八五

出典：瀧本［1949］163-165から抜粋。

セス・ワーカー」「オペレーター」の「熟練」の特徴づけを支持していない。菅山がしっかりした理論にもとづいて「熟練」度を主張したのであれば，その結果が会社と組合による「職種格付」と異なった場合，どちらがより正確なのか，検討する必要がある。しかし菅山は，主張の根拠を示していない。そうであれば，会社がおこない，かつ組合が合意した「職種格付」による技能評価の方が，菅山の主張よりも正確であると見るべきであろう。

「熟練」の概念については，すでに1950年代から労働実態調査において議論され，さらに1990年代にはトヨティズムあるいはリーン生産方式の理解という観点から，少なからぬ労働研究者を巻き込んだ論争があった（野村［2001］［2003］参照）。菅山は，当然これらのことを知っているはずである。それにもかかわらず，菅山は安易に「熟練」「半熟練」という用語を使用している。安易に，といったのは，「熟練」「半熟練」という概念を定義することなく，たんにいくつかの職種を例示するだけで済ませているからである。

（2） 職種別労働市場の実証

職種ごとの熟練に関する菅山の主張は，根拠のないものであった。しかし，問題はそこにあるのではない。菅山が「熟練労働者」という範疇にこだわったのは，職種別労働市場の存在を主張したかったからである。

菅山は，「熟練労働者」＝企業横断的熟練，「オペレーター」＝なかば企業横断的熟練，「プロセス・ワーカー」＝企業内熟練，というイメージをいだいていた。そうしたイメージをもとに，菅山は，「熟練労働者」については企業横断的な「外部労働市場」が成立していた，と主張した。

菅山は，東京大学社会科学研究所が中心となった京浜工業地帯調査の従業員個人調査を再集計して，1950年ころに，熟練労働者の職種別労働市場が存在した，と主張する。その根拠は，次の2点である。

根拠その1：「表4-33（省略——野村）は，類型3の労働者（入社前に雇用労働の経験があり，かつそこでの仕事・職種が入社後の仕事・職種と同一ないし類似と判断される者——野村）が多数を占める職種＝金属・機械・電気・建築の「熟練労

働者」について，月収・勤続年数と職階の関係を表したものである。表4-32（省略——野村）と同じく，——あるいはそれ以上に明瞭に——役付工の場合とは対照的に，並工の月収と勤続年数が無相関になっていることがわかる。要するに，銘柄が明確なこれらの職種では，賃金は外部労働市場の裁定によって決定されるところが大きかったのである」(302-303頁)。

根拠その2：「熟練労働者の典型的なキャリアとしては，表4-26（省略——野村）に示した仕上工のケース（No. 170612）をあげることができる。山梨県の農家に生まれた彼は，高等小学校を卒業後，14歳で東京本所の機械製作所に就職した。同所は従業員3人の零細企業だったが，ここで6年間一人前の仕上工になる修行を積んだ。その後，深川所在の従業員20人の機械製作所で働いたが，さらに28歳の時岩手県の日本製鉄株式会社釜石製鉄所へと転じた。鋼管川鉄には，31歳で知人の世話により入社した。調査時には勤続13年で，伍長となっていたが，仕事経験年数は29年におよぶ。まさに仕上工一筋の人生といえよう。このケースにみられるように，熟練労働者については大工場・中小工場を問わず，地理的にも比較的広い範囲で職種別労働市場が成立していたと考えられる」(335頁)。

菅山の主張を検討する前に確認しておくことがある。職種別労働市場が存在する，という主張が実証されるためには，次の2つの事実が確認されなければならない。

① 職種別に労働者が企業横断的に移動する。
② 職種別の賃金水準が存在する。

この実証条件に照らして菅山の実証的根拠を検討しよう。まず，根拠その1とされているものは，「熟練労働者」について，「月収と勤続年数が無相関になっている」ということである。菅山はこの事実から，「要するに，銘柄が明確なこれらの職種では，賃金は外部労働市場の裁定によって決定されるところが大きかったのである」と結論づける。「月収と勤続年数が無相関になっている」という事実は，職種別労働市場の存在を実証する2条件と何の関係もない。なぜ「月収と勤続年数が無相関になっている」ということが「賃金は外部労

市場の裁定によって決定されるところが大きかった」という結論になるのであろうか。

　根拠その2は，「仕上工一筋の人生」を歩んだ労働者がいた，という事実発見である。しかし，菅山は，この労働者の賃金について資料を提出していない。職種別労働市場の存在を主張するのであれば，職種別の賃金水準が存在していることを示す必要がある。

　職種別労働市場が成立していたと主張する菅山があげた2つの根拠は，いずれも実証的な根拠とはなっていない。それにとどまらず，1950年代初頭において，職種別の「賃金」が成立していなかったことを示す資料がある。すでに述べたように，京浜工業地帯調査は，事業所調査，従業員個人調査，職場調査，住宅調査，職安調査，技能養成施設調査という一連の調査を総称したものである。職安調査は1952年7月から12月に実施された。菅山が再集計した従業員個人調査は1951年9月に実施されているので，職安調査はほぼ1年後ということになる。職安調査の報告書が神奈川県編 [1954]『京浜工業地帯調査報告書——産業労働篇各論』第一篇（執筆・内藤則邦）として公刊されている。

　川崎職業安定所管内において，職安を利用して就職した割合（100人以上規模事業所職安利用率）は23.6％であった。利用率は高いとはいえないが，職安の求人情報には賃金情報が含まれているので，地域の賃金水準を知るためには良い資料である。菅山が主張するように「熟練労働者については大工場・中小工場を問わず，地理的にも比較的広い範囲で職種別労働市場が成立していた」のであれば，川崎職安管内においても職種別に賃金水準が形成されているはずである。

　菅山が「熟練労働者」として「旋盤工」を例示しているので，川崎職安における男子旋盤工に求人側が提示した賃金を図示すると，図補4-1のごとくである。多くの求人会社が7,100-11,000円の幅で賃金を提示している。4,000円の幅がある。しかも，5,000円以下の求人会社も無視できない数である。この図から，男子旋盤工に職種別の賃金水準が形成されていたということはできない。

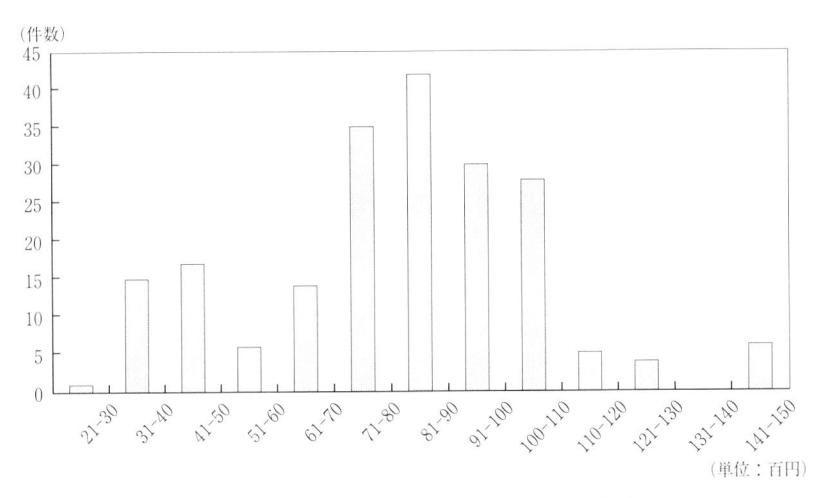

図補 4-1　川崎職安における男子旋盤工の求人賃金
出典：神奈川県編［1954］48，別表 6 から作成。

(3) 氏原年功制論と菅山説

菅山が「熟練労働者」の職種別賃金にこだわるのは，氏原正治郎の年功制論を批判するためでもある。菅山は，氏原の年功制論を，「大工場における役付工への昇進や賃金の序列は大体勤続年数の序列に一致する」(296頁)，と要約する。氏原の年功制論をこのように要約したうえで，菅山は，京浜工業地帯調査の従業員個人調査のデータを再検討し，次のように主張する。

「月収と勤続年数の間には一応相関関係がみられるが，その程度は弱く，個人によるバラつきが大きい。とくに，類型 3 （熟練労働者）では，平工の地位に止まっている勤続 9 年以下の層に関する限り，月収は勤続年数とほとんど相関していない。このことは，彼らの賃金水準が外部労働市場の裁定によって決まるところが大きかったことを強く示唆している」(304頁)。

菅山のこの主張は，二つの点で誤っている。第一に，「月収は勤続年数とほとんど相関していない」としても，そのことがどうして「彼らの賃金水準が外部労働市場の裁定によって決まるところが大きかったことを強く示唆している」，といえるのか。「月収は勤続年数とほとんど相関していない」という事実

には，さまざまな要因が関係しているはずである。それらを検討することなく，「外部労働市場」なるものが決定的であったという結論を出すことは，論理の飛躍である。

　第二に，それ以上に問題なのは，菅山が氏原の年功制論を正しく理解していないことである。菅山は，勤続年数と「月収」との相関関係を検討している。しかし氏原は，「月収」と勤続年数との相関関係を年功制と呼んだわけではない。氏原は，「基本給」と勤続年数との相関関係を指摘したのである。氏原は，次のように記していた。

　「この労務者の序列は，労務者の生活の基礎である給与の序列とも一致し，その裏づけをうけている。第29表（省略——野村）は年齢・経験年数・勤務年数・基本給を表示したものである。これによって，基本給が勤務年数と最も高い相関関係をもち，次に年齢と基本給の関係が高く，最後に経験年数と本給の関係であることがわかる。元来，基本給が給与総額中に占める比率は30-40％で，給与総額中に占める量的割合は少ないが，能率賃金の分配，超過労働割増賃金，地域給など，さらに退職金などを算定する基礎とされるものであって，家族手当のごとく明白に労務者の生活の必要にもとづく手当をのぞいて，給与総額の決定に支配的影響をもっている。かかる意味をもっている基本給が，労務者の序列と高い相関関係をもっていることは，賃金が労務者の序列に応じて支払われることを意味すると同時に，基本給は，賃金というよりは，労務者の序列を表示する指標と考えても差しつかえない。事実，基本給は，賃格とも呼ばれてきた」（氏原［1966］379）。

　この引用文において氏原は，くりかえし「基本給」という言葉をもちいている。「基本給」という用語については，労働研究者のあいだで理解が混乱している。私は野村［2007］（補論4-3）において「基本給」の3つの異なる定義について説明したので，ここでは繰り返さない。ここで重要なことは，氏原が用いた「基本給」という用語の内容である。氏原は，「元来，基本給が給与総額中に占める比率は30-40％で，給与総額中に占める量的割合は少ないが，能率賃金の分配，超過労働割増賃金，地域給など，さらに退職金などを算定する基

補論4　菅山真次『「就社」社会の誕生』の検討

礎とされるものであって，家族手当のごとく明白に労務者の生活の必要にもとづく手当をのぞいて，給与総額の決定に支配的影響をもっている」と記している。つまり，賃金額を決めるさまざまな賃金項目のうち，もっとも基本的な賃金項目を指している。

「基本給」は，賃金項目の一つである。したがって，二人の労働者のあいだにおいて，「基本給」が同じでも，他の賃金項目によって決まる賃金部分は同じではないので，「月収」は異なる。また，逆に，たとえ「月収」が同じでも，「基本給」が異なるのが普通である。

具体的に日本鋼管の「賃金体系」を見てみよう。日本鋼管は，1951年7月に賃金体系を改訂した。京浜工業地帯調査の従業員個人調査は1951年9月に実施されているので，従業員個人調査がおこなわれた時の賃金体系は1951年7月に改訂された賃金体系であり，それは次のようなものであった。賃金体系は職員と工員とで同じであったが，それぞれの賃金項目の占める比率が職員と工員とで少し違っている。ここでは日本鋼管川崎製鉄所の工員の平均を示しておく。なお，個々の賃金項目の数字は1951年12月現在のものである（日本鋼管 [1952] 564-565）。

```
基準賃金
  本給      5,204円    30.1%
  家族給      784      4.5
  地域給      970      5.6
基準外賃金
  奨励給    1,353円    7.8%
  能率給    6,512     37.7
  役付給       73      0.4
  超過労働給 2,321     13.5
  特殊勤務給   78      0.4
合計       17,295円  100.0%
```

日本鋼管には「基本給」という名称の賃金項目はなく，もっとも基礎的な賃金項目は「本給」であった。氏原が先の引用文で「基本給」と述べていたのは，日本鋼管では「本給」のことである。このことは，氏原（[1966] 377-378）が年功制論の根拠として掲げている日本鋼管の「年齢・経験・勤続・本給」の関係を示した第29表を見れば明らかである。日本鋼管の「本給」は，直接的には賃金体系において3割の比重を占めるにすぎなかった。

　菅山は，日本鋼管の「本給」ではなく「月収」を取り上げて氏原の年功制論を批判している。「月収」は本給とその他の賃金項目で構成されている。その他の賃金項目には，本給とまったくリンクしていない賃金項目がある。たとえば家族手当である。勤続年数20年でシングルの男性従業員と，勤続年数10年で専業主婦と2人の子供を抱える男性従業員とでは，家族手当に大きな違いが生じる。本給が勤続年数と相関していても，家族手当の違いによって，本給プラス家族手当は勤続年数とは相関しなくなる。まして「月収」となれば，家族手当のほかにさまざまな賃金項目が加わるだけに，本給が勤続年数と相関していても，「月収」は勤続年数と相関しないのがふつうである。つまり，「月収」というデータは，氏原の年功制論を検討するデータにはなりえない。

（4）　第4章へのコメントのまとめ
　第4章にかんするコメントが細部にわたってしまったので，最後に要点をまとめておこう。
　①　菅山は，労働者の中心となる「技能工，生産工程作業者」を「熟練労働者」，「オペレーター」＝「半熟練」，「プロセス・ワーカー」という3つの職種群に分けた。しかし内容の不明な「熟練」を基準としたこうした職種の分類は，日本鋼管で実際におこなわれた職務評価と一致していない。「熟練」を基準にして仕事内容や賃金を論じたいのであれば，会社が作成した「職種格付表」にもとづくべきである。
　②　菅山は，「熟練労働者」については大工場・中小工場を問わず，地理的にも比較的広い範囲で職種別労働市場が成立していた，と主張した。しかしこ

の主張には実証的根拠がない。当時の職業安定所のデータによれば,「職種別労働市場」は存在しなかった。

③　菅山は,基本給は勤続年数と相関する,という氏原の年功制論を否定した。しかし菅山がもちいたデータは,「月収」であり,基本給と勤続年数との相関を指摘した氏原の年功制論を批判できないデータであった。

4　おわりに

批判的なコメントが続いてしまった。しかし私は,本書から多くを学んだ。第1章,第2章,第3章第1節,第5章という本書の大半は,密度の濃い実証研究であり,研究史に残る研究成果となっている。これからの研究は,そこで実証された事実をもとに展開されていくであろう。

最後に,本書の構成について一言しておきたい。第3章第2節の経済同友会に関する記述は,本書の内容に必要というわけではないであろう。第4章は,すでに検討したように,問題が多すぎる。菅山は,1987年に「1920年代重電機経営の下級職員層——日立製作所の事例分析」(『社会経済史学』53巻5号) というすぐれた論文を発表している。第3章第2節と第4章の代わりにこの論文を本書に収録し,その上で本書全体を総括していたならば,本書の価値はさらに高まったであろう。

〈付記〉本書の原稿を脱稿した後で,本書補論4にかかわる研究報告書が発表された。『科学研究費補助金基盤研究(B)研究成果報告書　戦後日本社会の形成過程に関する計量歴史社会学的研究』(研究代表者橋本健二,2014年7月15日発行) である。本書の執筆には利用できなかったことを付記しておく。

第6章
資格制度と学歴主義

1　近代ドイツ＝「資格社会」論

　いずれの社会においても，近代社会の出発時点ではさまざまな形態，さまざまな教育内容の教育機関が存在していた。しかし，近代社会の展開とともに，学校制度は初等教育，中等教育，高等教育に整序され，初等教育から中等教育へ，中等教育から高等教育へと進学の連携もスムーズになる。また，初等教育を中心として義務教育制度が導入される。義務教育制度の導入からある程度の年月が経過すると，義務教育年齢とされている児童のほとんどが実際に義務教育を受けるようになる。それによって，学校制度は労働市場・就業構造と密接不可分の関係になる。職につこうとするものは，何らかの学校を卒業した後に職に就くことになるからである。

　日本の大会社においては，経営身分制という形で学歴と会社内身分が密接に関係していた（野村［2007］）。しかし学校制度と労働市場・就業メカニズムとの関係は，それにとどまるものではない。もっと大きな広がりを持っている。

（1）　望田幸男の近代ドイツ＝「資格社会」論
　学校制度と労働市場との関係を考える上で重要な視点を与えているのは，近代ドイツ＝「資格社会」論である。近代ドイツ＝「資格社会」論は，望田幸男によって提唱され，広められてきた。望田は，関連する外国語文献を翻訳・監訳するとともに，多くの研究者を組織して近代ドイツ＝「資格社会」論の実証

を推進した。望田の主張は，次のように要約される（望田 [1995] [2003] [2009]）。

　前近代社会においては，社会の編成原理は身分制という血統原理であった。近代社会は，前近代の身分制を否定し，「平等原理」に立脚すると宣言した。しかし近代社会においても，異なる社会的ステータス，異なる職業が存在する。近代社会は，教育資格にもとづいて社会的ステータスと職業を配分する。そして近代学校システムの整備とともに，「学歴」にもとづく「学歴社会」となった。

　近代の資格社会を構成するものは，教育資格と職業資格である。教育資格と職業資格を媒介するものは試験制度である。「近代社会＝資格社会」というシステムは，教育資格・学校類型，職業資格，試験などの諸因子によって構成される。

　資格社会の形成の歴史的ルーツの一つは，ヨーロッパ中世以来の大学である。大学は法学部・医学部・神学部を持ち，それぞれの学位の授与によって官吏・医師・聖職者という専門職を生み出してきた。この流れは近代に継承されただけでなく，任用・試験制度のいっそうの整備とともに，教師や技術者などにも波及していった。

　官吏・医師・聖職者という高度の専門職を中心とした資格社会は，社会の下方にむけて展開していった。中世のツンフト制にルーツを持つ手工業の職種は学校・教育資格と結合して職業資格制度へと編成されていった。新たに登場してきた職種も，宗教的ボランティア精神にもとづく活動から発展してきた女性を中心にした福祉職や，これといった知的素養を必要としなかった宿屋・飲食業なども含めて，職業資格制度の中に位置づけられるようになった。こうして社会の頂点から底辺に至るまで資格社会の論理が貫徹するようになった。

　現代ドイツでは，職業資格試験はほとんどの職業に及んでおり，資格試験のルートを通過しないと有利な職業生活は望めない。ドイツは，「〈職業資格〉＝〈教育資格プラス公的職業資格試験〉という方程式のネットワークによって覆われた，きわめて厳格な資格社会」（望田 [2003] 3）である。

資格社会は，非エリート層でも試験に合格すれば，社会的に上昇しうるという開放性を意味した。文化資本の乏しい非エリート家庭の青少年にとっては選抜と淘汰の過程をくぐり抜けるためにさまざまな苦闘の物語を展開することでもあった。また男性優位の近代社会において，資格取得において劣位におかれていた女性は，資格社会においても底辺的な位相におかれていた。

　ドイツだけでなく，西欧近代社会は資格社会である。しかし，国ごとに資格社会の特質が異なっている。たとえば教育資格において，ドイツの学校制度は公立を中心にしており，イギリスは私立を主体とし，アメリカは公立ハイスクールを主柱にしつつも，私立のエリート養成校が重要な役割をはたしている。また，ドイツとイギリスでは法学を中核とした人文系エリートの優位が見られるのにたいして，フランスの場合には人文系エリートと理系エリートとの併存を特徴としている。

　職業資格試験がドイツのように国家試験（公的試験）という性格を持つ場合と，イギリスのように社会団体（医師会，薬剤師会，弁護士会など）が担い手となっている場合とが区別できる。

　試験制度がどの程度の範囲の職業資格を決めているのかについても違いがある。現代ドイツは数多くの資格が存在し，国家試験が設けられていない職業分野はないといわれるほどである。

（2）　望田幸男の日本にかんする指摘

　以上のような近代ドイツ＝「資格社会」論は，社会の編成原理を前近代の身分制から近代の資格社会への転換ととらえる点において，労働市場・就業メカニズムに大きな示唆を与えている。しかし近代ドイツ＝「資格社会」論は，重要な論点を提起しながら，十分な展開を見せていない。そのことは，日本にかんする指摘を見ると明らかになる。望田は，日本について次のように指摘している。

　「日本の場合，たとえば『国家試験・資格試験全書』（自由国民社）には，「現行ライセンス1344種・総カタログ」と銘打たれている。このかぎりでは日本も

ドイツ並みの国家試験ないし公的試験を軸にした「資格社会」のように思われる。しかし実際に日本の大学生が，特定の職業資格を取得して，それによって就職しているケースはきわめて少ない。つまり日本においては大学卒業という教育資格が決定的に重要であって，国家試験なり公的試験によって職業資格を取得しておかないと，就職の道が開けないという職種は，きわめて限定されているのである。ドイツと日本における職業資格の社会的機能には大きな違いがあるといわざるをえない」(望田［1995］5)。

　望田の日本にかんする指摘は，ここに引用した文章がほぼすべてである。望田の指摘は，もちろん間違っているわけではない。しかし，これは，日本は資格社会ではない，と指摘しているにすぎない。これでは，近代ドイツの分析を通じて得られた資格社会論によって日本にかんする分析を豊富にすることができていない，といわざるをえない。

　近代ドイツ＝「資格社会」論の問題提起を受けて日本社会の分析を豊富にする道の一つは，日本において職業資格がいかなる役割をはたしたのか，あるいははたさなかったのか，そしてその結果としてどのような労働市場・就業構造が構成されたのかを，歴史具体的に明らかにすることである。

2　日本における職業資格

(1)　職業資格の分類

　現在の日本において，「資格」と称されているものが数多くある。正確な数は不明である。2008年発行の『国家試験資格試験全書2009』(自由国民社)は，1250の「資格」を紹介する，と謳っている。

　資格には，資格を認定する機関が国であるか民間であるかによって，国家資格と民間資格に分かれる。2005年度末までは，もう一つ「公的資格」というものがあった。それは，民間技能審査事業認定制度にもとづいてそれぞれの省庁が審査基準を認定し，公益法人などが実施するものであった。規制緩和の流れの中で，2005年度末までに民間技能審査事業認定制度が廃止され，公的資格と

されていた資格は民間資格になった。

　民間資格には，さまざまなものが入り混じっている。実用英語技能検定（英検）や簿記検定のように語学力や簿記知識の証明として広く社会的に認知されているものから，花火鑑賞士のように趣味の団体が楽しみのために「資格」を認定するものまである。

　職業資格という視点から見ると，民間資格は，英検や簿記検定のような社会的な認知を受けている資格でも，関連する業務への就職にやや有利であるというにとどまっている。もちろん趣味の団体による資格は職業資格とはまったく関係がない。したがって，職業資格を検討する上では，国家資格に限定してよいであろう。

　国家資格にかんする最近の調査として，総務省行政評価局［2011］『検査検定，資格認定等に係る利用者の負担軽減に関する調査結果報告書』がある。報告書は，国家資格を「業務独占」，「必置」，「名称独占等」の3種類に分けている。

　①　業務独占：その資格を有する者でなければ一定の業務活動に従事することができないもの
　②　必置：「業務独占」資格以外のもので，一定の事業場等において，その資格を有する者のうちから管理監督者等として配置することが義務付けられているもの
　③　名称独占等：「業務独占」及び「必置」資格以外のもので，その資格を有するものでなければ一定の名称を用いることができないもの又は単に専門的知識・技能を有する旨を公証等するもの

それぞれの代表的なものをあげれば次のごとくである。

　①　業務独占：公認会計士，行政書士，弁護士，司法書士，土地家屋調査士，公証人，税理士，医師，理容師，薬剤師，社会保険労務士，弁理士，建

築士など。

　②　必置：危険物取扱者，通関士，放射線取扱主任者，食品衛生管理者，毒物劇物取扱責任者，電気主任技術者，宅地建物取引主任者，危険物等取扱責任者など。

　③　名称独占等：消費生活専門相談員，教育職員，司書，学芸員，栄養士，調理師，介護福祉士，労働安全コンサルタント，技能士，中小企業診断士など。

総務省行政評価局［2011］によれば，2010年7月1日現在で，国家資格は，313制度（複数の府省で共管している制度があるため，延べでは317制度）ある。必置資格が153制度（48.9％）でもっとも多く，業務独占資格が111制度（35.4％），名称独占等資格が49制度（15.7％）となっている。

（2）　国家資格の歴史的展開

日本における国家資格の歴史的展開にかんして，唯一のまとまった研究は，辻功［2000］『日本の公的職業資格制度の研究——歴史・現状・未来』である。ここでの「公的職業資格」とは，国家資格とかつての公的資格を合わせたものである。まず，辻の研究を要約することからはじめよう。辻の主張の基礎となっているのは，図6-1と図6-2である。

辻［2000］は公的職業資格制度の歴史を，創成期，整備期，漸進期，改革期，発展期に分ける。

　①　創成期（1868-77年）。この時期に創設されたのは，小学校教員，医師，薬舗主，海技従事者，水先人，代言人（後の弁護士）の6種であった。これらはいずれも職業資格制度としてはかなり不備であったことである。ほとんどの資格は，本免許の他に仮免許規定を持ったり，試験内容が全国的に統一されていなかった。また，医者のように従来から開業している者がそのまま医師として認定されたり，小学校教員のように簡単な試験で資格が認定された。

第 6 章 資格制度と学歴主義

◄‥‥‥職業資格制度創成期‥‥‥► ◄‥‥‥‥‥‥‥‥‥‥‥職業資格制度整備期‥‥‥‥‥‥‥‥‥‥‥►

1868（明治元）年	1877（明治十）年	1887（明治二十）年	1897（明治三十）年	1907（明治四十）年
医師、薬舗主（薬剤師）小学校教員	海技従事者、水先人、代言人（弁護士）	歯科医師、獣医師、中学校教員、高等女学校教員、師範学校教員、蹄鉄工	産婆（助産婦）	実業学校教員、通訳案内業

◄‥‥‥‥‥‥‥‥‥‥‥‥‥‥‥‥‥‥職業資格制度漸進期‥‥‥‥‥‥‥‥‥‥‥‥‥‥‥‥‥‥►

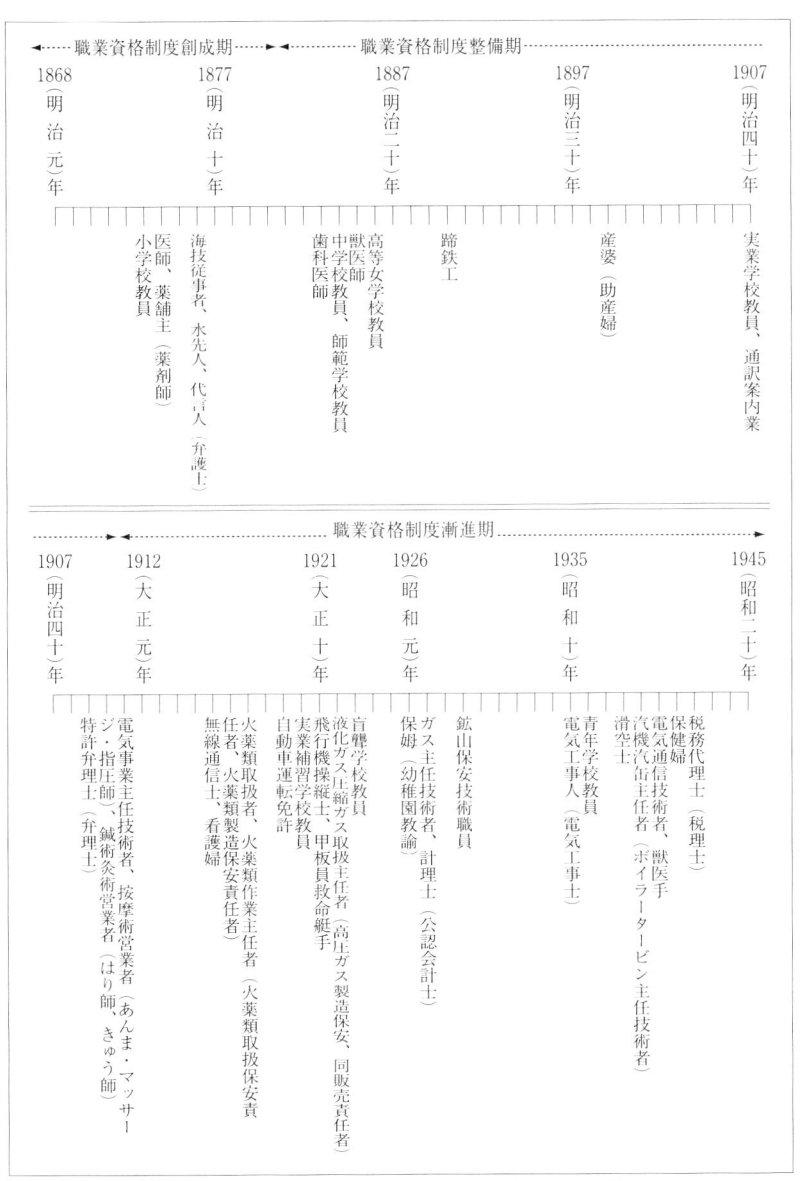

1907（明治四十）年	1912（大正元）年	1921（大正十）年	1926（昭和元）年	1935（昭和十）年	1945（昭和二十）年
特許弁理士（弁理士）	電気事業主任技術者、按摩術営業者・指圧師、鍼術灸術営業者（あんま・マッサージ、はり師、きゅう師）	火薬類取扱者、火薬類製造保安責任者、無線通信士、看護婦、自動車運転免許、実業補習学校教員、飛行機操縦士、甲板員救命艇手	盲聾学校教員、液化ガス圧縮ガス取扱主任者（高圧ガス製造保安、同販売責任者）、保姆（幼稚園教諭）、ガス主任技術者、計理士（公認会計士）、鉱山保安技術職員	青年学校教員、電気工事人（電気工事士）、滑空士、汽機汽缶主任者（ボイラータービン主任技術者）、電気通信技術者、獣医手、保健婦	税務代理士（税理士）

図 6-1 戦前における個々の職業資格制度の成立期
注：（ ）内は現在の資格名。
出典：辻 [2000] 152。

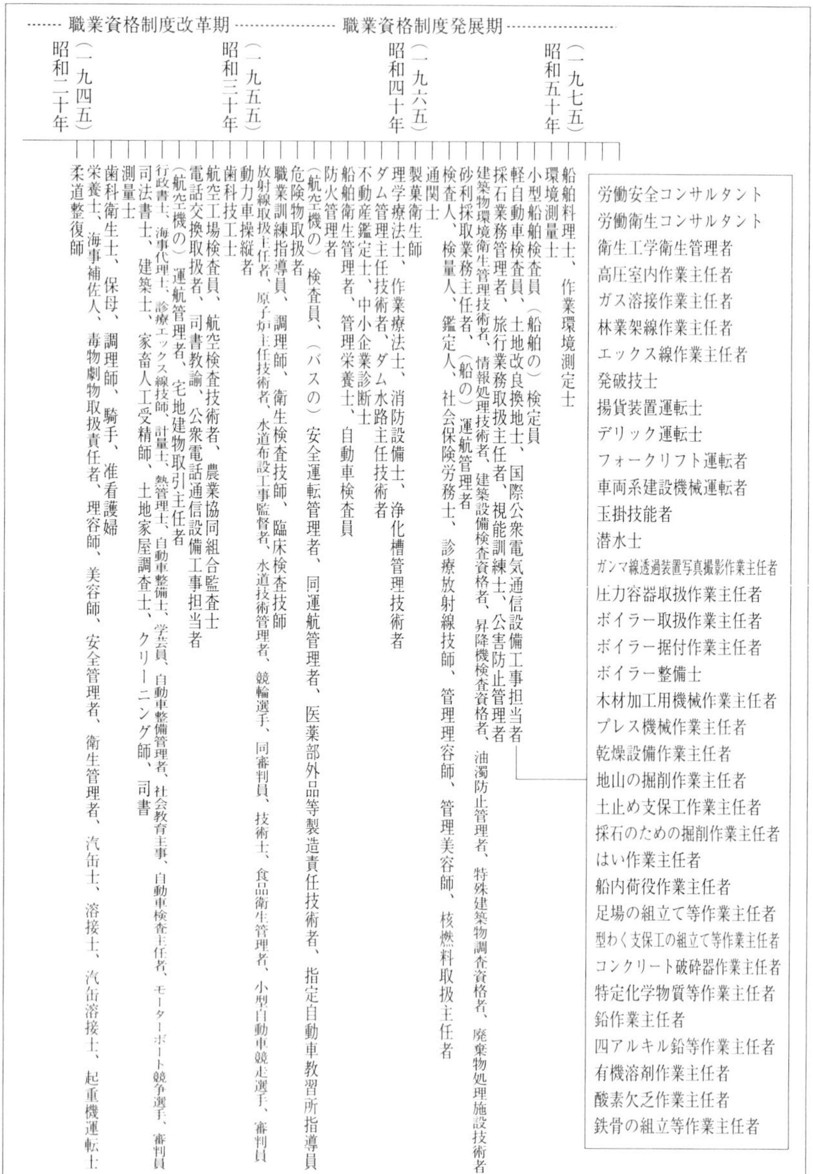

```
……… 職業資格制度改革期 ……………  職業資格制度発展期 ………………
```

昭和二〇年 (一九四五)	昭和三〇年 (一九五五)	昭和四〇年 (一九六五)	昭和五〇年 (一九七五)

昭和五〇年（一九七五）:
- 船舶料理士、作業環境測定士
- 小型船舶操縦士（船舶の）検定員
- 環境測量士
- 軽自動車検査員
- 石油業務取扱者、土地改良換地士
- 採石業務管理者、旅行業務取扱主任者、国際公衆電気通信設備工事担当者
- 砂利採取業務主任者、建築物環境衛生管理技術者、視能訓練士、公害防止管理者
- 通関士、不動産鑑定士、情報処理技術者、建築設備検査資格者、昇降機検査資格者、油濁防止管理者、特殊建築物調査資格者、廃棄物処理施設技術者
- 製菓衛生師、検量人、鑑定人、（船の）運航管理者、社会保険労務士、診療放射線技師、管理理容師、管理美容師、核燃料取扱主任者
- 理学療法士、作業療法士、ダム管理主任技術者、水路主任技術者、自動車検査員
- 危険物取扱者、検査員、（バスの）安全運転管理者、同運航管理者、医薬部外品等製造責任技術者、指定自動車教習所指導員
- 防火管理者、調理師、衛生検査技師、水道技術管理者、水道布設工事監督者、競輪選手、同審判員、技術士、食品衛生管理者、小型自動車競走選手、審判員
- 船舶衛生管理者、自動車整備管理者、中小企業診断士、管理栄養士
- 動力車操縦者、原子炉主任技術者
- 放射線取扱主任者、衛生指導員
- 歯科技工士
- 航空工場検査員、農業協同組合監査士、熱管理士、土地家屋調査士、クリーニング師、司書
- 電話交換取扱者、公衆電話通信設備工事担当者
- 行書士、海事代理人、診療エックス線技師、計量士、建築士、家畜人工授精師、土地家屋調査士、クリーニング師
- 航空従事者、農業改良普及員、宅地建物取引主任者、航空機関士、学芸員、社会教育主事、自動車検査主任者、モーターボート競争選手、司書教諭、自動車整備管理者
- 測量士、海事補佐人、毒物劇物取扱責任者、騎手、准看護婦、理容師、美容師、安全管理者、衛生管理者、汽缶士、溶接士、汽缶溶接士、起重機運転士
- 歯科衛生士、保母、調理師

（右側）
- 労働安全コンサルタント
- 労働衛生コンサルタント
- 衛生工学衛生管理者
- 高圧室内作業主任者
- ガス溶接作業主任者
- 林業架線作業主任者
- エックス線作業主任者
- 発破技士
- 揚貨装置運転士
- デリック運転士
- フォークリフト運転者
- 車両系建設機械運転者
- 玉掛技能者
- 潜水士
- ガンマ線透過装置写真撮影作業主任者
- 圧力容器取扱作業主任者
- ボイラー取扱作業主任者
- ボイラー据付作業主任者
- ボイラー整備士
- 木材加工用機械作業主任者
- プレス機械作業主任者
- 乾燥設備作業主任者
- 地山の掘削作業主任者
- 土止め支保工作業主任者
- 採石のための掘削作業主任者
- はい作業主任者
- 船内荷役作業主任者
- 足場の組立て等作業主任者
- 型わく支保工の組立て等作業主任者
- コンクリート破砕器作業主任者
- 特定化学物質等作業主任者
- 鉛作業主任者
- 四アルキル鉛等作業主任者
- 有機溶剤作業主任者
- 酸素欠乏作業主任者
- 鉄骨の組立て等作業主任者

図6-2 戦後における個々の職業資格制度の成立期

出典：辻［2000］241。

②　整備期（1878-1907年）。この期間における最大の特色は，既存の資格制度の法的整備にあった。ほとんどの資格制度から暫定的な規定が取り払われた。また，「指定校」「認可校」制度が創出された。これは無試験認定による資格取得という権利，あるいは受験の基礎資格取得という権利につながった。指定校制度は官立学校からはじまって，公私立学校へ，そして各種学校へと拡張していった。

③　漸進期（1908-45年）。この時期に，欧米から導入した科学技術にかんする職業資格が登場した。電気事業主任技術者資格（現在の電気主任技術者資格）などである。また，日露戦争後の経済・社会関係の複雑化を背景として，まったく新しい経済・社会生活分野の職業資格もいくつか制定された。特許手続代理人（現在の弁理士），計理士（現在の公認会計士）などである。しかし，全体としては経済・社会生活分野の職業資格は整備がかなり遅れていた。現在の司法書士，行政書士，土地家屋調査士，海事代理士などに相当する職業は存在していたが，これらの職業従事者に対する明確な資格要件は定められなかった。

④　改革期（1945-56年）。敗戦と占領というこの時期は，資格制度の改革期であった。第一に，戦前にすでに職業資格として法的に明確に規定されていたものが，資格取得のための条件などを変更し，装いも新たに再出発した。第二に，戦前，法規上の整備が不十分で職業資格制度として成立しなかったものが，この時期に職業資格制度として確立した。司法書士，行政書士，栄養士，毒物劇物取扱責任者などである。第三に，戦前に，民間の関係団体の熱心な運動にもかかわらず制度化がなされなかったものが，職業資格として制度化された。建築士，理容師，歯科技工士，診療エックス線技師である。第四に，衛生管理者，保母，学芸員，などは戦前には名称すらなく，また，関係団体等による法制化運動もなかった。それらがこの時期に職業資格制度として確立した。さまざまな職業資格が出現したことは，国家の政策が，戦前の消極的政策から積極的政策に変わったことを意味した。

⑤　発展期（1957年-現在）。第一に，食品衛生管理者のような管理的職業資格とガス溶接作業主任者のような作業主任的職業資格が急速に増大した。第二

に，職業資格が細分化した。たとえば労働安全衛生関係の職業資格は40近くに細分化されてそれぞれ独立した職業資格になっていった。第三に，新しいタイプとして，中小企業診断士や労働安全コンサルタントのように助言・指導・相談領域の職業資格が成立した。

3　下方に展開しなかった日本の資格

（1）　資格は下方に展開しなかった

　望田の問題提起によれば，ドイツでは職業資格は下方に向かっても展開し，女性を中心にした福祉職やこれといった知的素養を必要としなかった宿屋・飲食業なども含めて，職業資格制度の中に位置づけられるようになり，社会の頂点から底辺に至るまで資格社会の論理が貫徹するようになった。ドイツとの対比でいうならば，日本においては資格は下方展開しなかった。

　まずなによりも，戦前においては，資格の種類が少数であった。資格の数が少数であれば，資格が社会の隅々にまで浸透するという意味での資格社会になることは，とうてい無理な話であった。

　戦後，資格の数は急増した。しかし，社会的需要や必要性があって資格が創設されているとは言いがたい。「多くの省庁が，競争して「考えられる資格はこの際自分のところで創設してしまおう」としているのではないかと疑いたくなるほどである」（辻［2000］328）と指摘されるように，省庁の権益拡大・縄張り争いの結果として資格が創設されている。

　また，資格の種類は急増したといっても，資格がさまざまな分野をまんべんなくカバーしているとはいえない。事務・販売・サービス分野で資格が整備されていない（労働政策研究・研修機構［2010］）。

　資格が下方展開しているかどうかは，労働市場で相対的に不利な状況におかれている人たちにとって，資格を持っている人が持っていない人にくらべて高い収入や高い職業威信に結びついているかどうかにある。しかし，女性，中等教育卒業者における資格と処遇との関係を調べた調査は，「収入や従業上の地位

といった客観的な指標に基づいて測定すると，中等教育修了者の「従業上の地位」を除いて資格の正の効果を見出すことはできなかった。したがって，少なくとも性別や学歴による賃金格差を資格によって解消・縮小することはむずかしい」（労働政策研究・研修機構［2010］115）と結論づけた。

要するに，日本においては資格は下方展開しなかった。下方展開しなかった理由は何であったのであろうか。

（2） 下方に展開しなかった理由

ドイツとは違って，日本において資格社会が下方展開しなかったもっとも基本的な理由は，同職組合ツンフト（ギルド）のあり方に求められる。近世日本では一人前の職人になるためには徒弟修行をへる必要があった。いつ徒弟修行を終えるのか，どのような技能レベルが終了のメルクマールとなるのかは，徒弟を採用した親方次第であった。つまり一人前の職人と呼ばれる人たちにおいて，社会的に合意された技能水準は存在しなかった。二村一夫は，次のように指摘している。

「日本の働く人びとの間で古くから言い習わされた決まり文句に「腕さえあれば一人前」というものがあります。これは日本の同職集団が問題にしていたのは，その者の〈職業能力〉であることを明示した言葉です。これに対し，ヨーロッパのギルドやクラフト・ユニオンは〈資格〉を問題にしたのです。この違いの大きさを認識しないと，なぜ日本では，〈就職〉ではなく〈就社〉になったのか，なぜ専門職が育たないのかなど，いろいろな問題が理解できません。日本社会は〈腕〉の有無は問題にしてもその〈腕〉を身につける際にどのような手続きを経たのかという〈資格〉を問題にすることはなかったのです。そうした事態をいくらか変えたのは，弁護士，医師，看護婦など，国家資格を必要とする欧米的な専門職種制度の導入でした。その際でも，日本と欧米との違いはさまざまな形で続きました。この〈資格〉を重視するか〈腕〉を重視するかという違いが存在することを見落としては，日本の労使関係はもちろん，欧米の労使関係も理解し得ない，と私は考えているのです」（二村［2001］18））。

二村は,「腕」と「資格」の違いを,日本とヨーロッパの「労使関係」の違いを理解する上で決定的であるとしている。しかし,望田の問題提起を念頭におくならば,「労使関係」にとどまらず,社会全体の違いを理解する上で決定的である,というべきであろう。

　「腕」と「資格」の違いにとどまらず,近代以前の都市における行政権力のあり方,都市における手工業者の社会的地位についても,日本はドイツと違っていた。日本の近世都市においては,株仲間の有力者が都市の役員に選出されて市政に重要な発言権を持つことはなかった。それにとどまらず,町人の中においても商人の力が強く,手工業者の地位は低かった（豊田［1952］254-257）。

　ドイツにおいては近代になって新たに発生した工業職種は,それ以前の高い社会的地位を保っていたツンフトを範例として自らの社会的地位を上げようとした。それにたいして近代日本の工業労働者は,範例とすべき手工業をもたなかった。1899（明治32）年に刊行された横山源之助『日本の下層社会』は,なんの説明もなく,手工業職人と大工場労働者を「下層社会」のメンバーとして論じている。

　日本において資格社会が下方に展開しなかった最大の要因は,二村が指摘するように,西洋的な同職組合を欠いていたからである。しかし,なお検討すべき課題が残っている。日本の労働省はかつて,工業労働者を対象に,ドイツのような資格を日本において作ろうとした。技能検定＝技能士である。その試みがどのような結果になったのか,検討しなければならない。

4　技能検定＝技能士

（1）　技能検定の概要

　まずはじめに,現在の技能検定制度の概要を説明しておこう。

　技能検定は,職業能力開発促進法にもとづいて,働く人々の有する技能を一定の基準により検定し,国として証明する国家検定制度である。2013年度の受検案内によれば,技能検定の職種は128職種で,そのうち114職種は都道府県職

業能力開発協会が実施し，残り14職種は民間の試験機関が実施する。職業能力開発協会が実施する職種は，そのほとんどが機械加工など工業系である。民間の試験機関が実施する職種は，ファイナンシャル・プランニングやレストランサービスなどのようにサービス分野が主となっている。試験に合格すると合格証書が交付され，職種ごとにたとえば「1級放電加工技能士」などと名乗ることができる。技能士は，名称独占の国家資格である。

技能検定には，特級（管理者または監督者程度），1級（上級技能者程度），2級（中級技能者程度），3級（初級技能者程度）に区分するものと，区分のない単一等級とがある。

試験は，検定職種ごとに実技試験および学科試験がおこなわれる。学科試験は，全国統一して職種（作業），等級ごとに同一の日におこなわれる。

受検資格は職種と等級によって異なっている。単一等級の職種では当該職種の実務経験3年以上，等級区分がある職種では実務経験2年以上で2級を受検することができる。高校卒以上の学歴がある場合，それよりも短い実務経験で受検できる。たとえば専門高校において当該職種に関連した学科を卒業した者は，実務経験がなくても，2級を受検することができる。受検資格から明らかなように，技能検定の主たる対象は中学卒あるいは高校卒の人たちである。技能士資格は，高学歴専門資格ではない。

厚生労働省のプレスリリースによれば，2012年度の受検申請者は約75万人，合格者は約28万人であった。技能検定の開始（1960年）から2012年度までの累計では，延べ約519万人が技能士となっている。受検者数，技能士数から見て，技能検定＝技能士制度は，広く認知されているといえる。

技能検定制度は，1958年の職業訓練法にもとづいてはじまった。技能検定制度の基本的性格は，この発足時に定まったといってよい。しかし，技能検定制度がどのような経緯で，どのような意図で発足したのかについては，今日では忘れられている。技能検定制度の基本的性格を見るために，制度発足時に立ち戻る必要がある。結論を先にいっておけば，技能検定制度は，当初の意図を実現できていない。技能検定制度は，当初の意図とは異なった形で普及し，現在

にいたっている（職業訓練・技能検定制度の変遷の概略については，逆瀬川［2003］参照）。

（2） 技能検定＝技能士制度の創設経緯

技能検定制度は，学歴主義を是正するという野心的な意図で創設された。そして制度の範を西ドイツの技能検定制度に求めた。

1958年に職業訓練法が成立した。職業訓練法は，その第1条において，同法の目的を次のように述べている。

「この法律は，労働者に対して，必要な技能を習得させ，及び向上させるために，職業訓練及び技能検定を行うことにより，工業その他の産業に必要な技能労働者を養成し，もつて，職業の安定と労働者の地位の向上を図るとともに，経済の発展に寄与することを目的とする」。

法律にふさわしく，紋切り型の文章である。「工業その他の産業に必要な技能労働者を養成」するという目的は，高度成長期を背景としている事を考えると，当然のことである。

職業訓練法第30条にもとづいて，中央職業訓練審議会が設置された。中央職業訓練審議会は，1959年6月29日，「技能検定の実施に関する答申」を決定した。この「答申」は，職業訓練法第1条でごく簡単に「労働者の地位の向上」と述べられていることの内容を，くわしく説明していた。

「労働者の技能の向上が産業振興と労働条件向上の基盤をなすものであることは多言を要しないところであるが，わが国産業における技能の水準は必ずしも満足すべき状況になく，欧米諸国のそれにくらべて低位にあるといわざるをえない。（中略）また，わが国においては，従来，精神労働を尊び肉体労働を卑しむ風潮があり，このことはホワイトカラー優先，学歴偏重の弊を生む結果となっている。生産加工に従事する労働者が自らの技能に誇りをもち，安んじて自己の経験と熟練を十分に発揮することができ，かつ，一般国民からはこれ等の階層が尊敬されるような社会を形成することが労働者の地位の向上を図る上から極めて肝要である」（有馬［1959］86）。

すなわち労働省は，技能検定制度＝技能士資格の導入によって「学歴偏重の弊」を是正し，「一般国民からはこれ等の階層が尊敬されるような社会を形成」しようとしたのである。

制度設計にあたっては，西ドイツの技能検定制度を範とした。有馬元治は労働大臣官房総務課長として職業訓練法とりまとめの責任者となり，職業訓練法成立とともに設置された労働省職業訓練部の初代部長となった。その有馬が，西ドイツの技能検定制度を，「わが国において今回新たに創設された技能検定制度に最も関係の深い」（有馬［1959］249）制度であると記している。

そもそも日本の技能検定制度は，西ドイツの技能検定制度の存在が契機となっている。有馬は，技能検定制度導入の契機について次のように証言している。

「技能検定制度の導入がどこから出て来たかといいますと，私には石黒君（拓爾。元労働事務次官。当時在西独日本国大使館一等書記官）が初代のレーバーアタッシェでボンに駐在されておって，石黒君の私信という形の手紙が，外務省経由で労働省へ入って来たんですよ。その中でドイツで非常に検定制度が普及している，また，これがマイスター制度と結びついていて，非常にうまく技術向上なり，産業発展に結びついている，日本でもそういう制度を考えたらどうかと書いてあるわけで，それが一つのきっかけになったことは間違いないんです」（労働省職業訓練局編［1979］298）。

（3） 技能検定と学校との関係

西ドイツの検定制度を範としたにもかかわらず，日本の技能検定制度は，重要な点で西ドイツの技能検定制度と異なっていた。西ドイツの技能検定制度は，学校教育と実地教育との結合の上に成り立っているのにたいして，日本ではじまった技能検定制度は，学校教育とリンクしていなかった。

職業訓練と接続しない技能検定　西ドイツにおける職業訓練は，よく知られているように，デュアルシステムである。デュアルシステムは，義務教育終了後，職業学校での授業と，主として企業内の実地訓練を両立するシステム

である。つまり，職業訓練を受ける者は，職業学校の生徒であり，同時に，企業における訓練生である。そしてデュアルシステムでの教育訓練が終わると，徒弟修了試験または専門工試験という技能検定試験を受検する。したがって技能検定試験は，職業学校における学校教育を前提としている。

　しかし，日本の技能検定制度は，学校教育とリンクしていない。そのことは受検資格に表現されていた。技能検定は，職業訓練法にもとづいておこなわれる。まずはじめに職業訓練がおこなわれ，その成果を検定するというロジックになっていた。そうだとすれば，職業訓練が終わった時点で検定がおこなわれなければならない。しかしながら制度発足の時から，技能検定は職業訓練と弱い関係でしかなかった。

　技能検定が発足した時，受検資格はかなり複雑であった。しかし2級検定の主要な受験資格は次の5つであった（図6-3参照）。
① 　1年間の公共職業訓練を受け，その後，検定職種に4年以上の実務経験を有する者。
② 　検定職種に関し，訓練期間が3年以上である認定職業訓練（会社内職業訓練）を修了し，その後2年以上の実務経験を有する者。
③ 　高等学校において検定職種にかんする学科を修め，その後2年以上の実務の経験を有する者。
④ 　高等学校で検定職種にかんする学科を修めないで卒業したが，卒業後4年以上の検定職種の実務経験がある者。
⑤ 　検定職種に関して7年以上の実務経験を有する者。

　職業訓練の有無や学歴は，受検するために必要な実務経験の長さに影響するものの，それ以上のものではなかった。大卒者を除き，絶対に必要なものは，実務経験であった。職業訓練を受けていない者でも，7年以上の実務経験を有する者は受検資格を有していたことは，実務優位を明確に表現していた。

　1級の受検資格は，職業訓練とは関係なく，完全に実務経験にあった。すなわち，2級に合格した後，5年以上の実務経験で1級受検資格を得た。しかも，暫定的な規定として，2級に合格していなくても，15年以上の実務経験があれ

第❻章　資格制度と学歴主義

二級受検資格	数年									
	8							実務	実務	実務
	7						実務			
	6	実務	実務	実務	実務	実務				
	5								実務	
	4		実務	実務						
	3				実務					
	2									
	1									
資格		認定職業訓練（訓練期間三年）	公共〃（〃二年）	認定〃（〃二年）	公共〃（〃一年）	職業高校（修業年限三年）	職業高校専攻科（〃一年）／別科（〃一年）	大学（〃四年）	短大（〃二年）	普通高校（〃三年）	実務経験
政令						第四条					第四条
省令		規則第三十九条	〃	〃	〃	規則第四十条	〃				

図6-3　技能検定2級の受検資格
注：1．本図は新制中学校卒業後二級の受検資格を得るまでの最短期間を示したものである。
　　2．斜線部は，新制中学校卒業後の訓練期間又は在学期間を示したものである。
出典：有馬［1959］170。

ば，1級の受検資格が与えられた。実務経験のみの受検資格といえる。

実際，多くの人が職業訓練とは関係なく実務経験のみで技能士となった。1975年度の結果（表6-1）によれば，実務経験のみで2級に合格した者は，機械加工（普通旋盤）で37.5％，時計修理にいたっては74.4％を占めていた。

戦時下の技能評価　技能検定が学校教育とリンクしていなかったことは，技能検定制度における1級と2級の区分にもあらわれている。技能検定における1級と2級の等級区分は，アジア太平洋戦争における国家総動員にその源

表 6-1 受検資格別合格者の構成（1975年度）

(単位：％)

受検資格＼等級＼職種	1 級			2 級		
	機械加工（普通旋盤）	時計修理	建築大工	機械加工（普通旋盤）	時計修理	建築大工
訓 練 修 了	28.5	2.2	16.7	46.8	9.8	59.5
学校教育での検定職種関連学科修得	4.1	2.2	1.8	15.1	15.8	1.5
実 務 経 験 の み	30.7	58.9	45.7	37.5	74.4	38.1
2 級 合 格	26.9	28.9	5.8	—	—	—
職業訓練指導員免許取得	9.8	7.8	30.0	0.6	—	0.9
合 計	100.0	100.0	100.0	100.0	100.0	100.0

出典：労働省職業訓練局編［1979］121．

流を有している。戦時における技能評価については，濱口［2013］がごく簡単に紹介しているだけなので，ここで少し立ち入って説明しておこう。

国家総動員法（1938年4月1日）は，「国ノ全力ヲ最モ有効ニ発揮セシムル様人的及物的資源ヲ統制運用スル」（第1条）ことを目的としていた。人的資源を有効に使うためには，産業の必要とする労働力の量と質を計算すると同時に，現存する労働者の量と質を把握する必要がある。労働力需要の量と質の計算は，それほど困難ではない。しかし現存する労働者の量と質を把握することは困難である。そこで国家総動員法はその第21条において，「政府ハ戦時ニ際シ国家総動員上必要アルトキハ勅令ノ定ムル所ニ依リ帝国臣民及帝国臣民ヲ雇傭若ハ使用スル者ヲシテ帝国臣民ノ職業能力ニ関スル事項ヲ申告セシメ又ハ帝国臣民ノ職業能力ニ関シ検査スルコトヲ得」とした。

この第21条にもとづいて，国民職業能力申告令（1939年1月6日）が発せられ，厚生大臣の指定する職業に就業している満16歳以上50歳未満の男子を主たる対象として，「職業ノ経歴及技能程度」を申告させることになった。

厚生大臣の指定する職業として134種が指定された。指定されたのは，電気技術者や機械技術者のような技術関係と，旋盤工や電機組立工などの生産技能関係がほとんどであった。そして，生産技能関係の56種について，技能格付をおこなうために「技能程度申告標準」が設定された。44種は1級から3級の3

段階，12種は1級と2級の2段階であった。3段階の場合，1級は優秀技能者で，一定の技能を有し統制的技能を持つ者，2級は自分の担当する作業を他人の指揮監督がなくてもできる者，3級は作業の習熟過程にある者でいちいち指導しなければ作業のできない者，である。具体的に「電気通信機器組立工」を例にとれば，次のごとくである。

「一級　次の事項中＊は必須，他二項を選択とする計三ッ以上の能力を有する者
　一＊　保安上必要な電気知識をもつてゐること
　二　　複雑な電気通信用機械器具の組立，補正及修理が出来ること
　三　　複雑な電気結線図の理解が完全に出来ること
　四　　工数見積が出来ること
　二級　次の二ッの能力を有する者
　一＊　担当する範囲の電気通信用機械器具について其の使用法を知つてゐること
　二＊　簡単な電気通信用機械器具の組立，補正及修理が出来ること
　三級　二級に達しない者」（職業研究会［1939］116）。

電気通信機器組立工および彼の使用者は，以上の「技能程度申告標準」を読んで，何級であるのか申告する。

以上のような自己申告による技能格付は，正確さに欠けている。国民登録を所管している厚生省はもちろんそのことを認識していた。技能評価を正確にするために厚生省は，1940年6月，国民職業能力検査規則を制定し，「技能審査」「技能検査」制度をもうけた。

国民職業能力検査規則は，「経験年数による算定方式」を採用した。つまり，それぞれの職種の経験年数と技能程度との相関関係を算定し，一定の尺度を作る（くわしくは有馬［1959］30-31）。自己申告された技能等級がその尺度によって妥当であると判定されると，自己申告された技能等級をその技能者の技能等級として処理する（技能審査）。妥当でないと判断された場合，技能検査をおこなう。技能検査には甲種検査と乙種検査がある。甲種検査は第1級工を検出す

るためのもので，高度の熟練度を見る実地作業検査と総合工夫の能力を見る試験とを主体とする。乙種検査は2級または3級のためのものである。甲種検査に不合格であると乙種検査にまわされる（労働事情研究所 [1941] 登14-15）。

　国民職業能力申告令は1940年10月に改正され，職業の有無にかかわらず満16歳以上20歳未満の男子を新たに登録することになった。この改正以前の登録は有技能登録と呼ばれていた。新たな登録は，青年を対象としていることから，青年登録と呼ばれた。有技能登録者は約600万人，青年登録者は約200万人であった（朝日新聞政治経済部 [1941] 375-376）。

　国民職業能力申告令は，1941年9月にさらに改正された。改正によって，16歳以上40歳未満の男子は，職業の有無にかかわらず登録の対象となった。さらに女子がはじめて登録の対象となった。すなわち16歳以上25歳未満で配偶者のいない女子は登録の義務を負うことになった。この登録は青壮年国民登録と呼ばれた。1944年2月には，技能者登録と青壮年国民登録が一本化され，対象者も拡大されて，男子は12歳から60歳まで，女子は12歳から40歳までとされた（『日本経済年報』第56輯，昭和19年第1）。

　これによって広範な国民が技能程度申告，技能審査，技能検査の対象となった。しかし，こうした技能評価制度は，「事変の急速な推移にくらべて，実施がおくれがちであったため，戦時労務動員という直接の目的のためには殆ど活用されなかった」（労働省職業訓練局編 [1979] 13）。

戦時技能評価制度と技能検定制度との関連　　戦時技能検査制度は，戦時労務動員という直接の目的のためにはほとんど活用されなかった。しかし戦時技能検査制度が，1959年に創設された技能検定制度の基礎となった。

　1959年に創設された技能検定制度における1級と2級の区分は，労働省事務当局が作成した技能検定実施要綱（案）にもとづいている。それによれば，1級と2級の技能程度の基準は次のとおりである。

　「一級の技能程度の基準は，一般に熟練工といわれるもののうち，技能労働者として通常の場合到達しうる最高の技能水準に達し，当該技能検定職種にかかる技能について熟達の段階にあると認められるもの（上級の熟練工）が通常

有すべき技能程度とし，二級の技能検定合格後五年乃至七年程度の実務経験を経た者が通常有すべき技能の程度を基準とするものとすること。(中略)二級の技能程度の基準は，一般に熟練工といわれる段階にようやく達したものと認められるもの（下級の熟練工）が通常有すべき技能の程度とし，例えば3年制の認定職業訓練を修了したものについては，訓練修了後，2年程度の実務経験を経た者が通常有すべき技能程度を基準とするものとすること」（有馬 [1959] 61)。

この基準は，「経験年数による算定方式」であり，かつて国民職業能力検査規則が採用した算定方式と同じである。それだけではない。労働省の初代技能検定課長として技能検定の基準を具体化した青島賢司は，「基準作成がなかなか難かしいものなんですね。ですからこの基準をどうするかが一番の焦点だった」と語った上で，「ちょっと話が昔へさかのぼりますけど，技能検定といわれるものを私は昭和15年にやったんですよ。「国家総動員法」による国民登録です。そのときのやり方は，年数によって技能というものはどんどんと進歩するはずだということで，実験的に経験年数と技能の進歩との関連を，実験を2年ぐらい続けまして，一つのカーブに書いたんです。そのカーブが一つの基準ですね。そこでこの基準に，各人の経験年数をあてはめて1級とか2級とかこういうふうに級付けするわけです」（労働省職業訓練局編 [1979] 304)。青島が戦時中の経験にもとづいて，1959年に創設された技能検定の1級と2級の水準を決めたことは間違いない。

(4) 技能検定制度の基本的性格

日本の技能検定制度は，実際に働いて身につく技能・知識を検定するものである。たしかに，2級検定においても1級検定においても，実技試験のほかに学科試験が課された。しかし，「学科試験の内容は技能検定の本質からいつて通常考えられるようなただ単に学問的な知識を試験するというものではなく，技能に必然的に伴う知識を有するかどうかを判定するに足りるものであればよいので，生産現場における実務の経験から，自から正解が導き出される程度の

ものである」(有馬 [1959] 193-194)。すなわち，技能検定における学科試験は，学校教育で教えられるような体系的・理論的知識を問うものではない。

他方，学校制度を管轄する文部省は，技能検定制度にきわめて冷淡であった。文部省は実技教育をまったく評価しなかった。労働省の初代職業訓練部長であった有馬は，次のように証言している。

「文部省が教育面からとやかくいい出したのは，正面からは訓練制度の面であり，それを裏づける検定制度も含めて，結局複線教育だと，要するに大学につながらない複線教育であるということと，それから実技教育というものは，まあ邪道とはいわないけれども，どうも文部省は評価しないんですよ」(労働省職業訓練局編 [1979] 299-300)。

文部省が専門高校における資格教育について方向を改めたのは，技能検定制度が発足して30年近くたってからである。1985年，文部省の理科教育及び産業教育審議会は文部省に対して答申を提出した。その中で，高校の「職業学科に在籍する生徒が各種の職業資格や技能・技術検定を目指すことは，目的意識を持った意欲的な学習活動を促すことにもつながるので，学校においても，これらに関連する各教科・科目をできるだけ開設するようにすることが望ましい」と指摘した。

この答申を受けて文部省は，産業教育の改善に関する調査研究協力者を委嘱し，調査研究を進めた。研究グループは1986年に「産業教育の改善に関する調査研究報告」をまとめた。文部省はそれを都道府県知事をはじめ関係者に送付した。その中で文部省は，「資格を取得することは，専門的な知識・技術を習得することにつながるものであり，職業学科における専門性を深めるために，資格取得等について配慮する必要がある」とし，さらに「高等学校の職業学科に在学する生徒に目的意識をもつた意欲的な学習活動を促すために，資格取得等について配慮する必要がある。また，生徒の中には目的意識もなく学習意欲も低い者がみられることがあるが，それらの生徒に具体的な学習目標をもたせ，意欲的な学習活動を促すために，資格取得を奨励することは望ましいことと考えられる」と，学習意欲との関連で資格取得の意義を強調した。しかし同時に，

「前記のような観点から高等学校の職業教育において資格取得等について配慮することは望ましいことであるが，資格取得が職業教育の第一の目的となり，資格取得を最優先に職業教育が行われることのないよう留意する必要がある。すなわち，それぞれの学科の教育目標を達成する手段として，資格取得を活用するという観点が必要であろう」と，付け加えた。

生徒の資格取得に熱心であった全国工業高等学校長協会も，文部省と考えを同じくしていた。「一般に工業高等学校生徒が受験し合格する職業的資格は，社会の実態からみれば，レベルの低いものが多数を占めることは事実である。しかし，工業高等学校生にとっては十分に手応えのあることであり，それが学習意欲の向上，ひいては有為な社会人の育成に繋がることも，言をまたない」(全国工業高等学校長協会 [1990] 409)。

文部省や全国工業高等学校長協会の要望に添って，技能検定において，それまでの1級と2級に加えて新たに1993年度から3級技能士が創設され，農業高校の造園系および工業高校の機械系の学科を中心に3級技能士の職種が設定され，現在にいたっている。しかしこれによって技能検定と学校教育がリンクされたと見ることはできない。3級は初級技能者の水準であり，高校生や職業訓練生の学習訓練への動機づけのために設けられたのである。

（5）　学歴と技能職

技能検定制度は学校教育とはリンクしないで，それぞれの職種の経験年数を検定基準としていた。このような学校教育とリンクしないで経験年数を基礎とした技能検定制度は，技能検定制度の目的である「労働者の地位の向上」を実現しないであろう。

日本では，技術と技能とが画然と区別されており，技術とは学校で教えられる体系的知識であり，技能は長い経験によって見ようみまねではじめておぼえることのできる「カン」や「コツ」のようなものとされてきた。技術と技能はそれぞれ別の階層によって担われると考えられてきた。この事実を指摘した氏原正治郎は，それを「日本の生産技術の悲劇的特色」(氏原 [1961] 105) と呼ん

だ。経験年数を基礎とした技能検定制度は，この「悲劇的特色」を改革するものではなかった。

　技術を高く評価し，技能を低く評価する「日本の生産技術の悲劇的特色」を生み出したのは，日本社会の職業観そのものであった。

　日本の社会学は，1955年から10年ごとにSSM調査（社会階層と社会移動全国調査，The national survey of Social Stratification and Social Mobility）と呼ばれる大規模な社会調査をおこなってきた。その中で職業威信スコアも調査されてきた。SSM調査結果を総括した原純輔［1999］は，1955年から95年までの40年間に，職業威信スコアから見た職業評価の序列にほとんど変化がなかったことを見いだした。そして，職業威信スコアが学歴水準と高い相関関係にあり，高い威信の職業に就くためには学歴が決定的に重要である，と結論づけた。原の分析にもとづくならば，学校教育と連結しない技能検定によって「労働者の地位の向上」を図ることは，期待できないことであった。

　職業的威信は学歴と密接に関係している。そうだとすれば，技能職の社会的地位の向上にとって転換期となるはずであったのは1960年代である。1960年代は中学から高校への進学率が飛躍的に上昇し，それとともに，従来は中学卒業者が配置されていた技能職に，高校卒業生が配置されるようになった。技能職に配置される者が中卒から高卒へと学歴上昇したことによって，技能職の社会的ステータスが上がる可能性があった。しかし実際には，この可能性は可能性にとどまり，現実とはならなかった。

　1960年代における高卒の技能職上の配置がどのような意味を持っていたのかについては，佐口和郎［2003］が紹介している造船会社の事例が鮮明に示している。この会社は，1950年代においては，新規男子高卒者のほとんどを事務技術職として採用していた。しかし1960年代になると，会社は新規男子高卒者を現業職として継続的かつ本格的に採用しはじめた。その過程は同時に，事務技術職として採用される新規高卒者が激減する過程でもあった。そして1970年代になると，新規男子高卒者の事務技術職としての採用はゼロになった。事務技術職はもっぱら大卒者の職となった。

以上の事例が典型的に示しているように，1950年代においては，新規男子大卒者は事務技術職，新規男子高卒者も事務技術職，新規男子中卒者が技能職で採用されていた。1960年代に新規男子高卒者が技能職として継続的かつ本格的に採用されはじめた時，それは技能職＝高卒者という形で技能職が従来よりも高い学歴の職種として引き上げられたのではなかった。高校進学率の急上昇にともなって中卒での就職が激減し，代わりに高卒者が，それまで中卒職とされていた技能職についた。技能職の社会的ステータスが向上したのではなく，高卒という学歴の価値が引き下げられたのである。

新規高卒者は，当初，このダウングレードに適応できなかった。「内定辞退率」が10％にのぼり，入社後も大量の離職が続いた（佐口 [2003] 31-32, 39-43）。1960年代における技能職の中卒から高卒への学歴上昇という歴史的な経験は，技能職の社会的評価を上げるのではなく，高卒学歴の価値の低下という形で決着した。

（6） 技能検定制度と待遇

技能検定制度は，労働者の社会的地位の向上とならんで，企業横断的な職種別賃金を形成しようとする意図もあった。労働省職業訓練部長有馬は，「技能検定制度の適正な運用は，技能水準の向上とともに，その高程度における平準化をもたらし，もって労働市場の封鎖性を打破し，企業間における賃金格差を減少せしめる役割をももつものである」（有馬 [1959] 100）と強調していた。しかし，技能検定制度は，職種別賃金を形成することに成功しなかった。

機械産業における従業員規模1,000人以上の事業所を対象に2001年におこなわれた機械振興協会経済研究所のアンケート調査（田口 [2005]）によれば，国家技能検定あるいは国家技能検定とリンクした社内技能検定を利用した事業所は88.1％と，技能検定制度は広く普及していた。しかし，そのことは，技能検定制度が会社内の処遇に反映されていることを意味していなかった。

会社による技能検定制度の評価を，「かなり考慮している」を2ポイント，「ある程度考慮している」1ポイント，「あまり考慮していない」マイナス1ポ

イント，「まったく考慮していない」マイナス2ポイントとしてトータルすると，「仕事に対するプロ意識が高まる」1.32ポイント，「教育訓練目標が明確にできる」1.31ポイント，「能力開発意欲を引き出せる」1.27ポイントであった。モチベーションを高める点と目標の明確化にとって技能検定制度は有用であった。しかし，処遇については，「昇進・昇格」0.28ポイント，「資格手当等の給与・報奨金」についてはマイナス0.27ポイントと，技能検定に合格したことが処遇にほとんど反映されていなかった。

技能検定制度は，企業横断的な賃金率を形成することに成功しなかった。技能検定制度は，従業員のモチベーションを高める点と，会社の人事管理において技能水準を見える形にするという点において，役割を果たすにとどまった。

（7） 職能資格制度と技能士資格

まぎらわしいことに，日本の大会社においては，「職能資格制度」あるいはたんに「資格制度」と呼ばれる人事管理制度が存在している。これは，部長・課長・係長・一般社員という職制とは別に，個々人の能力や仕事内容，勤続年数などを評価して従業員を格付けするものである（職能資格制度の特徴については野村［2007］180-186）。職能資格制度は，従業員の格づけ・序列づけであって，ある特定の仕事に対する要件（qualification）という意味ではない。なぜ従業員の格づけ・序列づけが「資格」と呼ばれるのか，というと，「資格」という日本語はもともとは「身分」を意味していたからである。

近代日本の最初の日本語辞典である大槻文彦『言海』（1889-91年）は，「資格」という語の意味を，「身分」とのみ述べている。そして「身分」という語については，「人ノ身ノ分際，貴賤貧富ノ位置」と解説している。また，上田万年／松井簡治『大日本国語辞典』（1919年）は，「資格」という語を「身分。地位。又は其の要件」と解説している。

戦後日本の大会社における「資格制度」と称される人事管理制度は，戦前の身分制度にそのルーツを有している。

戦前の大会社においては，従業員は，社員，準社員，職工に区分されていた。

そして，それぞれの従業員グループの間には待遇の大きな格差・差別があった。この制度は身分制度と呼ばれた。一番下の身分とされた職工は身分制度に怒りをいだいていた。

　1945年の敗戦後，多くの大会社において経営民主化運動が起きた。経営民主化運動は身分制度の廃止を要求した。それとともに，「身分」という言葉は大会社から消えた。しかし身分制度の本質をなした学歴別・性別に仕切られた経営秩序は，戦後も存続した。それは新たに「資格制度」と呼ばれるようになった。もともと「資格」とは「身分」のことであったから，たんなる名称変更にすぎなかった。しかし明治期とは違って，戦後においては，「資格」という言葉と「身分」という言葉のニュアンスは，異なっていた。明治期には「資格」＝「身分」であったが，アジア太平洋戦争が終わった1940年代後半には，「資格」という言葉は，ある特定の仕事に対する要件という意味も持つようになっており，「身分」という差別的なニュアンスの強い言葉とは異なるものと受け止められるようになっていた。そのことは，「資格制度」という言葉が普及しはじめた頃の人事担当者に自覚されていた。「"身分"という言葉の響きに対する敏感の度合いが"資格"という言葉で和らげられた」（「アンケート　身分・資格どこへ行く」『マネジメント』1954年2月号，27）というのである。戦前の身分制度と戦後の「資格制度」とは，その本質は同じでも，それを表現する言葉が「身分」から「資格」に変わったことによって，制度の否定的なイメージが大幅に薄められた。

　職能資格制度の下で，個々の従業員は，人事考課にもとづいて，低い職能資格から高い職能資格へと一歩ずつ上がっていく。上がり方はいわゆる年功的であり，年齢，勤続年数，技能，忠誠心，指導力などが，総合的に，かつあいまいに評価される。技能検定＝技能士資格は，職能資格制度のなかで評価の1要素となり，また，1要素でしかなかった。技能士資格は，職能資格制度にいわば吸収されてしまった。

5　「資格社会」論からみる日本

(1)　入社時における学歴と学校歴

　中世ヨーロッパにおいては，大学が学生を教育し，専門知識を持った人材を社会に供給していた。神学部が聖職者を，医学部が医師を，法学部が裁判官や行政官を養成していた（プラール [1988]）。また手工業の分野においてはギルド（ツンフト）が徒弟を教育し，職人さらには親方を供給していた。

　近世日本においては，中世ヨーロッパにおける大学に相当するものが存在しなかった。また日本の同職組合は，一定水準の技能を持った職人を供給するというものではなかった。

　そのため近代日本は，公的な「資格」制度をいわばゼロから作り上げることになった。当然というべきか，資格制度は少数の職業分野にとどまり，しかも医師や教員のようにある程度以上の学校教育を必要とする職業に限られた。アジア太平洋戦争が終わった戦後，いわゆる資格は急増したが，それは職業的な必要性によってもたらされたのではなく，省庁の権益拡大・縄張り争いの結果であった。ドイツにおいて資格が社会の下方にまで展開したのに対し，日本においては資格が社会の下方に展開しなかった。

　望田幸男の問題提起に従うならば，近代ドイツの資格社会は，「〈職業資格〉＝〈教育資格プラス公的職業資格試験〉」（望田 [2003] 3）という一般的方程式であらわされる。望田の一般方程式を日本のケースに当てはめるならば，近代日本は資格が下方に展開しなかったため，「教育資格」のみを原理とする社会になったということになる。つまり学歴社会となったことになる。しかし，近代日本を「教育資格」を原理とする社会と言い切ることは，いちじるしく不正確である。

　日本では，学歴だけではなく，それと並んで，あるいはそれ以上に，学校歴が重要となっている。ドイツにおいては大学卒は Akademiker と呼ばれている。Akademiker は，たとえばミュンヘン大学を卒業していようと，フランク

フルト大学を卒業していようと，質的な差はないと見なされている。しかし日本では，大学卒であっても，有名大学卒と無名大学卒とでは，大学卒という「教育資格」の価値が大きく異なると考えられている。そのことを露骨に示していたのは，学生の就職にさいして大会社がおこなった指定校制度である。指定校制度では，会社が特定の大学を指定して求人する。それ以外の大学の学生が応募しても，会社は受け付けない。指定校制度がいつから始まったのかは，はっきりしない。高度成長の後半期，大学卒の大量採用がおこなわれるにしたがって，指定校制度は緩んでいった。しかし第一次オイルショック以後の安定成長への移行にともない，指定校制度は復活したとみられていた（松浦 [1978] 46-47）。1970年代後半，大学生の就職難とともに，指定校制度の廃止を求める声は大きくなり，国会の場でも取り上げられるようになった。その結果，会社側は，公式的には指定校制度を取りやめた。

　しかし，就職活動をする学生の間で常識となっているように，現在も大会社は特定の大学の学生を優先的に採用し，かつてのような露骨な指定校制度ではないにしても，学校歴重視の採用をおこなっている。大会社がそれまで採用実績のなかった大学の学生を大量に採用した例外的な時期は，1980年代後半のバブル期であった。そして会社は，「バブル入社組」が役職に昇進する時期になって，その膨大な人数に見合う役職ポストがないことに気づいた。それに加えて，彼らが役職に見合う能力を有しているかどうか，疑問を持った。バブル崩壊後の厳しい経営環境の中で，この頭の痛い人事問題に直面して，会社は採用数を大幅に絞るとともに，学校歴重視の採用に回帰した。

　学校歴が重要な意味を持つのは，学校卒業時，あるいは第二新卒市場を考慮しても，学校を卒業して数年の間に限られる。同一の会社で勤めを続けていく場合，学校歴は，会社内の人間関係という非公式の形で作用し続けるものの，会社による公式の評価項目とはならない。会社内の昇進は，能力・業績・忠誠心などさまざまな要素を曖昧かつ包括的に評価する人事考課によって決められる（遠藤 [1999]）。学校歴は，採用時点では，その会社に入社できる必要条件といえるほど重要であるのにたいして，入社後は，昇進に影響をあたえる一つ

の要素にとどまる。

　学歴は，採用された時点で，大卒は事務・技術職，高卒は技能職，というように従業員区分の決定に反映される。以後，それぞれの従業員区分の中で配置と昇進が管理されるので，学歴は入社後も作用し続ける。しかしそれはあくまでも，入社時点における「学歴＋学校歴」という基準によるスクリーニングを通過した上でのことである。

　（２）　非学歴主義の世界とその縮小
　第二に，高度成長期に自営業が衰退するまで，日本においては自営業が就業構造の中で大きな割合を占めていた。自営業の世界では，開業医や弁護士などのように高学歴と公的職業資格が必要とされる分野がある。しかしそのような分野は，自営業のごく一部である。自営業の世界の大部分は，学歴とは関係のない世界である。ただしそのことは，自営業の人たちが低学歴であることを意味していない。高学歴の者もいれば低学歴の者もいる。そうした学歴の高低が，職業における成否や本人の社会的地位と密接な関係を持っていないという意味である。

　高度成長期の1960年代，自営業の世界は急速に縮小していった。それとともに，非学歴主義の世界も急速に縮小していった。高度成長期に自営業が急速に減少していくのに反比例して，高等学校への進学が急増した。通信制課程（本科）への進学者を除く高校進学率は，高度成長が始まった1955年には，男子55.5％，女子47.4％であった。高度成長から安定成長に移行した1974年には，男子89.7％，女子91.9％となり，高校全入の一歩手前まできた（文部省学校基本調査）。

　自営業の急速な縮小は，非学歴主義の世界を収縮させただけでなく，日本社会の勤労倫理，勉学意識に変化をもたらした。通俗道徳の衰退である。

　通俗道徳の重要な倫理観の一つは，蔭日向なく努力する，頑張るということである。こうした通俗道徳が有効に作用するためには，二つの条件が必要である。一つは，努力目標はこまかく区切られていることである。もう一つは，

人々が小さな差に敏感であるということである。

　努力目標がこまかく区切られているということは，たとえばこういうことである。努力目標が 50, 100, 150 というように大きく区切られている場合を考えよう。100 の能力を持つ人物は努力すれば 100 の実績を上げることができるし，さらに努力して 101 か 102 の実績を上げることも可能であろう。しかしいくら努力しても，150 の実績を上げることは無理である。100 の能力を持つ人物に，150 の目標を与えても，この人物は最初からあきらめて，努力を放棄するであろう。100 の能力を持つ人物に，100 の成果を出せ，と励まし，100 の成果があがったならば，もう少し努力して 102 の成果を出すよう励ますならば，この人物はさらに頑張るであろう。頑張るためには努力目標はこまかく設定されていなければならない。

　また，人々は小さな差に敏感でなければならない。100 の成果と 102 の成果について，小さな差に敏感であれば，100 から 102 への成果の上昇を，よくやった，と心から褒めることができる。小さな差に鈍感であれば，100 から 102 への成果の上昇は，なんだ，わずか 2 の上昇か，としか思わないであろう。小さな差に鈍感な者にとっては，懸命に努力してもわずか 2 の上昇しか期待できないのであれば，努力することがバカらしく思えるであろう。

　通俗道徳がまだ社会の中で影響力を持っていた時も，もちろん，中学から高校への進学に際して，学力による選別があった。高い学力の中学生は，戦前の旧制中学校の伝統を持つ進学校に進学した。戦後になってつくられた高校は，そうした進学校に進むことのできない中位から低位の中学生を主として集めた。たしかに，そうした高校の生徒は進学校の生徒に劣等感を持ちがちであった。しかし，それらの学校は，いわゆる教育困難校ではなかった。

　通俗道徳がまだ規範として生きていた時代に，学校間格差が下位と目される高校の生徒にどのような影響を与えたのか，ある教師の文章が鮮明に示している。次の文中の「横高」は，戦後に創立され，定時制高校を経て 1952 年 4 月から全日制（進学・職業・家庭の 3 コース）となった高校である。

「（昭和——野村）35 年ごろの横高は生徒数も少なく，現在の充実した施設環

境からは想像もできないような質素簡素なものであった。それでも生徒は校内ではよく勉強運動をし，活気があった。それがどうした訳か，一歩校外に出ると，活力と若さが失せ，まるで老人のように身を縮めて下を向いて歩くようになってしまう。胸を張って歩かない。一体どうしてなのだろう。(中略) そのころ，世間ではよく高校間の格差が話題になり，横高は何かにつけて掛川市の高校と比較された。それが生徒に影響をあたえ，次第にコンプレックスが生じ，心も体も萎縮してしまう一因であると思われた。しかし幸いなことに，35年の10月に運動場が新設され，続いて12月には同窓会の寄付による運動器具室が新設されるなどの明るい拡張工事に，生徒達の顔にも生気がよみがえり，各種スポーツも盛んになっていった」(記念誌編集委員会 [1993] 401)。

　この文章は，学校間格差のもたらす否定的な影響と，それにもかかわらず学校内で「よく勉強運動をし，活気があった」生徒を活写している。

　教育困難校と呼ばれるような高校が発生するようになったのは，1980年代である。教育困難校が出現するようになった大きな理由は，高校進学率がほぼ高校全入といっていいほど高まったからである。高校での教育を受けるだけの基礎学力のない中学生も高校に進学するようになり，そうした生徒が集まる高校が教育困難校になった。しかしそれが唯一の理由というわけではない。通俗道徳の衰退が，教育の荒廃を加速化した。

　通俗道徳の衰退と高校の学校間格差拡大は，相互に悪影響を与えながら進行した。学校間の格差拡大は，こまかな努力目標を必要とする通俗道徳に打撃を与えた。そして通俗道徳の衰退とともに，努力することは尊いものであるという価値観もまた衰退していった。努力しないことによって，下位に位置すると思われている生徒の学力はさらに低下した。

引用文献

赤松良子 [2003] 『均等法をつくる』勁草書房。
浅井虎夫 [1906] 『女官通解』五車楼。
朝日ジャーナル編集部 [1964] 『大学の庭』上下，弘文堂。
朝日新聞政治経済部 [1941] 『総動員体勢の前進——改正総動員法の全貌』朝日新聞社。
麻生誠／潮木守一編 [1977] 『学歴効用論——学歴社会から学力社会への道』有斐閣。
天野郁夫 [1982] 『教育と選抜』第一法規。
天野郁夫 [1983] 『試験の社会史——近代日本の試験・教育・社会』東京大学出版会。
天野郁夫 [1993] 『旧制専門学校論』玉川大学出版部。
天野郁夫 [1996] 『日本の教育システム——構造と変動』東京大学出版会。
天野郁夫 [1997] 『教育と近代化——日本の経験』玉川大学出版部。
天野郁夫 [2009a] 『大学の誕生（上）——帝国大学の時代』中公新書。
天野郁夫 [2009b] 『大学の誕生（下）——大学への挑戦』中公新書。
天野郁夫編 [1991] 『学歴主義の社会史——丹波篠山にみる近代教育と生活世界』有信堂。
有澤廣巳 [1956] 「日本資本主義と雇用」『世界』1月号。
有澤廣巳 [1957] 「日本における雇用問題の基本的考え方」日本生産性本部 [1957] 所収。
有澤廣巳 [1989] 『有澤廣巳 戦後経済を語る』東京大学出版会。
有馬元治 [1959] 『技能検定』労働法令協会。
安藤良雄編 [1979] 『両大戦間の日本資本主義』東京大学出版会。
生田澄江 [2009] 『瓜生繁子——もう一人の女子留学生』文藝春秋。
池田成彬述 [1949] 『財界回顧』世界の日本社。
池田成彬 [1951] 『私の人生観』文藝春秋新社。
池田秀男 [1969] 「教育アスピレーションと職業経歴の見通しに関する調査研究」『社会学評論』20巻2号。
石井研堂 [1907] 『自助的人物典型中村正直伝』成功雑誌社。
石井研堂 [1969] 『明治事物起源』明治文化全集別巻，日本評論社，原著初版は1908年出版。
石崎唯雄 [1957] 「産業構造と就業構造」昭和同人会 [1957a] 所収。
石原修 [1914] 『衛生学上ヨリ見タル女工之現況』国家医学会。

磯部浩一［1977］「零細企業の本質について」渡会編［1977］上，所収。
市村光恵［1913］『増訂改版行政法原理』東京宝文館。
伊藤博文編［1935］『秘書類纂　官制関係資料』秘書類纂刊行会。
潮木守一［1983］「学歴の社会学——その理論的検討」『教育社会学研究』38集。
氏原正治郎［1961］『日本の労使関係』東京大学出版会。
氏原正治郎［1966］『日本労働問題研究』東京大学出版会。
氏原正治郎［1967］「資本蓄積と労働市場」氏原編［1967］所収。
氏原正治郎編［1967］『講座労働経済 1　日本の労働市場』日本評論社。
氏原正治郎／高梨昌［1971a］『日本労働市場分析』（上）東京大学出版会。
氏原正治郎／高梨昌［1971b］『日本労働市場分析』（下）東京大学出版会。
梅村又次他［1988］『労働力（長期経済統計 2）』東洋経済新報社。
江原武一［1977］「企業が求める学歴」麻生／潮木編［1977］所収。
遠藤公嗣［1999］『日本の人事査定』ミネルヴァ書房。
大門正克［2000］『民衆の教育経験——農村と都市の子ども』青木書店。
大門正克［2010］「高度成長の時代」大門／大槻／岡田／佐藤／進藤／高岡／柳沢編［2010］所収。
大門正克／大槻奈巳／岡田知弘／佐藤隆／進藤兵／高岡裕之／柳沢遊編［2010］『シリーズ高度成長の時代 1　復興と離陸』大月書店。
大河内一男［1936］『独逸社会政策思想史』日本評論社。
大河内一男［1940］『社会政策の基本問題』日本評論社。
大河内一男［1950］「賃労働における封建的なるもの」東京大学『経済学論集』19巻 4 号。
大河内一男［1952］『黎明期の日本労働運動』岩波新書。
大河内一男［1959a］『貧乏物語』文藝春秋新社。
大河内一男［1959b］「日本的労使関係の特質とその変遷」『日本労働協会雑誌』創刊号。
大河内一男［1970］『社会政策四十年——追憶と意見』東京大学出版会。
大河内一男／氏原正治郎編［1955］『労働市場の研究——中学校卒業生の就職問題』東京大学出版会。
大沢真理［2007］『現代日本の生活保障システム』岩波書店。
大須賀町誌編纂委員会［1980］『大須賀町誌』大須賀町。
大庭みな子［1993］『津田梅子』朝日文庫，原著は1990年刊行。
大淀昇一［2009］『近代日本の工業立国化と国民形成——技術者運動における工業教育問題の展開』すずさわ書店。
大森一宏［2000］「戦前期日本における大学と就職」川口編［2000］所収。
尾高煌之助［1984］『労働市場分析——二重構造の日本的展開』岩波書店。

小田部雄次［2005］『ミカドと女官——菊のカーテンの向う側』扶桑社文庫。
小田部雄次［2006］『華族——近代日本貴族の虚像と実像』中公新書。
小田部雄次［2007］『天皇・皇室を知る事典』東京堂出版。
お茶の水女子大学百年史刊行委員会［1984］『お茶の水女子大学百年史』お茶の水女子大学百年史刊行委員会。
折井日向［1973］『労務管理二十年——日本鋼管㈱にみる戦後日本の労務管理』。
門脇厚司［1969］「日本的「立身・出世」の意味変遷——近代日本の精神形成研究・覚書」『教育社会学研究』24集。
門脇厚司［1977］「立身出世の意味と機能」門脇編［1977］所収。
門脇厚司［1978］『現代の出世観——高学歴化でどう変わったか』日経新書。
門脇厚司編［1977］『現代のエスプリ No. 118 立身出世』至文堂。
門脇厚司／飯田浩之編［1992］『高等学校の社会史——新制高校の〈予期せぬ帰結〉』東信堂。
門脇厚司／陣内靖彦編［1992］『高校教育の社会学——教育を蝕む〈見えざるメカニズム〉の解明』東信堂。
神奈川県編［1954］『京浜工業地帯調査報告書——産業労働篇各論』神奈川県。
金子要人［1934］『改正弁護士法精義』立興社。
神島二郎［1961］『近代日本の精神構造』岩波書店。
川口浩編［2000］『大学の社会経済史——日本におけるビジネス・エリートの養成』創文社。
川島武宜［1956］「立身出世」『展望』9月号。
苅谷剛彦［1991］『学校・職業・選抜の社会学——高卒就職の日本的メカニズム』東京大学出版会。
苅谷剛彦／菅山真次／石田浩編［2000］『学校・職安と労働市場——戦後新規学卒市場の制度化過程』東京大学出版会。
苅谷剛彦／本田由紀編［2010］『大卒就職の社会学——データからみる変化』東京大学出版会。
神林博史［2012］「「総中流」と不平等をめぐる言説——戦後日本における階層帰属意識に関するノート（3）」『東北学院大学教養学部論集』161号。
岸宣仁［1999］『経済白書物語』文藝春秋。
記念誌編集委員会［1993］『戦後の学校教育——大須賀町制35周年記念』大須賀町。
教育史編纂会［1939］『明治以降教育制度発達史』第7巻，龍吟社。
久野明子［1992］『鹿鳴館の貴婦人大山捨松——日本初の女子留学生』中公文庫，原著は1988年出版。
国文学編集部［1988］『後宮のすべて』学燈社。

国立教育研究所［1974］『日本近代教育百年史』第 4 巻，教育研究振興会。
国立高等専門学校協会［1992］『国立高等専門学校30年史』国立高等専門学校協会。
後藤誉之介［1959］『日本経済の見かた考えかた』有紀書房。
逆瀬川潔［2003］「職業訓練の変遷と課題」『帝京経済学研究』37巻 1・2 号。
作田啓一［1960］「適応の諸形態」『近代日本思想史講座 6　自我と環境』筑摩書房。
佐口和郎［2003］「新規高卒採用制度——A 社を事例とした生成と展開」佐口／橋元編［2003］所収。
佐口和郎／橋元秀一編［2003］『人事労務管理の歴史分析』ミネルヴァ書房。
佐々木啓子［2002］『戦前期女子高等教育の量的拡大——政府・生徒・学校のダイナミズム』東京大学出版会。
沢井実［2012］『近代大阪の工業教育』大阪大学出版会。
島内登志衛編纂［1912］『谷干城遺稿下』靖献社。
清水唯一朗［2007］『政党と官僚の近代——日本における立憲統治構造の相克』藤原書店。
下橋敬長［1979］『幕末の宮廷』平凡社。
「受験と学生」編輯部［1939］『専検・高検・高資・実検受験案内』研究社。
昭和同人会［1957a］『我国完全雇用の意義と対策』昭和同人会。
昭和同人会［1957b］『統計からみた雇用と失業——我国完全雇用の意義と対策　第 4 部統計』昭和同人会。
職業研究会［1939］『国民徴用令解説』銀行信託協会。
菅原亮芳［1989］「戦前日本における「専検」試験検定制度史試論」『立教大学教育学科年報』第33号。
菅山真次［2011］『「就社」社会の誕生——ホワイトカラーからブルーカラーへ』名古屋大学出版会。
杉山太郎［1923］『各種方面独学受験竝就職案内』光明堂書店。
須長祥行［1984］『農業高校——近代化農政の縮図』三一書房。
スマイルス原著［1938］『西国立志編』中村正直訳，冨山房百科文庫。
スマイルズ，サミュエル（中村正直訳）［1991］『西国立志編』講談社学術文庫。
隅谷三喜男［1955］『日本賃労働史論——明治前期におけ労働者階級の形成』東京大学出版会。
隅谷三喜男［1960］「日本資本主義と労働市場」東畑編［1960］所収。
隅谷三喜男［1964］『日本の労働問題』東京大学出版会。
全国工業高等学校長協会［1990］『全国工業高等学校長協会七十年史』全国工業高等学校長協会。
全国商業教育研究会［1972］『新しい商業教育の創造』明治図書。

惣郷正明／飛田良文編 [1986]『明治のことば辞典』東京堂出版。
総務省行政評価局 [2011]『検査検定，資格認定等に係る利用者の負担軽減に関する調査結果報告書』総務省。
園田英弘／濱名篤／廣田照幸 [1995]『士族の歴史社会学的研究――武士の近代』名古屋大学出版会。
大日本国民中学会編 [1917]『中学検定指針』国民書院。
高田亮爾 [1989]『現代中小企業の構造分析――雇用変動と新たな二重構造』新評論。
高橋昌郎 [1966]『中村敬宇』吉川弘文館。
高群逸枝／鳩山春子 [1981]『日本人の自伝　第7巻』平凡社。
瀧本忠男 [1949]『職務給の理論と実務』経営評論社。
田口和雄 [2005]「技能者の人事管理における技能検定制度の活用」『機械経済研究』No. 36。
武居郷一 [1939]『労働用語辞典』厳松堂書店。
竹内常一／高生研編 [2002]『揺らぐ〈学校から仕事へ〉――労働市場の変容と10代』青木書店。
竹内洋 [1978]『日本人の出世観』学文社。
竹内洋 [1981]『競争の社会学――学歴と昇進』世界思想社。
竹内洋 [1991]『立志・苦学・出世――受験生の社会史』講談社現代新書。
竹内洋 [1995]『日本のメリトクラシー――構造と心性』東京大学出版会。
竹内洋 [1997]『立身出世主義――近代日本のロマンと欲望』NHKライブラリー。
竹内洋 [1999]『学歴貴族の栄光と挫折』中央公論新社。
橘木俊詔 [1998]『日本経済格差――所得と資産から考える』岩波新書。
鄭賢淑 [2002]『日本の自営業層――階層的独自性の形成と変容』東京大学出版会。
「中央公論」編集部編 [2001]『論争・中流崩壊』中公新書ラクレ。
辻功 [2000]『日本の公的職業資格制度の研究――歴史・現状・未来』日本図書センター。
筒井美紀 [2006]『高卒就職を切り拓く――高卒労働市場の変貌と高校進路指導・就職斡旋における構造と認識の不一致』東洋館出版社。
角田文衞 [1988]「後宮の歴史」国文学編集部 [1988] 所収。
逓信省 [1940]『通信事業史』第1巻，通信協会。
寺沢龍 [2009]『明治の女子留学生――最初に海を渡った五人の少女』平凡社新書。
寺田盛紀編 [2004]『キャリア形成・就職メカニズムの国際比較――日独米中の学校から職業への移行過程』晃洋書房。
寺本伊勢松編 [1923]『専門学校高等学校入学検定独学受験法』大明堂書店。
東京芸術大学百年史刊行委員会 [1987a]『東京芸術大学百年史　東京音楽学校篇　第1

巻』音楽之友社。
東京芸術大学百年史刊行委員会［1987b］『東京芸術大学百年史　東京美術学校篇　第1巻』ぎょうせい。
東京女子医科大学［1980］『東京女子医科大学80年史』東京女子医科大学。
東京女子高等師範学校［1915］『東京女子高等師範学校沿革略志』東京女子高等師範学校。
東京女子高等師範学校附属高等女学校［1932］『創立50年』東京女子高等師範学校附属高等女学校。
東京大学社会科学研究所［1991］『戦後日本の労働調査［分析篇覚書］』東京大学社会科学研究所調査報告第24集。
東畑精一編［1960］『農村過剰人口論』日本評論新社。
富田正文［1941］「『学問のすゝめ』解題」福沢諭吉『学問のすゝめ』日本評論社，所収。
豊田武［1952］『日本の封建都市』岩波書店。
中西祐子／中村高康／大内裕和［1997］「戦後日本の高校間格差成立過程と社会階層」『教育社会学研究』第60集。
中村秀一郎［1964］『中堅企業論』東洋経済新報社。
中村牧子［1999］『人の移動と近代化──「日本社会」を読み換える』有信堂。
並木正吉［1955］「農家人口の戦後10年」『農業総合研究』9巻4号。
並木正吉［1956］「農業人口の流出形態」『農業総合研究』10巻3号。
並木正吉［1957］「農家の人口移動」昭和同人会［1957a］所収。
並木正吉［1960］『農村は変わる』岩波新書。
日経連三十年史刊行会［1981］『日経連三十年史』日本経営者団体連盟。
日本教育社会学会編［1967］『教育社会学辞典』東洋館出版社。
日本教育社会学会編［1986］『新教育社会学辞典』東洋館出版社。
日本鋼管［1952］『日本鋼管株式会社40年史』日本鋼管。
日本工業倶楽部五十年史編纂委員会［1972］『日本工業倶楽部五十年史』日本工業倶楽部。
日本公務員制度史研究会編［1989］『官吏・公務員制度の変遷』第一法規出版。
日本生産性本部［1957］『日本の経済構造と雇用問題』日本生産性本部。
日本青年教育会編［1918］『青年と職業』日本青年教育会。
日本労働研究機構［1998］『高専卒業者のキャリアと高専教育』（本多〔沖津〕由紀／新谷康浩執筆）日本労働研究機構調査研究報告書 No. 116。
二村一夫［1959］「足尾暴動の基礎過程──「出稼型」論に対する一批判」法政大学『法学志林』57巻1号。
二村一夫［2001］「日本における職業集団の比較史的特質──戦後労働組合から時間を

逆行し，近世の〈仲間〉について考える」大阪市立大学『経済学雑誌』102巻2号。
沼津工業高等専門学校［1972］『沼津高専十年の歩み』沼津工業高等専門学校。
農商務省商工局［1919］『工場資料　第10輯　内外職業紹介業ニ関スル調査』農商務省商工局。
農商務省商工局［1998］『職工事情』上，岩波文庫，原著は1903年出版。
野村哲也［1969］「職業選択と学歴」大阪社会事業大学『社会問題研究』19巻1／2号。
野村正實［1998］『雇用不安』岩波新書。
野村正實［2001］『知的熟練論批判――小池和男における理論と実証』ミネルヴァ書房。
野村正實［2003］『日本の労働研究――その負の遺産』ミネルヴァ書房。
野村正實［2007］『日本的雇用慣行――全体像構築の試み』ミネルヴァ書房。
野村正實／ノルベルト・アルトマン編［1987］『西ドイツの技術革新と社会変動』第一書林。
橋本健二［1999］『現代日本の階級構造――理論・方法・計量分析』東信堂。
橋本健二［2009］『「格差」の戦後史――階級社会日本の履歴書』河出書房新社。
橋本紀子［1992］『男女共学制の史的研究』大月書店。
秦郁彦［1981］『戦前期日本官僚制の制度・組織・人事』東京大学出版会。
秦郁彦［1983］『官僚の研究――不滅のパワー・1868-1963』講談社。
鳩山春子［1981］「自叙伝」高群／鳩山［1981］所収，原著は1929年刊行。
濱口桂一郎［2013］「労働法の立法学　第32回　職業能力評価システムの半世紀」『季刊労働法』241号。
葉柳正［1973］「高専制度10年の成果と展望――高専制度に関する二つの調査から」『教育社会学研究』第28集。
速水融［1988］『江戸の農民生活史――宗門改帳にみる濃尾の一農村』NHKブックス。
速水融［1992］『近世濃尾地方の人口・経済・社会』創文社。
原朗［1979］「階級構成の新推計――1920-1940年国勢調査による再検討」安藤編［1979］所収。
原清治［2009］『若年就労問題と学力の比較教育社会学』ミネルヴァ書房。
原純輔［1999］「労働市場の変化と職業威信スコア」『日本労働研究雑誌』472号（1999年10月）。
原田彰／友田泰正［1965］「学歴主義の研究――学歴による意識の変容および学力の変動に関する追跡調査」『教育社会学研究』20集。
番場博之［2010］『職業教育と商業高校――新制高等学校における商業科の変遷と商業教育の変容』大月書店。
土方苑子［1994］『近代日本の学校と地域社会――村の子どもはどう生きたか』東京大学出版会。

土方苑子［2008］「女子の通う各種学校」土方編［2008］所収。
土方苑子編［2008］『各種学校の歴史的研究——明治東京・私立学校の原風景』東京大学出版会。
深谷克己［2006］『江戸時代の身分願望——身上りと上下無し』吉川弘文館。
深谷昌志［1969］『学歴主義の系譜』黎明書房。
深谷昌志［1998］『良妻賢母主義の教育』黎明書房。
福岡地方職業紹介事務局編［1928］『労働調査3　出稼女工に関する調査』福岡地方職業紹介事務局。
福沢諭吉［1978］『新訂福翁自伝』岩波文庫，原著は1899年刊行。
福沢諭吉［1985］『明治十年丁丑公論・瘠我慢の説』講談社学術文庫，原著は1901年刊行。
福沢諭吉［2006］『学問のすゝめ』講談社学術文庫，原著は1872-76年刊行。
福地復一［1888］『衛生新論』島村利助。
藤田由起子［2008］『公務員制度と専門性——技術系行政官の日英比較』専修大学出版局。
藤山征秀［1978］「学歴偏重社会の点描——最近の学歴社会に関する調査資料を通じて」『甲南女子大学研究紀要』14号。
プラール，ハンス゠ヴェルナー［1988］『大学制度の社会史』山本尤訳，法政大学出版局。Hans-Werner Prahl, *Sozialgeschichte des Hochschulwesens*, Kösel-Verlag, München 1978.
本田由紀［2005］『若者と仕事——「学校経由の就職」を超えて』東京大学出版会。
増田幸一／徳山正人／斎藤寛治郎［1961］『入学試験制度史研究』東洋館出版社。
松浦敬紀［1978］『就職——採用試験の舞台裏』日経新書。
丸山眞男［2006］『丸山眞男回顧談』上，岩波書店。
マルクス／エンゲルス［1971］『共産党宣言』大内兵衛／向坂逸郎訳，岩波文庫。Karl Marx/ Friedrich Engels, *Das kommunistische Manifest*, 1848.
三川智央［2009］「『西国立志編』はどのようにして明治初期の社会に広がったのか」金沢大学『人間社会環境研究』第17号。
水野真知子［2009］『高等女学校の研究——女子教育改革史の視座から』(下) 野間教育研究所紀要第48集。
見田宗介［1971］『現代日本の心情と論理』筑摩書房。
三淵嘉子［1983］「私の歩んだ裁判官の道——女性法曹の先達として」三淵他［1983］所収。
三淵嘉子他［1983］『女性法律家——拡大する新時代の活動分野』有斐閣。
望田幸男［1995］「序章　近代ドイツ＝「資格社会」論の視点」望田編［1995］所収。

望田幸男 [2003]「近代ドイツ＝資格社会の「下方展開」と問題状況」望田編 [2003] 所収。
望田幸男 [2009]『二つの戦後・二つの近代——日本とドイツ』ミネルヴァ書房。
望田幸男編 [1995]『近代ドイツ＝「資格社会」の制度と機能』名古屋大学出版会。
望田幸男編 [2003]『近代ドイツ＝資格社会の展開』名古屋大学出版会。
百瀬孝 [1990]『事典昭和戦前期の日本——制度と実態』吉川弘文館。
森建資 [1988]『雇用関係の生成——イギリス労働政策史序説』木鐸社。
文部省 [1972]『学制百年史』ぎょうせい。
文部省 [1986]『産業教育百年史』ぎょうせい。
文部省教学局 [1939]『学生生徒生活調査 昭和13年11月調査』下。
文部省専門学務局 [1930]『昭和五年官立高等学校高等科入学者選抜ニ関スル調査』文部省専門学務局。
文部大臣官房文書課 [1907]『教育法規』国定教科書共同販売所。
矢島正見／耳塚寛明編 [2001]『変わる若者と職業世界』学文社。
安丸良夫 [2013]『安丸良夫集』第1巻，岩波書店。
山内乾史／原清治編 [2010]『学歴と就労の比較教育社会学』学文社。
山川菊栄 [1972]『おんな二代の記』平凡社東洋文庫，原著は1956年刊行。
山川菊栄 [1983]『武家の女性』岩波文庫，原著は1943年刊行。
山田耕筰 [1996]『自伝 若き日の狂詩曲』中公文庫，原著は1951年刊行。
山田盛太郎 [1934]『日本資本主義分析——日本資本主義における再生産過程把握』岩波書店。
山脇与平 [1977]『技術論と技術教育』青木書店。
郵便貯金局 [1910]『郵便貯金局郵便貯金事務史』第2篇，郵便貯金局。
湯川次義 [2003]『近代日本の女性と大学教育——教育機会開放をめぐる歴史』不二出版。
横山源之助 [1899]『日本之下層社会』教文館。
吉岡彌生 [1980]「叙勲の恩命を拝して（懐旧談）」東京女子医科大学 [1980] 所収，原文は『女医界』136号-140号，1924年。
吉野作造 [1934a]「西国立志編」『日本文学大辞典』第2巻，新潮社。
吉野作造 [1934b]「中村正直」『日本文学大辞典』第3巻，新潮社。
米田俊彦 [1992]『近代日本中学校制度の確立——法制・教育機能・支持基盤の形成』東京大学出版会。
ルッツ，ブルカルト [1987]「ヨーロッパの農民社会と工業化——資本主義の歴史と展望」野村／アルトマン編 [1987] 所収。
労働事情研究所 [1941]『総動員法労務関係法規解説並疑義解釈総攬』労働事情研究所。

労働省職業訓練局編 [1979]『技能検定と技能五輪の歩み――技能検定20年史』労務行政研究所。

労働政策研究・研修機構 [2010]『我が国における職業に関する資格の分析――Web 免許資格調査から（第一分冊）』（労働政策研究報告書 No. 121-1）労働政策研究・研修機構。

労働調査論研究会 [1970]『戦後日本の労働調査』東京大学出版会。

労働問題文献研究会 [1971]『文献研究／日本の労働問題　増補版』総合労働研究所。

若槻禮次郎 [1983]『明治・大正・昭和政界秘史――古風庵回顧録』講談社学術文庫，原著は1950年出版。

渡会重彦編 [1977]『日本の小零細企業』上，日本経済評論社。

Bowman, Mary Jean (with the collaboration of Hideo Ikeda and Yasumasa Tomoda) [1981] *Educational Choice and Labor Markets in Japan*, The University of Chicago Press, Chicago and London.

Lutz, Burkart [1984] *Der kurze Traum immerwährender Prosperität. Eine Neuinterpretation der industrielle-kapitalistischen Entwicklung im Europa des 20. Jahrhunderts*, Campus Verlag, Frankfurt am Main.

Smiles, Samuel [1871] *Self-help: with Illustrations of Characters, Conduct, and Perseverance*, New York, Harper & Brothers.

Spaulding, Robert M. Jr. [1967] *Imperial Japan's Higher Civil Service Examinations*, Princeton, N. J., Princeton University Press.

あとがき

　本書のテーマをキーワードで表現すれば,「学歴主義」「高度成長」「自営業」である。

　私は,2007年に『日本的雇用慣行』(ミネルヴァ書房) を公刊し,日本の大会社における学歴別・性別に仕切られた経営秩序を分析した。今回,学歴主義について論じたのは,その延長である。

　学歴主義を取り上げたもう一つの理由は,教育社会学における学歴主義の論じ方について,違和感を覚えていたからである。学歴主義はもっぱら教育社会学の研究者によって論じられてきた。たしかに興味深い事実発見がなされている。しかし,私にはどうしても納得できない主張も多い。とりわけ,日本社会の一部に見られる現象を,あたかもその現象が日本社会全体をおおっているかのように描くことについては,きちんとした実証がおこなわれていないのではないか,と思っている。そう思う理由の一つは,私の経歴に関係している。

　私は1948年生まれの団塊世代であり,かつ初期高専生であった。一つの世代として団塊世代ほどさまざまに議論された世代はない。1947年から49年までのわずか3年間に生まれたにすぎない世代を対象に,これほどまでに多くの議論がなされたことは,驚異的ですらある。団塊世代ではない者による団塊世代論は,ほとんどが団塊世代を批判ないし非難している。それらを見ていると,自然と,"love to hate" という言葉が浮かんでくる。

　しかし,数えきれないほどの団塊世代論の存在にもかかわらず,完全に抜け落ちているテーマがある。初期高専生というテーマである。

　1962年に発足した工業高等専門学校 (高専) という学校制度は,中学卒業生を受け入れ,5年間で「中堅技術者」を養成することを目的としていた。1期生から3期生までの初期高専生は団塊世代であった。もっとも,その当時には

団塊世代という言葉は存在しなかったので,「ベビーブーム」「ベビーブームっ子」「終戦っ子」はては「ベビーインフレ」と呼ばれていた。

　高専という学校は,マイナーな存在であったし,今日でもそうである。高専が設立されてから3年たった1965年,高専の学生は全部で2万2000名を少し超えるにすぎなかった。同じ年に高校生は約500万人であった。この数字を見るだけで,高専という学校がいかにマイナーなものであったのか,一目瞭然である。しかし高専が設立されてから最初の数年間,志願者数は少なくなかった。最初の3年間,国立高専だけで12万5000名の入学志願者があった。

　注目すべきは,志願者のほとんどが,それぞれの出身中学校においてトップクラスの学業成績であったことである。高専の入試期日は高校の入試期日とは異なっていたので,高専受験生のなかには,高専に合格しても入学する意思がなく,たんなる腕試しとして高専を受験した者もいた。しかし多くの者は高専に入学したいために高専を受験した。彼らは,中学時代の学力からいえば,有名大学に入学できる学力を持っていた。中学校でトップクラスの学力を持つ生徒のなかに,「有名大学→有名会社→社内昇進」という学歴主義の道を選ばず,高専卒の「中堅技術者」になろうとした者が,かなりの数いたのである。高い学力を持った団塊世代の生徒は有名高校・有名大学をめざしてひたすら受験勉強に明け暮れた,というイメージは,現実と違っている。

　高専に対する異常な人気は,数年間で終わった。入試の競争倍率は急速に低下し,2倍から3倍の間で落ち着くようになった。設立初年度の国立高専における競争率は17倍だった。なぜ中学校でトップクラスの成績の生徒たちが高専に殺到したのか。なぜ高専の人気はわずか数年で急落したのか。団塊世代論においても,学歴主義論においても,初期高専生の存在は完全に無視されてきた。初期高専生を取り上げることによって日本における学歴社会の成立を論じることができる,というのが本書の中心的な主張の一つである。

　私は2期生として1963年に沼津高専に入学した。そして高専の管理教育に反発して3年次修了とともに中途退学した。高専を中退して30年以上たって,偶然から,かつての同級生と連絡を取るようになった。高専時代に親しかった同

あとがき

級生と飲む機会ができた。思い出や近況を語り合って楽しく飲んでいた。彼にならば尋ねてもいいかもしれない，と思い，彼に質問した。「○○○（相手の名前）は，高専を卒業したことをどう思っている？」彼は急に口をつぐみ，沈黙した。そしてようやく一言，「自分で選んだんだから」と言った。そしてまた押し黙った。私にとって彼の言葉は重かった。沈黙も重かった。

　初期高専生で社会科学系の研究者になったのは，おそらく私一人であろう。私には初期高専生が存在したことの社会的意味をきちんと分析する義務がある。いつの頃からか，私はそう思うようになった。それは，個人的感傷がないといえばウソになるが，初期高専生の存在という事実を通して学歴社会や高度成長を再解釈できる，という考えからであった。

　本書がテーマとして取り上げている高度成長と自営業についても，個人的な思いがある。私が生まれ育った郡部の小さな町は，1960年において就業人口のほぼ半分が農業人口であった。もちろん自営業である。町場に住む人の多くも，商業など自営業であった。自営業が圧倒的な就業構造であった。「常民」の世界である。私はこの世界が嫌いであった。ほとんどの住民が顔見知りで，互いを気にし，「世間様」の目をたえず意識している生活が嫌いであった。自己を主張しない世界であった。合理的な論理が通用しない世界であった。学生時代に私が市民社会論に強くひかれたのは，こうした世界が嫌いだったからである。

　しかし年齢を重ねるにしたがって，別の側面に目が向くようになった。それは，人々が働いて，ともかくも自分の力で生活を成り立たせている，という事実である。それは人の生き方として，とても大切である，と思うようになった。自分の力で生活を成り立たせている人たちに，無条件ではないにしても，敬意を抱くようになった。

　高度成長は「常民」の世界を急激に縮小させた。たんなるノスタルジーではなく，自営業が衰退したことの経済的・社会的意義を把握する必要がある。そのためには何よりもまず，自営業という範疇をキー概念として定立する必要がある。それが本書のメッセージの一つである。

　本書の論文はすべて，今回はじめて活字にされる。本書は，私の当初の計画

では，2012年に公刊されるはずであった。しかし，研究室の耐震工事，3・11東日本大震災とその余震，定年退職にともなう研究室退去等々のため，数年にわたって論文を執筆できない状況が続いた。これまで私は自分で決めた執筆スケジュールを守ってきた。今回はじめて，スケジュールを守ることができなかった。また，出版をこれ以上遅延させないために，当初立てた本書の編別構成を修正した。

　2011年3月11日の大地震が発生したとき，私は福島第一原発のすぐ近くにいた。いくつかの幸運のおかげで，仙台に戻ることができた。地震発生から仙台に戻るまで，また仙台に戻ってからも，自分が何をしなければならないか考えている一方で，無意識のうちに，人々が何をしているのか観察していた。日本社会の特質について，はじめて気づいたこともあった。これから，そうした点について考えを深めなければならない，と思っている。

　今回も出版を快く引き受けてくださったミネルヴァ書房杉田啓三社長，編集を担当してくださった岡崎麻優子さんに心からお礼を申し上げたい。

　　2014年9月24日

野 村 正 實

（追記）　2014年10月15日，土生芳人さんが不帰の客となった。さまざまなことが思い出される。

　　Wer im Gedächtnis seiner Lieben lebt, der ist nicht tot, der ist nur fern ; tot ist nur, wer vergessen wird. —Immanuel Kant—

人名索引

あ　行

青山忠誠　54
青山千世　142
赤松良子　209
浅井虎夫　130
天野郁夫　13, 19, 38, 39, 82, 88-90, 108, 119-124, 162, 173, 202
有澤廣巳　227-230
有馬元治　290, 293
生田澄江　147
池田成彬　125
池田秀男　104
石井研堂　24, 135
石崎唯雄　15, 212, 219, 234
石田浩　4
石原修　223
磯部幸一　234
市瀬禎太郎　55
市村光恵　184, 207
伊藤博文　113, 120, 144
上田万年　294
上田悌　146
上田敏　146
潮木守一　7
氏原正治郎　2, 44, 45, 244, 263-266
梅村又次　124
瓜生繁子　146, 147
遠藤公嗣　297
大内裕弘　95
大門正克　166, 213, 214
大河内一男　2, 211, 215, 219, 221, 223
大沢真理　246
大槻文彦　294
大森一宏　128
大山巌　148

大山捨松　146-149
大淀昇一　144
尾高煌之助　254
小田部雄次　131
折井日向　257

か　行

門脇厚司　27-29, 36, 94
金子要人　204
神島二郎　36
苅谷剛彦　3, 4
川島武宜　36
神林博史　212
岸宣仁　227
久野明子　149
後藤誉之助　227, 229-231

さ　行

逆瀬川潔　282
作田啓一　36
佐口和郎　96, 292, 293
佐々木啓子　156
沢井実　91
渋沢栄一　125
清水唯一郎　113
下田歌子　131, 144, 145
下橋敬長　131
陣内靖彦　94
菅山真次　4, 249
菅原亮芳　195
須長祥行　93
スポールディング，ロバート（Spaulding, Robert M. Jr.）　118
スマイルズ，サミュエル　10, 12, 23-29
隅谷三喜男　214, 224-226
惣郷正明　48, 134

315

園田英弘　32, 87

た行

高田亮爾　232
高梨昌　2
高橋昌郎　28
瀧本忠男　257
田口和雄　293
竹内常一　3
竹内洋　37, 38
橘木俊詔　211
田辺繁子　14, 205, 208
谷干城　112
鄭賢淑　246
辻功　274, 278
津田梅子　144-146, 148, 149, 155
筒井美紀　3, 96
角田文衞　131, 132
寺沢龍　147
寺田盛紀　3
富田正文　30
友田泰正　6
豊田武　280

な行

中西洋　2
中西祐子　95
中上川彦次郎　125
中村秀一郎　231
中村高康　95
中村牧子　32
中村正直　10, 12, 23-29
並木正吉　95, 215, 220-222, 224
二村一夫　220, 279
野口英世　173
野村哲也　92
野村正實　101, 111, 129, 260, 264

は行

橋爪貞雄　8
橋本健二　233, 267

橋本紀子　157, 158, 171
秦郁彦　183-185, 199, 206
鳩山春子　27
濱名篤　32, 87
葉柳正　103
速水融　31
原清治　3, 4
原純輔　292
原田彰　6
番場博之　95
土方苑子　158, 166
飛田良文　48, 134
廣田照幸　32, 87
深谷克己　31
深谷昌志　37
福沢諭吉　10, 12, 26, 29, 30, 33, 34, 125
藤田由起子　144
プラール，ハンス＝ヴェルナー（Prahl, Hans-Werner）　296
ボウマン，メアリー（Bowman, Mary Jean）　104, 105
本田由紀　3, 4

ま行

益田孝　125, 147
松井簡治　294
松浦敬紀　297
丸山眞男　150
三川智央　24, 26
水野真知子　189
見田宗介　36
三淵嘉子　204, 206, 207
耳塚寛明　3
望田幸男　269-272, 296
百瀬孝　183
森有礼　119
森建資　46
森山真弓　209

や行

矢島正見　3

安丸良夫　106, 107
柳田泉　24
山岡荘八　78
山縣伊三郎　139
山川菊栄　142, 166
山田耕筰　148
山田盛太郎　219, 233
山内乾史　4
山脇与平　97
湯川次義　144, 200, 202, 203, 205
横山源之助　43, 280

吉岡彌生　173, 174
吉野作造　26
吉益亮　146
米田俊彦　84

ら・わ行

ルッツ, ブルカルト（Lutz, Burkart）239
若槻禮次郎　115
渡辺美恵　206
和辻哲郎　78

事項索引

あ 行

新しい生活様式 241
一億総中流意識 211
「腕」と「資格」 279, 280
SSM（社会階層と社会移動）調査 7, 292
遠州横須賀 52, 53, 59, 60, 63, 81, 85-87
　——学校事情 67, 68
大須賀中学校 63-67, 73-75, 81

か 行

各種学校（旧制） 164
　女子の—— 175
学制 157
『学問のすゝめ』 10, 12, 39
学力社会 67
学歴社会
　——という言葉の登場 4-6
　——の概念 19
　——の成立 10-13, 17, 51-58, 82
学歴主義
　——的価値観の内面化 20, 72, 104, 108
　——という言葉の登場 5, 6
　——の概念 8, 9, 19
　——の局地的成立 14, 154
　——の成立 13, 14, 86, 129
　——の特定的成立 14, 155, 156
『学歴主義の社会史』 11, 13, 19, 51-58, 82, 83, 108
掛川西高等学校 67, 69-75, 79, 81, 85
過剰人口 217, 224, 225, 240, 243-245
下層社会 280
華族女学校 145, 155
学校
　——から職業へ 3-4
　地位形成的—— 88, 89, 122
　地位表示的—— 88, 89, 122
　労働問題研究における—— 1, 2
官位相当表 130, 132
完全雇用 245
官尊民卑 31, 125-127
間断のない移動 251
技術と技能 18, 291
技能検定 18, 280-295
　——と実務経験 284, 287, 289, 291
　——と待遇 293, 294
技能士　→技能検定
技能程度申告標準 286, 287
基本給 264-266
旧中間層 233
教育困難校 299, 300
教育令 157, 158
『共産党宣言』 233
京都府画学校 172
ギルド 18, 279, 296
京浜工業地帯調査 252-253
工業高等専門学校　→高専
高検 151, 190
講座派 224
講座派理論 219
高資 193, 196
高専 68, 69, 97-101
　——中退者の大学入学資格 79, 80
公的資格 272
高等学校高等科入学資格試験　→高検
高等試験資格試験　→高資
高等試験令 14, 135, 184, 200-202, 208
高等師範学校 159
高等女学校 166-168
高等女学校令 189
国民職業能力検査規則 287, 289
国民職業能力申告令 286, 288

国立高等専門学校協会　97-99, 101, 102
国家資格
　　──の下方展開　270, 278-280, 296
　　──の分類　273, 274
　　──の歴史　274-278
国家総動員法　286
雇用社会　9, 10

さ 行

『西国立志編』　10, 12, 23-29, 39, 41
済生学舎　173
裁縫　165
自営業　9, 10, 12, 15-17, 104-106, 212-214, 232-247, 298
資格　17, 18, 123, 124
資格社会　17, 18, 269-272
試験地獄　154
実業学校　90, 91
実業学校卒業程度検定　→実検
実検　151, 190
指定校制度　297
就学率　165
就職活動の制度化　128
集団就職　252
熟練　253-262
小学校令　188
初期高専生　98-104, 108
職安行政　252
職員令　130, 134
『職員録』　132
職業訓練法　281-284
職業高校　91-96, 108
職業紹介所　43, 49
職業能力開発促進法　280
職種格付表　266
職種別賃金　293
職種別労働市場　260-262, 266
職能資格制度　18, 294, 295
女子英学塾　148, 155
女子師範学校　141, 142, 169, 170
女子労働論　250

『職工事情』　222
職工農家　218
新規男子高卒者　292
尋常師範学校　158
青壮年国民登録　288
青年登録　288
「専科大学」案　97
専検　151, 190-198
銓衡任用　143, 144
全部雇用　245
専門学校（旧制）　162, 163
　女子──　171-174
専門学校入学者検定　→専検
専門高校　→職業高校

た 行

大学入学資格検定　→大検
大検　190
竹橋女学校　26, 27, 141
団塊世代　103-106, 108
男女雇用機会均等法　156
男女別学　157
丹波篠山　11, 13, 51-58
小さな差への敏感性　299
地方名望家　87
中学校（旧制）　159
　高等──　160, 161
　尋常──　160
中学校令　188
中堅企業　231
中堅技術者　98
沈澱層　226
通俗道徳　17, 40, 246, 298-300
ツンフト　→ギルド
定期採用　128
帝国大学　115, 124, 135, 143, 161
逓信省　136-140, 177-181
出稼型論　45, 215-221, 223
出稼女工　222
手に職　76, 91, 92
　──学校　91, 96

デュアルシステム　283
東京音楽学校　147, 148
東京女学校　→竹橋女学校
東京美術学校　148
同志社大学　14, 135, 184, 205
同職組合　→ギルド
東北帝国大学　199, 202
特別奨学金　75
都市雑業層　214, 215, 224-226
トヨティズム　260

　　　　　　な　行

二極原理　238, 247
二重構造　227-232, 239-242, 252
日本型福祉社会　246
日本工業倶楽部　126
日本労働研究機構　102
女官　130-134, 145
沼津高専　69, 71, 72, 74-80
年功制　263-267

　　　　　　は　行

繁栄のスパイラル　240
半農半工　218
半農半工型論　45
非行暴力　64, 65, 77
非正規雇用　245, 246
不況のスパイラル　240, 241

福祉国家　240
文官試験規則　14, 183, 185-188, 191, 193, 196-199, 208
文官試験試補及見習規則　13, 14, 37, 111-120, 135, 143, 149, 155, 157, 185
文官任用令　14, 111, 117, 118, 135, 143, 149, 157, 186
弁護士法　203
鳳鳴義塾　55-57, 83, 85

　　　　　　ま　行

マイスター制度　283
身分制度　294, 295
民間資格　273
明治大学　202-204
文部省音楽取調掛　147

　　　　　や・ら行

有技能登録　288
横須賀高等学校　68
横須賀小学校　61, 63, 81
四修　150, 152
リーン生産方式　260
立身出世　11, 12, 25-30, 35-41
「零細企業」の発展段階　234, 235
労働市場　2
　──という用語　43-47
労働政策研究・研修機構　278, 279

《著者紹介》

野村　正實（のむら・まさみ）

　1948年　静岡県横須賀町生まれ。
　1971年　横浜国立大学経済学部卒業。
　1976年　東京大学大学院経済学研究科博士課程単位取得。
　　　　　東北大学大学院経済学研究科教授を経て，
　現　在　明治大学特別招聘教授・放送大学客員教授・東北大学名誉教授。
　主　著　『日本的雇用慣行』ミネルヴァ書房，2007年。
　　　　　『日本の労働研究』ミネルヴァ書房，2003年。
　　　　　『知的熟練論批判』ミネルヴァ書房，2001年。
　　　　　『雇用不安』岩波新書，1998年。
　　　　　『終身雇用』岩波同時代ライブラリー，1994年。
　　　　　『トヨティズム』ミネルヴァ書房，1993年（経営科学文献賞受賞）。
　　　　　『熟練と分業』御茶の水書房，1993年。
　　　　　『ドイツ労資関係史論』御茶の水書房，1980年（労働関係図書優秀賞受賞）。
　E-mail　nomura@econ.tohoku.ac.jp

MINERVA 人文・社会科学叢書⑳
学歴主義と労働社会
——高度成長と自営業の衰退がもたらしたもの——

2014年11月30日　初版第1刷発行　　　　　　〈検印省略〉

定価はカバーに
表示しています

著　者	野　村　正　實
発行者	杉　田　啓　三
印刷者	坂　本　喜　杏

発行所　株式会社　ミネルヴァ書房
607-8494　京都市山科区日ノ岡堤谷町1
電話代表（075）581-5191
振替口座　01020-0-8076

©野村正實, 2014　　　　冨山房インターナショナル・兼文堂

ISBN 978-4-623-07211-8
Printed in Japan

日本的雇用慣行

野村正實 著　**A5判**　472頁　本体4800円

●全体像構築の試み　身分制の視角から日本的雇用慣行を全面的に再吟味し，その全体像を問う。

労働時間の決定

石田光男／寺井基博 編著　**A5判**　282頁　本体4500円

●時間管理の実態分析　職場の実態分析と労働組合の役割を前提に，労使関係制度，労働法の理論からアプローチ。

人事制度の日米比較

石田光男／樋口純平 著　**A5判**　248頁　本体4000円

●成果主義とアメリカの現実　実態調査からアメリカモデルの真の課題を析出，日本の人事改革と対比する。

仕事の社会科学

石田光男 著　**A5判**　240頁　本体3500円

●労働研究のフロンティア　実例と研究諸説を対比しつつ，仕事についての新たな認識方法を探究する。

日本の人事査定

遠藤公嗣 著　**A5判**　368頁　本体3800円

日米比較を通し実証的に解明。研究史を詳細に跡づけることで，査定制度に関する日本の「常識」を検証する。

── ミネルヴァ書房 ──

http://www.minervashobo.co.jp/